中西学术名篇精读

郑张尚芳卷

郑　伟　董建交　王弘治　读解

中西书局

图书在版编目(CIP)数据

中西学术名篇精读.郑张尚芳卷／郑张尚芳原著；
郑伟，董建交，王弘治读解. —上海：中西书局，
2021.5
ISBN 978-7-5475-1686-7

Ⅰ.①中⋯ Ⅱ.①郑⋯ ②郑⋯ ③董⋯ ④王⋯ Ⅲ.
①社会科学-文集②汉语-上古音-文集③少数民族-民
族语-中国-文集 Ⅳ.①C53②H111-53③H2-53

中国版本图书馆 CIP 数据核字(2021)第 060204 号

中西学术名篇精读

郑张尚芳卷

郑张尚芳　原著　郑　伟　董建交　王弘治　读解

责任编辑	宋专专
装帧设计	梁业礼
责任印制	朱人杰

出版发行　上海世纪出版(集团)有限公司
中西书局(www.zxpress.com.cn)

地	**址**	上海市陕西北路 457 号(邮政编码：200040)
印	**刷**	上海天地海设计印刷有限公司
开	**本**	890×1240 毫米　1/32
印	**张**	9.375
字	**数**	244 000
版	**次**	2021 年 5 月第 1 版　2021 年 5 月第 1 次印刷
书	**号**	ISBN 978-7-5475-1686-7/H·112
定	**价**	48.00 元

本书如有质量问题,请与承印厂联系。电话：021-64366274

出 版 说 明

学术之道，前后相继，绵绵不绝。后来者必在前人研究基础之上，踵事增华，开张更新。

"中西学术名篇精读"丛书选收二十世纪以来人文社科名家名篇，并由相关专家学者进行读解，举凡成文背景、研究理路、学术贡献及其后之发展，乃至谋篇布局等，并有所揭示，庶使今时学子得窥学术之壶奥，以为治学之进阶。

本丛书分卷编号持续出版。视情况，繁简并行。一卷之内，或一人，或二三人。考虑行文方便，读解文字亦不求格式之整齐划一。

宏文著成从教看，更把金针度与人。是所望焉。

中西书局

2014 年 7 月

序

　　学术本质上不是一件个人之事。学术是一项薪火相传的伟业，是一部协力推进的乐章。但是，学术也从来不是一种匀速直线运动。特定学科，特定阶段，学术飞跃或学术停滞都是寻常之景。历史社会背景和学术大师的研究实践在学术发展史中扮演关键的角色。回溯一个多世纪以来中国语言学的快速发展，正是这样的典型一幕。

　　中国的哲人学士对语言文字的探究，已有数千年的悠久历史和传统，煌煌成果汇聚成"小学""朴学"的丰硕大观。从 19 世纪末起，带有现代学术色彩的西方语言学逐渐传入中国，几千年的"厚积"得到了一次"薄发"的机会，一小批大师巨匠成为中国语言学这一薄发洪流中的旗手和领袖，引领 20 世纪中国语言学的造山运动，接连诞生座座学术高峰。这些学术名家大多有着相似的背景和经历：家学有传，国学深厚，精通外语，多曾"西游"。这些条件，造就了他们厚积与薄发的机缘。

　　21 世纪的中国语言学，面临着攀登历史高峰和世界高峰的双重重任。知昔方能通今，创新寓于传承。中西书局规划的"中西学术名篇精读"丛书，语言学部分嘱我主持。拟由当今语言学各领域名家以详细解读的形式，向新一代学人介绍一个世纪以来中国语言学大家的重要篇章。这些大师名篇，不但发现了中国语言的重要现象和规律，而且开辟了中国语言学的研究天地，塑造了中国现代语言学及各个分支的学术范式,深刻影响了几代语言学人。解读旨在结合当时的学术背景分析这些佳作的学术内涵和重要贡献,展示这些成果对后来直到今天中国语言学研究的意义、价值,乃至需要进一步解决的问题。由中西书局来为这些学贯中西的大家推出名篇精读系列,堪称学界的嘉业雅事。希望丛书能为中国语言学的两个攀登做一点基础工作,也欢迎读者对丛书的编著提出宝贵意见,让这套丛书越做越好!

刘丹青

2014 年 6 月

目　录

郑张尚芳与六元音系统（代前言）

潘悟云

郑张尚芳去世三年多了，至今我仍然依稀听到他爽朗的笑声，这笑声传递给我们智慧、启迪与震撼。

中西书局邀请三位年轻学者撰写郑张尚芳有关著述的导读，同时让我写一篇代前言。

郑张尚芳的著述中，最重要的部分是汉语历史音韵学，我将着重介绍上古汉语的六元音系统。这个系统在国际上已经诞生51年了，这意味着汉语上古音研究的成熟。这个系统分别产生于中国（郑张尚芳）、美国（包拟古、白一平）和前苏联（斯塔罗斯金）。

六元音系统在汉语史上为什么有这么重要的意义？为什么会是多少中外学者的心血结晶？又是用哪些方法、哪些材料得出哪些结论？更重要的是，这个系统还不是清晰的图景，还只是夜色朦胧下经过多次摸索，逐渐在晨光映照下为世人勾勒出上古汉语的初步框架。它不只是向世人呈现我们的努力、我们的成绩，更要告诉世人我们的不足，我们的痛苦和败笔。希望后来者在这幅画上添上几笔，涂上重彩，郑张尚芳的在天之灵一定会感到欣慰，说声感谢。

韵母与主元音

　　人类文明史的研究主要有三个窗口,一是遗传,二是语言,三是考古。语言演化研究最重要的部分,就是语音史。语音史研究中最基础的是韵母演变,特别是主元音撑起来的框架。

　　比较古老语言的文字系统以声母辅音为字母本位。

　　阿拉伯语字母全部为辅音字母,元音通过字母上方或下方的符号来表示,通常省略。梵文的字母也代表辅音,元音符号分别写在字母的前面、后面、上面或者是下面,短音的 a 为无标记。东南亚的许多语言文字,如藏文、柬埔寨文、缅甸文、泰文大体上都采用梵文的书写方法。

　　这些古老的文字系统说明,主元音比较简单,辅音最复杂,上古汉语也是如此。任何复杂系统的分析都是从其中的子系统开始。先把最简单的子系统确定好以后,才能从未知到已知,从不确定到确定。这个最先确定的子系统,就是研究的基础部分。韵母系统就是上古音研究的基本框架,基本框架确定以后,才一步步地确定声母、声调。从顾炎武开始,上古音的研究就是从韵部划分逐渐深入的。

　　清儒通过《诗经》押韵归纳的上古韵部,实际上就是韵辙。从段玉裁对谐声的分析开始,特别是现代语言学产生以后,韵部实际上就是韵(rhyme)。近年来,许多学者认为上古汉语没有元音性的介音,韵部也就是韵母(final)。高本汉的系统中,一个韵部还包含有几个主元音,到李方桂与王力才力主一个韵部只有一个主元音。为了跟中古音的韵和韵母相区别,我们把上古音的韵和韵母叫作韵部。

　　带有相同发音部位的上古辅音韵尾归为一类,王力在《同源字典》中称 -k、-ŋ 为甲类韵部, -t、-n 为乙类韵部,-p、-m 为丙类韵部,同类的韵部,我把它们叫作韵部类。

　　清儒早就提出对转的概念,有些字的主元音相同,韵尾的发音部

位相同,它们往往语义相关,如陟 *tək ~ 登 *təŋ,逆 *ŋrak ~ 迎 *ŋraŋ,
盒 *g̊ob ~ 函 *g̊om,这实际上是上古汉语的形态变化,通过韵尾的交替
造成新词。除了入声韵部和阳声韵部的对转以外,还有阴声韵部和
入声韵部、阳声韵部的对转:如 *nja ~ 若 *njak,女 *naʔ ~ 娘 *naŋ,吾
*ŋa ~ 卬 *ŋaŋ。发生对转的韵部组成韵部组,如鱼、铎、阳为一个韵部
组,歌、月、元为另一个韵部组。

上古韵母系统的研究分两大派:一派为阴阳两分,有段玉裁、高
本汉、李方桂等;一派为阴阳入三分,有戴震、王力等。前一派认为中
古阴声韵在上古收浊的塞韵尾 -b、-d、-g,后一派则认为收元音韵尾。
前一派必然导致上古汉语绝大部分是闭音节的结论,后一派认为大部
分是开音节。在世界的语言类型中,开音节最容易发音,最为普遍。所
以,建立六元音系统的几个语言学家都接受阴、阳、入三分的说法。

郑张尚芳是在王力的基本框架上建立六元音系统的,为此,我们
要先列出王力的上古韵母系统作为参照。上述的韵部组是我自己取
的术语,有些韵部没有对应的阴声或阳声,为了方便起见,我以入声
韵部的名称作为对应的韵部组的名称,如"鱼、铎、阳"韵部组简称为
"铎组"。

表1 王力上古韵母系统(《汉语史稿》)

韵部类	甲类韵部						乙类韵部			丙类韵部	
韵部组	铎组	锡组	职组	觉组	屋组	药组	月组	质组	物组	缉组	叶组
阴声韵	鱼	支	之	幽	侯	宵	歌	脂	微		
	ɑ	e	ə	əu	o	au	a	ei	əi		
入声韵	铎	锡	职	觉	屋	药	月	质	物	缉	叶
	ɑk	ek	ək	əuk	ok	auk	at	et	ət	əp	ap
阳声韵	阳	耕	蒸		东		元	真	文	侵	谈
	ɑŋ	eŋ	əŋ		oŋ		an	en	ən	əm	am

表 1 是王力《汉语史稿》所列的韵母系统。表 2 是王力跟郑张尚芳商讨以后,在《同源字论》中的改动。

表 2　王力上古韵母系统(《同源字论》)

韵部类	甲类韵部						乙类韵部			丙类韵部	
韵部组	铎组	锡组	职组	觉组	屋组	药组	月组	质组	物组	缉组	叶组
阴声韵	鱼	支	之	幽	侯	宵	歌	脂	微		
	ɑ	e	ə	u	o	ɔ	ai	ei	əi		
入声韵	铎	锡	职	觉	屋	药	月	质	物	缉	叶
	ɑk	ek	ək	uk	ok	ɔk	at	et	ət	əp	ap
阳声韵	阳	耕	蒸		东		元	真	文	侵	谈
	ɑŋ	eŋ	əŋ		oŋ		an	en	ən	əm	am

1957 年王力《汉语史稿》上册出版,郑张尚芳研读其书,并开始上古音的研究计划。这个计划中,最重要的部分就是六元音系统。所谓的六元音系统,就是上古汉语有 6 个主元音的韵母系统的简称。王力《同源字典》也有 6 个元音——a、e、ə、u、o、i,但是主元音只有 5 个,i 只存在于介音和韵尾。以下介绍郑张尚芳的六元音系统形成的三个阶段。

六元音系统的雏形

第一个阶段,是七元音系统,可以说是六元音系统的雏形。

1960 年他给王力写了长篇的《〈汉语史稿〉语音部分商榷书》(以下简称"《商榷书》"),其中主要提了七点建议,关于韵母部分的建议有四点。1960 年 12 月 5 日,他在给李荣的信中,很详细地写了《商榷书》的内容,应该是《商榷书》写好以后再写给李荣的。

清儒是通过押韵来划分韵部的,古今汉语的复合韵母容易合韵,十三辙中 ən、in、un、yn 都成一辙。但是单元音 -i 与 -u 就不可能押韵。甲类韵部的阴声韵都是开音节的不同单元音,在押韵的感知上区别很大,这就是甲类韵部能够清楚划分的原因。早在王念孙的 21 韵部中,对这些韵部已经有明确的划分:鱼、支、之、幽、侯、宵。

但是,郑张尚芳对原来是乙类韵部的质部、真部有新的发现。首先,王力系统没有 i 元音,在人类语言中元音三角的 a、i、u 是韵母系统中最稳固的支柱,所以他提出脂、质、真的主元音是 i。其次,他还发现质、真应该分为两个部分:质$_1$、真$_1$ 与质$_2$、真$_2$。传统的入声、阳声韵部中,不同发音部位的韵尾互相之间不能谐声也不能押韵,如 an、ən、en、un、on 与对应的 aŋ、əŋ、eŋ、uŋ、oŋ 不能谐声。at、ət、et、ut、ot 与对应的 ak、ək、ek、uk、ok 不能谐声,在官话方言中前、后鼻音一直到今天都没有发生押韵的行为。但是大量的质部、真部字与许多收-k 尾、-ŋ 尾的韵部字谐声:

表 3　D 类韵部与 G 类韵部谐声关系

D 类韵部的中古收 -t、-n 韵母	G 类韵部的中古收 -k、-ŋ 韵母
密溢謐滵蜜醯謚鷸瑟瑟飋(質)柀苾飶咇毖(屑)	臷(屋)
邮卹恤(質)血衁(屑)	侐洫殈(職、錫)
唧卪節(屑)椰嘀瀄櫛(質)	聖唧即揶罵鯽(職)
乙釓釚(質)乞圠軋扎札蚻(黠)	肊(職)
堅紏鰹鋻蛵殹賢(先)臣邼苣緊趨頤腎嚚(真)娶掔(山)	顈鏗叹挋(耕)
奠(先)	鄭(清)擲躑(昔)
嗔傎滇槙瘨趌蹎顛騏巓蘱塡搷(先)瞋瞋瞋慎真禛稹縝鬒鎭(真)	幀(耕)
胼骿駢(先)	栟鉼餅并(清)併俜骈胝頩邢荓荓洴屏瓶(青)絣迸跰怦胼拼姘(耕)
黽(先)偭(真)	郦黽黽電(耕)澠憴繩譝蝇臕(蒸)
零(先)令(仙)	怜伶苓囹泠零鈴鴒駖鸰鴒(青)命(庚)領嶺(清)
年千仟阡(先)人仁信(真)扦(仙)	鄰鄰佞(青)

5

这种不同韵尾的谐声、押韵现象只出现于传统的质部、真部。

郑张尚芳还发现,质部、真部在许多藏语的同源词中带 -g、-ŋ 尾,如"一"的藏语是 gtɕig,"薪"的藏语是 ɕiŋ(木头)。

质部字、真部字在谐声、押韵和同源语素之间的关系,只能说明传统质部、真部分为 -it、-in 与 -ik、-iŋ 两类,在前高主元音 -i- 的同化下,-ik、-iŋ 演变成 -it、-in。不过郑张尚芳的脂部还只有同一类 i,兼为甲类和乙类韵部,这就是 1960 年的七元音系统:

表 4 郑张尚芳七元音系统

韵部组	铎组	锡组	职组	质组	觉组	屋组	药组
阴声韵	鱼	支	之	脂	幽	侯	宵
	ɑ	e	ə	i	u	o	ɔ
入声韵	铎	锡	职	质₂	觉	屋	药
	ɑk	ek	ək	ik	uk	ok	ɔk
阳声韵	阳	耕	蒸	真₂	冬	东	
	ɑŋ	eŋ	əŋ	iŋ	uŋ	oŋ	

1960 年郑张尚芳在《商榷书》中建议王力把歌部 a 改作 ai,与王力的脂微部都为 -i 尾,这样韵母系统就会非常一致,王力接信后立即肯定歌部为 ai 的建议。白一平(Baxter 1992)、斯塔罗斯金(Starostin 1989)的体系也有阴、阳、入三分,同样把歌、脂、微拟成 -j 尾。王力乙类韵部的韵尾定为 -i,这也许是不接受郑张尚芳把脂部的主元音定为 i 的主要原因,所以他的脂部为 ei。阴、阳、入收三个韵尾 -i(-j)、-n、-t 是乙类韵部的最重要特征。

后来,许思莱(Schuessler 1974)提出了歌、脂、微部的 -l 尾,俞敏(1979)据梵汉对音发现 -l 尾更多地用来对译歌微部字。1987 年我把新的构拟转告郑张尚芳,1991 年以后他所构拟的乙类韵部的阴声韵都改作了 -l 尾。

六元音系统的诞生

1969 年,我跟从郑张尚芳学习汉语音韵学,用董同龢的方法,把《广韵声系》的材料做成上古音韵表稿。年底,我们发现声韵配合出现了问题,有的空缺很多,有的则在位置上溢出,这说明存在构拟的错误。

这些问题才使郑张尚芳发现宵部有其特殊的音韵行为。其他甲类韵部的阴声韵都有对应的阳声韵与入声韵,如鱼配铎、阳,支配锡、耕,之配职、蒸等,而宵部有对应的入声药部,却没有对应的阳声韵部。甲类阴声韵部都是单元音,如鱼 a、支 e、之 ə、幽 u、侯 o,但是宵部却可能是复合韵母。"猫"是一个拟声词,在各种语言中,猫的拟声词高度一致,都是 mew 之类的复合元音。于是郑张尚芳把宵部与药部从甲类韵部中剔除出去,剩下的甲类韵部就是 6 个元音。同时,他把冬部名称改为终部。他还认为主元音 ə 比较晚起,跟民族语比较来看应该是 ɯ,而且在语音演变上更有可解释性。

表 5　甲类韵部的六元音系统

韵部组	铎组	锡组	职组	质$_2$组	觉组	屋组
阴声韵	鱼	支	之	脂$_2$	幽	侯
	a	e	ɯ	i	u	o
入声韵	铎	锡	职	质$_2$	觉	屋
	ak	ek	ɯk	ik	uk	ok
阳声韵	阳	耕	蒸	真$_2$	终	东
	aŋ	eŋ	ɯŋ	iŋ	uŋ	oŋ

这就是六元音系统的基本框架:

闭　　i　　ɯ　　u

开　　e　　a　　o

2002 年纪念李方桂百年诞辰的研讨会上，我跟白一平、许思莱、何莫邪、毕鄂等人在讨论上古六元音系统的时候，白一平指出雅洪托夫的《上古汉语的唇化元音》是问题的关键，只要有这篇文章，任何人都会提出六元音系统。但是我并不作此观，如果没有董同龢的《上古音韵表稿》，雅洪托夫只能拟出 5 个元音。只有甲类韵部划分以后，乙类韵部才会有正确的划分。甲类韵部的阴声韵都是开音节的单元音，在押韵的感知上区别最大，这就是甲类韵部能够清楚划分的原因。清儒对韵部的一次次细分，到王念孙的时候，鱼、支、之、幽、侯、宵已经划分清楚。接下来是王力的阴、阳、入三分。最后是郑张尚芳从这 6 个韵部中剔除宵部，同时从传统的脂、质、真分出脂$_2$、质$_2$、真$_2$，最后才形成甲类韵部的六元音系统。

甲类韵部的六元音系统为韵母系统定下了最基本的框架，其中有两条最基本的分布原则：

第一，前后元音分布原则。

六元音系统分央后元音与前高元音两大类，前一类出现一等，后一类出现四等，两者互补。每个韵部要么只有唯一的一等韵，要么只有唯一的四等韵。例如，鱼部只能出现一等韵，不可能出现四等韵，而且一等韵只能有模韵，不可能有其他的中古韵（因为不规则的音变而产生的例外，当作别论）。不只是一四等有前后的分布，二等也有这种分布，鱼铎阳的二等只出现中古的麻陌庚韵，不可能出现其他的中古二等韵。

表 6　甲类韵部主元音分布规则

韵部组	央　后　元　音				前　高　元　音	
	鱼铎阳	之职蒸	幽觉终	侯屋东	支锡耕	脂$_2$ 质$_2$ 真$_2$
主元音	a	ɯ	u	o	e	i
中古一四等	模铎唐	咍德登	豪沃冬	侯屋东	齐锡青	齐锡青
中古二等	麻陌庚	皆麦耕	肴觉江	肴觉江	佳麦耕	皆黠山

第二,合口介音分布原则。

合口介音 ʷ 只出现于软腭音与小舌音。这条原则导致了中古汉语甚至现代汉语语音格局的变化,如甲类韵部在中古锐音没有合口字,到现代普通话也是如此,例如有 kuaŋ“光”而无 tuaŋ。

下面是甲类韵部声韵配合的基本分布。

二等和三等都带有介音,音变规则比较复杂。一等和四等的音变规则比较简单,一切科学探讨都从简单开始,本文只用一等和四等来讨论韵母的音韵行为,在此基础上我们才讨论二、三等韵的分布情况。为方便起见,我们以阳声韵为例子,阴声与入声韵部以此类推。声母辅音以 p、t、k 为主要类型,加上圆唇辅音,以四大声类与韵部的配合,推导出中古韵类的演变格局。

表7　甲类韵部一四等声韵配合表

声类	带央后元音				带前高元音	
	阳部 aŋ	蒸部 ɯŋ	终部 uŋ	东部 oŋ	耕部 eŋ	真₂部 iŋ
kʷ	唐韵 kʷaŋ	登韵 kʷəŋ	冬韵 koŋ	东韵 kuŋ	青韵 kʷeŋ	先韵 kʷen
k	唐韵 kaŋ	登韵 kəŋ	冬韵 koŋ	东韵 kuŋ	青韵 keŋ	先韵 ken
p	唐韵 paŋ	登韵 pəŋ	东韵 puŋ	东韵 puŋ	青韵 peŋ	先韵 pen
t	唐韵 taŋ	登韵 təŋ	冬韵 toŋ	东韵 tuŋ	青韵 teŋ	先韵 ten

第1列是上古的声类,kʷ 是圆唇的软腭音和小舌音,k 是非圆唇的软腭音和小舌音,符合合口介音的分布原则。p 是唇音,t 是锐音。第2行是上古甲类阳声韵部,第3到6行的每一个单元格是与之对应的中古音类。中古音跟对应的上古音之间有严格的音变规则,谐声规则与音变规则相一致,仅仅少数字有不规则的音变。甲类韵部严格符合上述基本分布原则。

但是,传统的乙类韵部会与基本分布原则相冲突。

传统月组既包含中古的一等韵又包括中古的四等韵,二等韵有两类:

表 8　月组分布规则

韵　部　组	歌　月　元
中古一四等	歌曷寒 齐屑先
中古二等	麻辖删 佳黠山

董同龢（1948）早已发现传统的元（月）部在谐声关系上可以分两支，一支是 an（at），一支是 ɛn（ɛt）。郑张尚芳根据董同龢的构拟从原来的歌、月、元分出歌$_2$、月$_2$、元$_2$，每个韵部一四等互补：

表 9　歌月元再分部

韵　　部	歌$_1$月$_1$元$_1$	歌$_2$月$_2$元$_2$
主元音	a	e
中古一四等	歌曷寒	齐屑先
中古二等	麻辖删	佳黠山

语言的音系往往符合对称分布原则，董同龢与雅洪托夫的发现，让我们进一步发现上古音系也符合对称分布原则。上古的每个韵部类都有对称的 6 个主元音，都有对称的前后元音分布和合口介音分布的格局。比照甲类韵部结构，我们完全可以作出类似的内部拟测，得到乙类韵部的构拟：

表 10　乙类韵部一四等声韵配合表

声类	带央后元音				带前高元音	
	元$_1$ 部 an	文$_1$ 部 ɯn	文$_2$ 部 un	元$_3$ 部 on	元$_2$ 部 en	真$_1$ 部 in
k^w	寒韵 k^{w}ɑn	魂韵 k^{w}ən	魂韵 k^{w}ən	寒韵 k^{w}ɑn	先韵 k^{w}en	先韵 k^{w}en
k	寒韵 kɑn	痕韵 kən	魂韵 k^{w}ən	寒韵 kɑn	先韵 ken	先韵 ken

声类	带央后元音				带前高元音	
	元$_1$部 an	文$_1$部 ɯn	文$_2$部 un	元$_3$部 on	元$_2$部 en	真$_1$部 in
p	寒韵 pʷɑn	魂韵 pʷən	魂韵 pʷən	寒韵 pʷɑn	先韵 pen	先韵 pen
t	寒韵 tɑn	先韵 tən	魂韵 tʷən	寒韵 tʷɑn	先韵 ten	先韵 ten

传统的乙类韵部中已有元$_1$部 an、文$_1$部 ɯn、真$_1$部 in。董同龢加上 en，雅洪托夫加上 on 与 un，我们分别叫作元$_2$部、元$_3$部、文$_2$部。

雅洪托夫的圆唇元音除了其论文中的理由以外，还有押韵的证据。白一平（Baxter 1992）用数理统计的方法来证明带不带圆唇元音的韵母在押韵的类型上不一样。这是很有意义的证明，但是押韵的证据与内部拟测的证据还是不一样的，所以李方桂和王力并不同意歌、月、元分为三个韵部组。内部拟测有形式上的控制，雅洪托夫用中古锐音合口来确定乙类韵部的圆唇性质，这就是内部拟测法，跟我们用声韵配合关系得到的结论是一致的。

利用同样的方法，我们也可以对丙类韵部进行构拟：

表 11　丙类韵部一四等声韵配合表

声类	带央后元音				带前高元音	
	谈$_1$部 am	侵$_1$部 ɯm	侵$_3$部 um	谈$_3$部 om	谈$_2$部 em	侵$_2$部 im
kʷ						
k	谈韵 kɑm	覃韵 kəm	覃韵 kəm	覃韵 kəm	添韵 kem	添韵 kem
p						
t	谈韵 tɑm	添韵 tem	覃韵 təm	谈韵 tɑm	添韵 tem	添韵 tem

丙类韵部带闭口韵尾-m，跟圆唇声母 k^w 类与唇音声母 p 类发生异化，到后来变作其他的韵部类，如"风"上古应该是 plum，后来韵尾异化为后鼻音，到中古变成东韵"风"。这就是表 11 中 k^w 类与 p 类声母出现空缺的原因。

我们讨论甲类韵部的时候，把宵（药）部剔除出甲类韵部。同时，把宵（药）部和传统幽（屋）部的部分字合成 w 类韵部，即带有韵尾-w(-g^w)的复合韵母。我们也用声韵配合的内部拟测法来构拟宵（药）部。w 类韵部在谐声时代就开始与其他韵部类合并了，只能根据谐声关系得出一个粗略的与中古音类的对应关系。有些音类已经无从考证，其中幽₁部 -uw 与甲类韵部的幽部已经完全合并了。我们根据郑张尚芳的构拟稍作改动，得到宵（药）部的构拟：

表 12　宵（药）部声韵配合表

声类	带央后元音				带前高元音	
	宵₁部 aw	幽₂ɯw	幽₁uw	宵₃ow	宵₂ew	幽₃iw
k^w						
k	豪韵 kɑu	豪韵 kɑu	豪韵 kɑu	豪韵 kɑu	萧韵 keu	萧韵 keu
p						
t	豪韵 tɑu	豪韵 tɑu	豪韵 tɑu	豪韵 tɑu	萧韵 teu	萧韵 teu

上述三家六元音系统经过不断地改定，2015 年白一平和沙加尔的 *Old Chinese* 是其最新版本，2003 年郑张尚芳的《上古音系》也已出新版。最近，我的《汉语历史音韵学》第二版推出了六元音系统的最新版。六元音系统的最重要框架，就是各上古韵部与中古各韵类之间的演变关系。下表是我们的最简洁表述，最简、最概括的表述，才能反映更真实的语音面貌。

表13　上古韵部在中古韵类的演变

音节类型	Ⅰ：GTV̱[C]		Ⅱ：GRV̱[C]	Ⅲ：GTV[C]		Ⅳ：GRV[C]	
中古音类	央后	一等GT	二等 GR	央后	GT	央后	GR
	前高	四等GT		前高	AT	前高	BR

表中的字母代表中古的音类：

T：中古的端透定泥娘来云以、精清从心邪、章昌禅书船日。

R：中古的知徹澄、庄初崇生。

G：钝音（Grave），其中的 A、B 代表重纽的 A、B 两类。

A：重纽 A 类

B：重纽 B 类

C：韵尾（Coda），加括号表示可选。

V：代表主元音，加下横代表一四等元音，即来自上古的紧音。

语文学的补充

1970 年的六元音系统，大框架已经基本确定，但是个别细节一直到现在还要推敲。鱼部三等的以母有鱼韵"予"，又有麻韵的"野"，而且这种对立涉及一大批字，白一平解决不了，郑张尚芳也解决不了。不要说宵、药等部的框架还不能全部说清楚，就是乙类韵部和丙类韵部的具体细节还需要进一步讨论。1970 到 1979 年，我们做了十年的《上古音表》，语言学解决不了的问题，还是要通过语文学的方法去补充。近年来，古文字学与上古音的互动，带给我们许多惊喜。我们就拿雅洪托夫的乙类圆唇元音作为例子。

雅洪托夫的构拟除了规则 2 以外，其他的主要依据就是押韵。白一平（Baxter 1972）用数理统计的方法来判断乙类韵部元音的圆唇和非圆唇，这是很有说服力的，但是仍然碰到许多困难。举"官"声符为例，下面带着重号的字是圆唇元音，雅洪托夫的韵例如下：

《缁衣》館粲館粲館粲，《东门之池》菅言，《杕杜》嘽痯遠，《白华》菅遠，《板》瘝然遠管亶遠諫，《静女》孌管，《公刘》館亂鍛但是我们却有以下不同的韵例：

《缁衣》館粲館粲館粲,《东门之池》菅言,《朳杜》幝瘏遠,《白华》菅遠,《板》瘅然遠管亶遠諫,《静女》孌管,《公刘》館亂鍜

这些韵例在雅洪托夫与我这里的差别怎么会有这么大呢？因为押韵只是追求韵脚的和谐,并不一定是韵母的相同,特别是带韵尾的复合韵母在押韵上会比较宽缓,就是在现代诗歌中,-in 与-yn、-un 都能够押韵。在先秦韵文中,-an 与-on 是可以互相押韵的,如《诗·大东》泉歎,《楚辞·天问》暖寒言。所以,对于确定元音的圆唇与否,押韵只是一种参考。

雅洪托夫说,传统元部的钝音有可能是-ʷan,也有可能是-on,只能用一些特殊的方法分出两类。白一平(2015)的数据库中就分出以下两类：

-ʷan 类：俛反板阪返扳半判畔伴曼幔漫慢蔓萬班斑攀辦辡辨辯搬采藩番蟠燔蕃繁煩袁園遠攇睘圜還環爰湲援緩轅媛諼換澣官棺痯管倌丸芄原源崔叩雚歡懽驩謹權鸛灌勸觀亘垣桓狟誼喧咺烜烜卷鬢員圓寬宦院

-on 类：變飯弁卞算蠻懣瞞免勉冕晚元完浣筦玩朊冠貫擐慣串患卷睠睠拳圈管館怨夗宛苑婉輓綸壎關堭顯願裸

其中-on 类都是正确的,但是-ʷan 类则大部分要归为 -on 类。我们的归类使用以下几种特殊方法,特别是语言学难以解决的地方,可以用语文学的方法进行补充：

1. 谐声与通假

谐声与通假实际上就是语言的借用,语言的借用会服从于最大相似原则,也就是段玉裁"同声必同部"的原则。

2. 对转

主元音相同词,通过不同韵尾的交替造成新词,这叫作形态上的语音相关。例如《尚书·尧典》"允釐百工",《孔传》："工,官也。"

"工"k^1o̠ŋ 与"官"k^1o̠n 之间不是通假现象,而是一种特殊的对转现象:"百官"与"百工"的语义并不完全相同,在词根的基础上通过韵尾的交替形成新词。下面列举侯 o、屋 ok、东 oŋ 与元$_3$on 的对转现象:

表 14　侯屋东与元$_3$的对转现象

元$_3$部字	侯部字	屋部字	东部字
疃			童
葮鄟	取聚	黻	叢
短	豆豎		
勉免	娩		
壖	懦需		
元	寇		

3. 联绵词的叠韵关系

联绵词的叠韵关系可以确定主元音的圆唇与否。如"婉孌",其中的"孌"为锐音合口字,上古带圆唇元音,于是可以推断"婉"在上古也带圆唇元音。

4. 语源关系

根据汉语有语源关系的语素,如借词或同源词,也可以推断其元音是圆唇或不圆唇。

下面,我们就用这些方法来判定乙类韵部带圆唇元音的声符。

圆声、丸声

"圆"与"丸"实际上有同样的词根,前者为形容词,后者为名词,其读音都是 -on 之类的音。"圆"的藏文同源词为 gor。古汉越语为 tro̠n^2 < *gro̠n,它借自上古汉语的 *Gro̠n。苗瑶语中的"圆"有以下的同源词,它们的韵母是 -on>-un,有的词在后高元音的同化下变成 -ŋ。

声母可能是 kl- 之类的复辅音 kl->tl-。

tlun44	新寨	lun33	小寨
tɬoŋ41	六马	kuŋ31	庙子源
ŋkoŋ43	普定	koŋ42	绞陀
n̠ʈon33	梅珠	klun31	罗香

古代"丸""卵"通用,"卵"实际上就是生物所生的丸状物。《吕氏春秋·本味》"有凤之丸",高诱注:"丸,古卵字也"。"卵"的上古读音 k·ron。

"元",上古汉语有"首"义,《左传》僖公三十三年"狄人归其元",《左传》哀公十一年"公使大史固归国子之元"。"元"上古 ŋgon。"头"在各亲属语中往往与"圆"相关,估计头的原始语义就是圆状物,与"元"谐声的字也往往有圆义,如睡虎地秦简《日书》甲种《诘咎》"以犬矢(屎)为完","完"通"丸",以犬屎作成丸。《周礼·考工记·冶氏》"重三垸",郑玄注:"郑司农云:垸读为丸。"

雚声

权通橼。睡虎地秦简《封诊式》"丙死(尸)县其室东内中北癖权(橼),南乡(向)","橼"锐音合口,当为 -on,与之通假的雚声也当为 -on。雚,《说文》以为"吅"声,从古文字字形看,当似瞪着两只大眼睛的猫头鹰,可见就是"雚"。"雚"上古汉语 ɢon>ɦon,藏文的猫头鹰为 ɦiol <*ɢol,藏文的 -l 可与汉语 -n 对应。

古代"汍""灌"通用。《说文》"潧与洧,方汍汍兮"(段注本),段玉裁注:"汍汍,《汉志》又作灌灌,亦当读汍汍。"

官声

"綰",《说文》"读若鸡卵"。"卵"上古音为 k·ron。

"官"k̥lon 通"关"k̥ron,《后汉书·申屠刚列传》:"平帝时,王莽专政,朝多猜忌,遂隔绝帝外家冯、卫二族,不得交宦。""交宦",杨树达《积微居读书记》引作"交官",并云"'官'假为'关'"。"交关",

16

即"交通"。

张家山汉简《脉书》"胃管"即"胃脘"。"关"与"脘"都是元部的 -on。

"官"通"观"。马王堆帛书《老子》甲本《道经》"唯有环官,燕处则昭若",通行本"官"作"观"。

"百工"是做不同工作的人。因为通过 -oŋ 交替为 -on,造成新词"百官",指管理这些工作的人员。"数"sk^{r}os,与"数"相关的动作就是"筭",从"弄"g·roŋs 得声,加使动前缀 s-,读音为 sg^{r}oŋs。此外另有一个形态 sg^{l}oŋs,一方面是 r 与 l 的交替,另一方面是 -ŋ 与 -n 的交替。列普查语中的计数,算 froŋ<sroŋ,过去式为 frón<srón,可见汉语的"筭"也许就有 sg^{r}oŋs 与 sg^{l}oŋs 两个形态。

亘声

郭璞《山海经》注:"狟或作貒,吴楚呼为鸾猪。""鸾"又通"貆","鸾""貆"都为 -on。

"桓"通"丸"。《史记·五帝本纪》"登丸山",《初学记》"丸"引作"桓"。又《货殖列传》"北邻乌桓、夫余","桓",《汉书·地理志》作"丸"。

"桓"通"院"。《广雅·释宫》:"院,垣也。"

奂声

古代"焕""洹"通用。《诗·郑风·溱洧》"溱与洧,方涣涣兮",《经典释文》:"涣涣,《韩诗》作洹洹。"

《说文》:"奂,周垣也。"

卷声

"圈"通"专"。马王堆帛书《周易·系辞》"夫键(乾)其静也圈(专),其动也摇"。"专"锐音合口,当为 -on。

"倦"通"劝"。《庄子·天运》"孰居无事淫乐而劝是",《经典释文》"司马本劝作倦。"

"拳"通"权"。《左传》庄公十九年"鬻拳强谏楚子",《后汉书·孔融传》作"鬻权"。

"卷"通"緷"。《简帛古书通假字大系》"緷与卷"条引《仪礼·燕礼》"卷耳"作"緷耳"。

袁声

"袁",《说文》"长衣皃。从衣,叀省声"。"叀"锐声合口,读-on。

《礼记·乐记》"周还象风雨",《史记·乐书》"还"作"旋"。"旋"锐声合口,读-on。

"远"通"桓",马王堆帛书《周易》六十四卦屯卦初九"半远","半远"通行本《易》作"盘桓"。

爰声

"爰",《说文》"籀文以为车辕字"。《左传》"晋作爰田",《国语》"作辕田",《汉书·地理志》"制辕田"。

上博楚竹书《容成氏》简 1 古帝王名有"轩缓是",即文献习见之"轩辕氏"。

串声

"患"通"睆"。"睆",《说文》"读若患"。

"患"通"梡"。马王堆帛书《老子》甲本《道经》:"贵大梡(患)若身。"

"患"通"卷"。马王堆帛书《春秋事语·晋献公欲袭虢章》:"是不见亡之在一邦之后,而卷(患)在耳目之前。"

卝声

"卝"通"卵"。《九经字样》:"《说文》以为古卵字。"

"联"从"卝"得声。"联"上古音为 k·ron。

宽声

"宽"通"盲"。清华简《祭公之顾命》简 11"亦尚盲臧(壮)乎(厥)心",今本《逸周书》"盲"作"宽"。"盲"从"亘"声,读-on。

"髋"k^hl̠on 跟"臀"glu̠n 是形态上的交替,"臀"带圆唇元音。

根据上述的谐声分析,中古软腭、喉音的合口寒韵、仙韵、元韵,只有来自上古的韵部 -on,没有 -ʷan。可见白一平(2015)的数据库中 -ʷan 类是不存在的。这到底是音系结构不允许,还是原始汉语到上古汉语阶段发生了演变,我们还需要进一步弄清楚。

因此,我们把表 10 更新如下:

表 15　乙类韵部一四等声韵配合表

声类	带央后元音				带前高元音	
	元₁ 部 an	文₁ 部 ɯn	文₂ 部 un	元₃ 部 on	元₂ 部 en	真₁ 部 in
kʷ		魂韵 kʷən	魂韵 kʷən		先韵 kʷen	先韵 kʷen
k	寒韵 kɑn	痕韵 kən	魂韵 kʷən	寒韵 kʷɑn	先韵 ken	先韵 ken
p	寒韵 pʷɑn	魂韵 pʷən	魂韵 pʷən	寒韵 pʷɑn	先韵 pen	先韵 pen
t	寒韵 tɑn	先韵 tən	魂韵 tʷən	寒韵 tʷɑn	先韵 ten	先韵 ten

乙类韵部的唇音字既有圆唇元音,又有非圆唇元音,这是肯定的。"皮"bal 与"肤"pa,"我"ŋal 与"吾"ŋa̠,显然各为对转。下面是几个带唇音的元₃字:

"变"从"䜌"得声,"䜌"中古来母合口,只能来自上古的 -on。所以"变"的上古音为 pʳons。

"卞"通"变"。《书·尧典》"黎民于变时雍","变",《汉书·地理志》《孔宙碑》皆引作"卞"。

"勉"通"变"。马王堆帛书《老子》甲本卷后古佚书《五行》"变也者勉也"。

"免"通"曼"。郭店楚简本《老子》乙简 12"大方亡禺(隅),大器曼成","曼",马王堆帛书《老子》乙本作"免",王弼本作"晚"。

上述乙类韵部钝音字中,唇音有圆唇与非圆唇两类,但是软腭与小舌音后面却只有带圆唇元音,可能有些是从非圆唇类演变过来的。

上述乙类韵部的唇音字只引自有限的几种材料,它们是否带圆唇元音,还需要用更多的材料与方法作出判断。

1980 年,梅祖麟先生寄给我包拟古的 *Proto-Chinese and Sino-Tibetan*,我第一次得知大洋彼岸竟会有学者提出相同的上古汉语六元音系统。于是我立即把此书扫描给郑张尚芳,两人都非常地激动和兴奋。1995 年,我在香港参加王士元先生主持的 The ancestry of the Chinese language 国际研讨会,进一步得知 80 年代斯塔罗斯金有关上古汉语研究的几乎相同的结论。当一个科学问题经过大批学者的长期争论,有许多的猜测、假设与迷惑、探索,这个时候竟然有几个学者从不同的途径、用不同的材料和不同的方法得到相同的结论,这不只是一种偶然,这只能说明这个理论的成熟。陈第以后三百年来乾嘉学派的学术积淀、高本汉以后一个多世纪历史语言学的不断探索,有多少中外学者的呕心沥血,才培育成这棵幼苗。

半个月前,我在办公室的尘封角落里好容易找到了 50 年前整理的《上古音表》。一个月前,社科院郑任钊君发来他父亲郑张尚芳于 1960 年 12 月 25 日寄给李荣信稿的扫描件。信中详细记录了郑张尚芳的上古音构拟,已经是六元音系统的雏形。郑张尚芳在信中向李荣提出借用段玉裁的《六书音均表》用来誊写此书。1969 年初为了整理《上古音表》,我先是抄写了高本汉《中国音韵学研究》的《方言字汇》,接下来为了整理谐声系统在一个月内抄写了沈兼士的《广韵声系》。今天的学子很难想象到没有书的“文革”年代,甚至没有纸张的年代。提到艰难往事,目的就是警示今天的来之不易,更应珍惜将来的分分秒秒。

参考文献

董同龢 1944 《上古音韵表稿》,历史语言研究所专刊单刊甲种之廿一。

俞敏　1984[1979]　《后汉三国梵汉对应谱》,《中国语文学论文选》,东京: 光生馆。

Baxter, William H.　1992　*A Handbook of Old Chinese Phonology.* Mouton de Gruyter.

Schuessler, Axel　1974　Final l in Archaic Chinese. *Journal of Chinese Linguistics*, 2.2: 186 − 199.

Starostin, C. A.　1989　*Rekonstrukeija Drevnekitajskoj Fonologicheskoj Sistemy.* Nauka.

上古韵母系统和四等、介音、
声调的发源问题*

韵母系统包括元音、介音、韵尾的种类及它们的结构方式、配合关系。声调这种节律音位也要通过元音起作用,并受韵尾的节制。本文准备简单地讨论如下问题:(一)上古汉语有几个元音;(二)有无介音及其性质;(三)二等 j 介音的起源及跟元音长短的关系;(四)声调发源与韵尾的关系;(五)上古韵母系统到中古韵系的演变问题。

一、元音问题

1.1 已有好些学者对上古韵母系统作了研究。这个问题的研究包括两种工作:一种是分部,一种是分韵拟值。分部工作清儒已经做得很多,各有不同分法。迄今为止,如果阴阳入三分,以王力 29 部(于战国后又加冬部为 30 部)分得最多;如果阴入不分,以章炳麟 23 部分得最多(李方桂分 22 部跟章氏接近)。为什么分得不一样呢? 因为韵部是根据先秦韵文尤其是《诗经》的韵读系统来的,《诗

* 原刊《温州师院学报(社会科学版)》1987 年第 4 期,据《郑张尚芳语言学论文集》(中华书局 2012 年)收入。

经》中有些地方入声字与阴声字也能押(其实也还有阳声字跟阴声字、入声字押的),所以有人把相押的阴、入韵归并了。并的韵部多少不同,结果就分得不一样了。但韵部系统与韵母系统其实远不是一回事,这个道理很简单,韵部只是《诗经》的押韵系统,大致相当于今天的韵辙儿。现在北方通行十三辙,可韵母总有好几十。每个韵辙也不都是一个元音,in、un、ən、ün 全能押韵,还有押 ing、ong、eng、i、ï、ü 的。所以分了韵部还只能说是圈出些个范围来,跟韵母系统的分析还差一大截,每部里还得再进行分析。

古今语音变化很大,各韵部大致古代怎么读,这需要重新"拟值",即重构读音。再说上古每个韵部,到中古大都分成好几个韵,这从中古韵书分韵之繁多可见。如果上古每部韵母都只有一个,怎么会变得这样复杂呢?应该说上古音中就具有它们据以分化的歧异点。所以还要根据《广韵》的分韵构拟各韵在上古各部中的韵值。这就是分韵拟值工作。这方面最早并有影响的是高本汉的构拟,以后有影响的是王力和李方桂的构拟。

1.2 下面先分析一下他们构拟的元音系统及所存在的问题:

高本汉所拟元音有 15 个,其中除 i 只作介音外,能作主元音的为 14 个(即使不计其中 e、a、o、u 4 对长短对立,也是 10 元音系统)。拟的元音多,较乱,ü 既出现在之蒸类三等,又出现于侯东类二等,自坏其韵例。董同龢的修订将其整齐化,增至 20 个主元音(如不计其中 e、a、ə、o、ɔ 5 对紧松对立,也为 15 元音系统)。他的办法是按等加标签,如 ə、a、o、ɔ、u、ɐ、ɐ 7 个元音遇一等全加 ^ 帽,整齐是整齐了,可是具体怎么念,跟不加"帽"的如何一一分辨得开,难以明白。

王力首加简化,开始在《汉语史稿》里拟为 7 元音,但 i、u 只作介音,主元音只有 ə、a、ɑ、o、e 5 个。王氏把高氏以元音分等的做法改为依介音分等,从而简省了一半元音,这是研究中的一个跃进。不过其中 ɑ、a 除鱼歌二部外都不对立。为一处对立设前后两个 a 音,仍不经济,未能脱出高氏窠臼。1960年至1961年间作者与王先生通信商榷这一问题,王先生采纳了将歌部加带 i 尾的意见,鱼、歌两部对立改为 a∶ai,取消了 ɑ 元音。①其《汉语音韵》里就修改为 6 元音、4 主元音系统。但王氏在高元音不作主元音这点上比高本汉走得更远,不但 i 而且连 u 也不作主元音了,这难以令人信服。由于王氏系统里 e、o 与 i、u 在主元音位置上不对立,只有因以 e、o 表二等介音而在介音位置上有对立;所以李方桂就抓住这一点,用 -r- 介音表二等,e、o 与 i、u 就都不对立了。于是将 e、o 全并入 i、u,就得到 i、u、ə、a 全可作主元音的 4 元音系统。这比高氏、董氏的元音构拟简化了 3 至 5 倍。不过李氏的 i、u 仍都能作介音,为了区别有些韵,他设计了 ia、iə、ua 3 个复合元音。

　　分析任何一种语言或方言的音系,可以有不同的音位处理方式,原则是力求简单,辅音、元音、声母跟韵母的总数都要求越少越好,但要足以表现一切应予表示的音位差别。如果王氏、李氏的 5 或 4 主元音系统即能解决上古韵系的各种问题,岂不甚好。但他们的系统分析起来都还有许多问题。王氏《汉语史稿》说上古韵母的发展时,列了数十条不规则变化(初印本 53 条,修订本 36 条),其实当中极大部分还是构拟上的问题造成的,并非真是不规则。还有许多作为"零星的例外"从略的,其中好些也并非零星,如 78 页注 2 举的零星例"骸 ə—ɐi",实际包括了"骇痎劢骇挨騃豸"等"皆"类字。更重要的是拟音上回避了至关紧要的重纽问题,如"珉民"都拟 ǐen,"弁便"都拟 ǐan,"乔翘"都拟 ǐau。他的系统不能解释这类重纽字到中古为什么会产生不同等切的问题。李氏虽对部分重纽字已用不同介音作出区分,如宵三的"乔"拟 jagw,宵四的"翘"拟 jiagw(不过这种 j 与 ji 的区别也没有形成与等的固定联系,如同属支三的"奇亏危"作 jar,而"皮跪"作 jiar)。同样还是由于构拟上的缺陷,"弁便、珉民、

---

① 见王氏当时来信。"歌"泰文也是 gāi。

3

密蜜"等依然分不出来。这说明二位的构拟系统都还需要改进完善。

从王、李二位韵母系统的语音结构、配合关系观察,也有内部不整齐的问题。汉藏亲属语言带辅音韵尾时,各元音与各韵尾结合上并没有限制,没有 i、u 不能配合韵尾的;古藏文是如此,今天龙州壮语也如此(ɯ、ə 作互补看)。但二人的构拟中各元音与韵尾的配合却并非如此(王氏据 a、ɑ 合并后的系统):

表 1 王氏

	-m -p	-n -t	-ŋ -k	-u -uk	-i
i	○ ○	○ ○	○ ○	○ ○	×
e	○ ○	真 质	耕 锡	○ ○	脂
a	谈 盍	元 月	阳 铎	宵 药	歌
ə	侵 缉	文 物	蒸 职	幽 觉	微
o	○ ○	○ ○	东 屋	○ ○	○
u	○ ○	○ ○	○ ○	×	○

从上表看,只有 a、ə 能结合所有韵尾,i、u 不和任何韵尾结合,o 只结合舌根尾,e 不和唇音尾及 u 类尾结合。除 i、u 照例不与本身结合外,结构上有空缺 26 处。

表 2 李氏

	-m、-p-b	-n、-t-d	-ŋ、-k-g	-ŋw、-kw-gw	-r
i	○ ○	真 脂	耕 佳	○ ○	○
a	谈 叶	元 祭	阳 鱼	○ 宵	歌
ə	侵 缉	文 微	蒸 之	中 幽	○
u	○ ○	○ ○	东 侯	○ ○	○

从上表看没有一种元音能结合所有韵尾，连 a、ə 也有空缺。u 只结合舌根尾，-r、-ŋw 两尾只与一种元音结合，结构上有空缺 14 处。其中祭部阴声字全是去声，也跟其他各部不成比例。何以如此，从结构上得不到解释。

1.3 构拟古音的主要目的在于解释历史语音现象及现代方言语音现象的形成。古人虽然不存，无法直接验证，但其语音总要留下痕迹，在各地方言中保留下丰富的遗存成分，在民族交流中也留下早期借词或译音材料，在文字上叶韵、谐声、假借、异读等方面都会反映出所产生的那个时代的特点来。现在我们既要根据这些材料来构拟古音，进行语音演变规律的探讨、词族分化的追溯、亲属语言同源词的发掘，同时反过来也要以上述各个方面所存在的问题来检验构拟的古音系统的合理与否，即看它能否解释这些现象。能解释的现象越多，那么可信性也就越强，反之其可信性也就动摇了。例如李氏在《上古音研究》54 页拟"施"字二读（式支切及以豉切）为 sthjiar—śjě、rarh—jiě，我们看不出 sthj 跟 r 有什么联系，它们怎么会是从一个字音分化开的，李氏的构拟就解释不了这个字的异读问题。后来李氏在另一篇文章中把 sthj 改为 hrj，hrj 跟 r 的关系就明显了，能够解释这一异读现象，可信性也就比原来的构拟增强了。

王、李二位所拟韵系不但有前述内部结构不整齐的问题，在解决上述语音现象方面也有些无能为力之处。各举点例子，先看 o、u、e、i 等元音不与舌尖韵尾结合所造成的问题。

1.3.1 重纽问题关系到支脂祭真（质）仙（薛）宵侵（缉）盐（叶）8 韵，连入声是 12 韵，不是可以忽略的小问题。汉越音越南译音重纽 A 类连唇音声母也要转变成舌齿音：帮母读 t，明母读 z，如"弁"是 bien⁶ 而"便"是 tien⁶，"免"是 mien⁴ 而"面"是 zien⁶。这种区别还不大吗？怎可忽略不予分别呢？拿"弁便"二字来说，它们通借关系也不大相同："便"通"平"，如《史记·五帝纪·尧》"便章百姓"，《书·尧

5

典》原作"平章";前者的"便程东作"后者作"平秩东作"。"平"字王氏为 ieŋ 韵,李氏为 jing 韵,都不是"便"的 ian 韵能解释的。而"弁"通"变"(李家浩引侯马盟书"弁改"即"变改",随县曾侯乙墓编钟"变徵"的"变"写为从音弁声)。而闻一多说《易经》"君子豹变"的"变"也与"贲"通(见《周易义证类纂》);"弁"又作为"畚弆"的声符,这些字王氏在 uen、iwen 韵,李氏在 ən、jən 韵,也跟"弁"的 ian 韵合不上。"畚贲"表明"弁变"有从圆唇音来的可能,结合亲属语言藏缅同源词中缅文"变"proŋh、"弁戴头巾"poŋh、藏文"变"sprul、"弁官"blon 来看,圆唇元音的可能就更大了。再一看古汉越语(那一般代表秦汉借词)"便"是 ben[2]、"变"是 lon[6],就可明白这两组重纽字古元音是很不相同的,怎么也不能用一种 ian 来表示,其中可能包括了 o 和 e。

1.3.2 李氏歌部合口用复合元音 ua,而微部则认为只是 ə,把舌齿音后的合口呼都看作是后起的,这种一刀切的构拟法不利于解释歌微通转现象。如"挼妥夋襄"都读戈灰两韵,"莝"《集韵》或作"㩌","坐"(获罪)和"罪"有语源关系。而戈韵李氏拟 uar(如:坐 dzuar、堕 duar),灰韵拟 əd(如:罪 dzəd、㩌 sthəd、队 dəd),看起来两韵就一无干系了。方言中可表明那该是一个圆唇元音,如福建福安口语"坐"sɔi[6]、"剉(莝)~ 草 tshɔi[5]、襄 sɔi[1]。[②] 以 oi 对 ui 不更可信吗?

佛教初传留下最早的梵汉对译材料,"佛"buddha 初译作"浮屠",后译作"佛图"。照李氏"浮"是 bjəgw,"佛"是 bjət,都不是 u 元音,"浮"还来个 -gw 尾。可古汉越语就是 but[6](越人所用嘣字写作从人字声),根本不是 -jə-。为什么不直接作 u 和 ut 呢?

《说文》谐声方面"短"谐"豆"声,"瞳"谐"童"声。"短瞳"李氏作 -uan 韵,"豆"作 -ug,"童"作 -ung。这声谐得可怪了,难怪有些人

---

② 详见拙作《温州方言歌韵读音的分化和历史层次》。

要把它们看成"非声"了。可是王氏"豆"是-o 韵,童是-oŋ 韵。拿来跟客家、赣语的"短瞳"读-on 韵比,倒相近得多。为什么不把一部分元部字就拟为 on 韵呢,大概是怕 on 跟 an 不叶韵。可《蒙古字韵》里就把 an、on 同列在一个"八寒"里,那是用八思巴字母拼的,该不是乱猜拟吧。事实上 on 在有些方言里发音时常带过渡音 a,发成 oăn,那么它跟 an 叶韵也是可以理解的。

如果肯定侯部作 o,元部合口一部分作 on,那就可以解释好些问题。例如"濡"从"需"声-o,而有人朱切-o、奴官切-on 两读;"叩(关)"又作"款(关)":o—on;"窾"即"孔":on—oŋ,"窾"又读"空"-oŋ、"窠"-oi;元部合口拟作 on,就都能通了。又如"叩叩"-o 即"款款、拳拳"-on,也即"悫"-ok 和"悾"-oŋ 的同族词。本属侯部的"菆"-o,又读在丸切通"欑"-on,也即"丛"-oŋ 的同源异式词。《庄子·徐无鬼》释文"卷娄,犹拘挛也","卷娄"是 on—o,"拘挛"是 o—on,通变很自然。这样也可见到侯部王氏作-o 要高明得多,李氏侯部的-g 尾是要不得的。

o 与 u 相近可转。"冒(鼓)"跟"鞔、蒙"也是一语之分。"冒"又作"曼"的谐声声符。"曼"有武贩、母官二切(后者同"鞔"),依李氏,"冒"是-əgw,"曼"是-jan 或-an,这个谐声就无法说了。王氏"冒"是-əu,如把它直接写作单元音 u,③ 把"曼"写作-on,两者就相近得多。《史记·宋微子世家》"景公头曼"在《汉书·古今人表》中作"兜栾",说明"曼"应读 mlon,如果"曼"作-jan、"栾"作-uan,那又多出一个开合不叶的问题来了。《战国策·赵策》"没死以闻",借"没"为"冒"。依王氏"没"是-uət,"冒"是-əu,则 uə、əu 的元音次序互倒;依李氏"没"是-ət,"冒"是-əgw,韵尾差得太远。不如说"冒"是 u、"没"是 ut。

从异读和通借方面看。汉字异读很多,多数是一语之分,应该说

---

③ 上世纪六十年代跟王氏商榷时即曾提过这个意见。王氏后期也这样改了。

出其分歧点与共同点来。"敦"字,《中华大字典》有 13 读,拿常见而较早的 4 个读法看,也够麻烦的了:都昆切王氏作 -uən,李氏作 -ən;度官切同作 -uan;都回切王 -uəi,李 -əi;都聊切王 -iəu,李 -iəgw。李的 ən,跟 uan 跟 jəgw 转都很别扭,王其余都有 u 头舌尾,而都聊切却变了 i 头 u 尾,翻了个筋斗儿,叫人难以信服。毛病在于干吗不拿 u 作主元音,如果拿 u 作主元音,那么都昆 -un、度官 -on、都回 -ui、都聊 -jŭ,④ 都可见是从一个语根分化出来的,一点不怪。

这样还可以解释诸如下列一些问题:《诗·大雅·棫朴》"追琢其章","追"字《荀子》引作"雕":追 -ŭi,雕 -jŭ。《史记·殷本纪》记纣三公之一的"九侯"一作"鬼侯":九 -ŭ,鬼 -ŭi。如果依工、李二位所拟,又要出现前述那种隔阂。如王"九"ĭəu,"鬼"-ĭwəi;李氏"九"-jəgw,"鬼"-wjəd;头尾为难。

又如"媪"为乌皓切,李当作 əgw,可是跟"温昷"wən、慍 wjən、嗢 wət 相谐声,这也很别扭。如直接以 u 为主元音,那么"媪 u、温 un、慍 ŭn、嗢 ut",就顺理成章了。

o、u 可作主元音,这不但在 -n、-t、-i 尾,在 -m、-p 尾也有表现。《左传·文公十八年》"纳阎职之妻",《史记·齐太公世家》作"庸职";《尚书·洛诰》"无若火始焰焰",焰焰,《汉书·梅福传》作"庸庸"。"庸"依李是 -ung,依王是 -ĭoŋ,而"阎焰"都是 -əm 或 -ĭəm,没有相通之理。如以"阎焰"作 -om,与"庸"-oŋ 就相近了。"箜篌"在《急就篇》写作"坎侯",也要作"坎"-om"空"-oŋ 才通(勉瑶话"坎"也说 khom,"坎"跟"窾空"音义亦通)。"三年禪服",也作"导服","导"应作 du,"禪"应为 dum 才通得过。"赣"从"夅"声,徐铉不明白,说是"非声、未详",其实前者为古送切 -oŋ,后者为苦感切 -om,就可以谐声了。"泛"有孚梵、方勇二切,后者与《说文》从西乏声的

"㒄"字同,应作-ŏŋ,前者应为-ŏm。《诗·小旻》叶"犹集咎道","集"应是 up 韵,跟幽部 u 韵比多个韵尾。

1.3.3 放下 o、u 问题,再看 e、i 问题。

《诗·陈风·墓门》叶"斯知然"。如依王氏"然"为 ĭan,"斯知"为 ĭe,不好押;依李氏则"然"为 jan,"斯知"为 ig,就差得更远了。再看《汉书·货殖传》"乃用范蠡、计然"师古注"一号计研",又《吴越春秋》及《越绝书》并作"计倪"。"然研"跟"倪"也有上述那样的问题。看来,"然研"与"倪斯知"应该具有同样元音才好解释,这个元音应在 i—a 之间,照理是 e 最合适,可惜李氏不构拟 e 元音,而王氏的 e 元音又拟给真脂类了。

同样的问题在通借方面也表现出来了。如"前、齐"相通,然而李氏"前"拟-ian,"齐"拟-id,相差过远,难以解释。《周礼·职方氏》"扬州其利金锡竹箭"注"故书箭为晋",《仪礼·大射仪》"缀诸箭"注"古文箭为晋",李氏"箭"是-jan,"晋"是-jin,元音差好远,怎么相通得来呢?再看元部的"戬榗"等字也都从晋声,这就不能当作偶然之例看了。可注意的是"箭"在古汉越语是 ten^1,元音可是 e,是跟"齐"te^{2}很接近的。

谐声方面,"遷環缳"等都从"睘"声。"睘"字又作"𦕼",都读渠营切,李氏作 gwjing。而"遷環"(户关切)作 gwran,"缳"(胡畎切)是 gwian,同样跟声符的拟音相差太远。王氏"睘𦕼"作 gʻĭweŋ 还比较近一点。但如能让元部有部分字读 e 元音的话,不是都可解决吗?今天元部字就有 a、ɛ 两种元音同样押韵,古代为什么就不能呢?

《说文》"汃"从"八"声,《广韵》有府巾、普八二切。照李氏不论作 pjin、phrit,或 pjiən、phrət,跟"八"priat 元音都不接近,但壮语"八"字却读 peːt,也是 e 元音。前人于"八"字或入月部或入质部,可能正是由于它的元音介于二者之间。

"蟝蜻"的"蟝"《说文》作"蠹",从"卑"声。照李氏"卑"为-jig,

而"螵"读匹标切是 jiagw，元音相差太远。照王氏"卑"是 ǐe，"螵"是ǐau，也搭不到一块。只有把"螵"的主元音改为 e，"螵"ěu 和"卑"ěʒ 才能合得上。

李氏将"地"字作看歌部四等，写为 diar，王氏把它当作不规则变化：ǐai>i 入脂。可是"入脂"的歌部字并不止一个，如从"多"的"黟"有於脂切（脂开四）、乌奚切（齐开四）二读；这两读又怎么分开？还有从"单"的"䃎"也是齐韵，则拿 -ia- 既表脂韵又表齐韵也支绌为难了。

1.4　问题在于王、李二氏都太相信"上古同一韵部的字一定只有一种主要元音"了。这种学说对于纠正高本汉分等拟元音的错误作法确实起了很大作用，但矫枉过正了。它其实只有在收舌根韵尾各部（元音比较清晰），才是符合的，在收舌收唇各部并不符合，这一点在今日民歌押韵中也可见到。需要做的事是把收舌收唇各部再行离析，把其中不同于 a、ə 的其他元音字再分出来，例如 ai 部可分出 oi、ei 来，an 部分出 on、en 来，at 部分出 ot、et 来，而 əi、ən、ət 等部则要分出 ui、un、ut。

从收喉（舌根）各部看，每部各只有四个不同等类的基本韵：一个一等或四等韵，一个二等韵，一个三等甲类韵（有非组的三等韵或重纽 A 类），一个三等乙类韵（无非组的三等韵或重纽 B 类），一共四个韵（可看作上古韵部的四个等）。如有多出，都互补的，同一声系不重出。可是收舌收唇各部不一样，如元部既有一等寒桓又有四等先，既有二等删又有山，既有三等元又有仙 A 仙 B，同一声系重出不只一处。这表明它当为两三部混杂的结果，自然要再行分部。

收喉各部中四等字主要见于前高元音（只有萧锡有少量字在幽觉部）。如把四等拟为 e 元音，那么元部就可分为三个分部（将李氏的 ia 改作 e，ua 改作 o）；每个分部也各含四个等类的韵（表中以 P 表唇喉音，T 表舌齿音，W 表合口韵）：

表 3

	一四等	二等	三等甲	三等乙
元(仙)部 en	先	山	仙 A	仙 B
元(寒)部 an	寒(桓 P)	删	元(仙 T)	仙
元(桓)部 on	桓	删 w	元 w(仙 wT)	仙 w⑤

歌月谈叶各部仿此(若要贯彻"同一韵部必同元音",那把分部升级为韵部就是了)。

1.5 仙部拟 en,真部自应如李氏那样拟 in,质部、脂部相应也作 it、i(取消李氏阴声韵的塞尾)。耕锡支则应如王氏那样作 eŋ、ek、e,而不能如李氏那样拟为 i 元音。

李氏所以把耕锡支拟为 iŋ、ik、ig,是忽视了还有一套与真质相混的真正的 iŋ、ik。它们是与耕锡对立的。这些字中古收舌尾了,可上古跟 -k、-ŋ 字谐声或相通。例如:

(1)"節癤櫛"从"即"声,"血恤"与"洫侐"谐声,"必"从"弋"声,"蜜密宓"与"睿"谐声,"实"与"寔"通,"暱"从"匿"声,"鷙"从"陟"声(并通"特"),"乙"与"肊"谐声;"日"《集韵》有而力切。每组前面为中古 -t 质、屑韵字,而后面皆是 -k 职韵字。"厄"古作从户乙声,"溢"即"益"的转注增生字,"鐵"从"呈"声,"襫"有胡结切、下革切异读,这又与 -k、-ŋ 锡耕部有关了。

这些字照韵是收 -t 的,照谐声等材料应该收 -k,那么哪个是原来的呢?从亲属语言同源词看,它们中好些是收 -k 或开尾的。例如藏文:节 tshigs、铁 ltjags、日 nji、噎 ig、虱 sjig;错那门巴语:铁 lek、血 ceʔ(虱是 çeʔ);龙州壮语:铁 lik。

(2)"奠"谐"鄭",又读丁定切与"定"通,"屟"又读都挺切;"臣

---

⑤ 元音为 o、u 的三等乙类韵中古遇唇音失去圆唇而前化,如"变弁"o 前化并入 e。

臤”与“鏗”谐声；“辛”与“骍”谐声；“郯”与“年”谐声；“骈”从“并”声，义也相关。“瞑”莫贤、莫经二切。“零”落贤、郎丁、郎定三切，“倩”仓甸、七政二切。“黾”有弭尽、母耿二切。

藏文：臣（仆人）ging、薪（木）sjing、奠 ɦding；错那门巴语：年 niŋ。这些真部字都收 -ŋ 尾。

可见古代应有一组 iŋ、ik 字，只因 ŋ、k 尾受到前高元音影响，转变为 in、it，所以应该从真、质部中离析出黾、即两个分部来。iŋ、ik 与真部 in、it 音近，可以相叶。从“即抑溢”等字中古在职韵收 k、上古仍与质部相叶，即可概见。

1.6 依上所述，i、u、e、o 都可做主元音，那么加上 a、ə，上古应有 6 个主元音。汉藏语言就固有元音来说，一般为 5 至 7 个，汉语上古元音为 6 个正合适。壮语多为 i、e、a、o、u、ɯ 6 元音，独龙语、僜语也是这么 6 个，正好相同。在汉藏亲属语言中，ə 都较后起。古汉语的 ə 原来也应作 ɯ，ə 是从 ɯ 变来的。[⑥] ə 不能解释以下问题，只有用 ɯ 才能解释：

之部、幽部相近，常有通变。除谐声假借外，还有中古之部字部分变为尤韵，蒸部字部分变为东韵。如果是 ə，和 u 怎么通变？更不可解的，之部一等咍灰韵在中古生出个 i 尾而三等尤韵的“有牛”等字则生出 u 尾来，为什么 ə 后面会增生韵尾并有这样不同的韵尾产生呢？“贿有”同谐声，尾巴何以分歧这么大？这都是 ə 不能解释的。如果是 ɯ 就可解释：

三等合口 wɯ̌—wjɯ—ju（尤），ɯ 受 w 同化变 u。

一等开口 ɯ—əɯ—əi—ʌi（咍），高元音前过渡音扩张而复化。

厦门“恩很近殷”等都读 un，ən 怎么会变合口的？如是 ɯn，变

---

⑥ 黄典诚也有相同的看法，我们从不同的途径着手，得到相同的看法。黄文见《厦门大学学报》1980 年第 1 期。美国学者包拟古、白一平也拟 6 个元音（1979），但他们的 ɯ 作 ɨ。

un 就好解释了。潮州就读 ɯ,例如"银 ŋɯŋ"。厦门微韵开口的"气、几几个的几"读 ui 也是同一道理。ɯ 在现代汉语方言中并不少见,闽语尤多。民族语借词中之部字仍有读 ɯ 的,如龙州壮语"市(买)hlɯʔ"、布依语"字 sɯ"、傣语"字(名字)tsɯ"、汉越语"思 tɯ"。

据上所述,古汉语为 6 个元音,3 个高元音跟 3 个中低元音相配,排列如下:

闭　　　i 脂　　　ɯ 之　　　u 幽
开　　e 支　　　a 鱼　　　o 侯

相邻的两个元音之间可以通转、谐声、叶韵,其余原则上不可。但 ɯ 略偏央,它比其他元音要自由一点。

1.7　6 元音原则上都可与韵尾结合组成不同韵部,现表列如下:

表 4

	i	ɯ	u	o	a	e
-0	脂	之	幽	侯	鱼	支
-g	质(即)	职	觉	屋	铎	锡
-ŋ	真(亀)	蒸	终	东	阳	耕
-u	幽(幼)	幽	×	宵(夭)	宵	宵(尧)
-ug	觉(激)	觉	×	药(沃)	药	药(的)
-b	缉(执)	缉(涩)	缉(纳)	盍(乏)	盍	盍(夹)
-m	侵(添)	侵(音)	侵(枕)	谈(赣)	谈	谈(兼)
-i	×	微(尾)	微(灰)	歌(戈)	歌	歌(地)
-d	质	物(迄)	物(术)	月(脱)	月(曷)	月(灭)
-n	真	文(欣)	文(谆)	元(桓)	元(寒)	元(仙)

上表韵尾用王氏系统,但把清塞尾改为浊尾使跟藏文一致(详4.1节)。-i 也可作-j,-u、-ug 也可作-w、-gw,[⑦]不过写法不同,性质还是一样的,现都从习惯写法。为照顾传统,我们仍用王氏 30 韵部旧名,只将冬部改称终部,以便听起来与东部好分开。叶部改作盍部,与谈部更相配,而将新分出的一些分部名称注在括弧里。幽觉部里的 ɯu 跟 u 两值目前还难以明确离析,暂作自由通读,重见处理。

以上共 30 部 57 韵。实际还有古入声变去声的一些韵也要分开。那要增加 23 韵,详 4.3 节(各部细目详拙作《汉语上古音系表解》)。

6 个元音还各分长短,分为 6 对,详第三节。

二、介音问题

2.1　现代汉语有 3 个介音 i、u、y,y 也可以看作 i 加 u,成为洪细开合各两分的格局。高本汉为中古音拟了 ĭ、i、w、u 4 个介音,w 用在开合韵,u 用在独立合口韵,ĭ 即 j 用在三等,i 用在四等。王、李二位基本上是把这个格局照样往上古推,[⑧]只是高本汉没为中古二等字拟介音,王氏为上古二等拟了介音 e、o,李氏为之拟了卷舌介音 r。

不论上古中古,合口介音在收喉各部都只限于见系声母,舌齿声母后是没有的(帮系是唇音无所谓开合)。我们认为这是原来的面目,即原只有一套带圆唇成分 w 的 k 类声母。舌齿音带合口介音只在收舌各部出现,这些音原来读 u、o 元音,是由圆唇主元音分裂形成的:

---

⑦　因 -uk 尾配合不像 -k 尾那么齐,二十世纪六十年代初曾与王氏商榷一个方案,并 -uk 于 k,而将屋药觉关系改为 ɔk：ok：uk。王氏晚些时候在《同源字典》中作了类似调整。但这样做要增加一个 ɔ 元音,o、ɔ 对立在其他各尾前并不多见,还是得不偿失的。故仍取王氏早期拟法,但认为 au 有时可平化为 ɔ。

⑧　李氏把 ĭ 改为 j。

14

$$u—u\partial/\text{-d -n -i}$$
$$o—ua/\text{-d -n -i}$$

那么 u 介音应该取消。上古应只有一种 kw 系声母附带的圆唇成分 w。

李荣、陆志韦都认为四等韵原来没有 i 介音,李荣的考证尤为详明。我们认为四等韵主要来自上古前元音 i、e,而 i 介音是后来分裂出来的,原先没有。i 易复化为 ei,e 类音之前也易增生过渡音 i(今天温州话的梗摄二等字上一代还读 ε,下一代已变成 iε,即可说明)。那么四等韵的这个 i 介音也可取消。

但四等韵有部分字上古属 u、o 元音韵部,如幽觉部的"雕迪"、文物部的"荐殿凸"、元月部的"嬴蛪",这些读法从声符看不可能以原来 i、e 元音来解释,必得说原来这部分字已有一个 i 介音才行。我们认为这些字原来声母带 j 介音,韵母本身没有介音,但读短元音引致前面的 j 强化为 i,并影响原短元音平化转变为 e。

这样一来,上古只有两种附在声母后的辅音性介音 j、w,而没有元音性介音 i、u,跟多数的汉藏语言相同。

2.2 那么,是否三等韵就都带 j 介音呢?虽然王、李二人都是这样做的,但从汉藏语言与方言比较看,还不尽然,这问题且放到第三节另详。这里先要指出章系字应是都带 j 介音的,因为本系为三等所独有。而同系的日母也大致相当于藏文的 nj(ȵ):⑨

	日	迩	弱	二	扰	荏弱	仍~孙
汉	njig	njeiʔ	njaug	njis	njouʔ	njɯm	njɯŋ
藏	nji	nje	njog	gnjis	rnjog	njam	njing

⑨ 本文以 tj、thj、dj、nj、sj、zj 表藏文的 tɕ 组。上古汉语拟音中以 -ʔ 表上声,-s 表去声,详第四节。

章系有些字跟见系相通,如"车"又音"居";"甄"又音居延切;"臣肾"与"臤贤"谐声;"支"与"技芰"谐声;"旨"与"诣耆稽"谐声;"示"与"祁"谐声;"出"与"屈"谐声;"甚"与"堪"谐声;"针(鍼)"谐"咸"声,又读巨淹切。"郅"(姓)通"姞","善"谐"撎",读九辇切,"钊"又音祁尧切。现代闽语章系字还有读 k 系声母的,如"枝指齿"等字皆为 ki 或 khi。因此李氏把这类章系字拟为 krj。但李氏 cr- 表二等,据 2.3 节,二等字多与来母相通,章系却不通来母,而通以母。我们改来为 r,以为 l(详 2.5 节),因此也相应把章系这类声母改拟为klj 等(klj 章、khlj 昌、glj 禅、hlj 书、filj 船、ŋlj 日),⑩这样才容易解释下面这些字之关系:

"赤"khljag 谐"郝"hlag、"赫"hrag ┃ "奭"音诗亦切 hljag,读若"郝"hlag ┃ "繇"leu 谐"䍃"(火招切)hlĕu,读若"烧"hljeu ┃ "粥"kljug 又通"育"lug,又读居六切 klüg。

2.3　二等字加卷舌化介音 r,这是李氏的高明之处。这 -r- 是拿雅洪托夫的 -l- 改的,改得合理,同时这样也把介音的范围扩大到包括声母所带的流音成分,扩大了介音的内涵。

二等有 r 介音是对的,因为:(1)二等介音能使声母卷舌化,使元音央化,自以 -r- 为宜;(2)二等带 -r-,故与来母 r 不配(《切韵》二等只有五组来母字,其中只"冷"字为常用字);(3)异读、通假、谐声、读若等都可证明二等字和来母 r 有关,如《说文》"绾"ʔron 读若"卵"ron,"关"的古体也从"卵"声。许多例子表明二等字脱落声首后即变来母一、三等字(纯四等上古同于一等),上面"绾"字例表明连影母也不例外。同时也说明来母应定为 r 母才行。

(1)异读　乐音~ŋraug/乐快~raug ┃ 羹菜~kraŋ/羹不~,地名 raŋ ┃

---

⑩　本文拟禅母为塞音 glj、船母为擦音 filj,跟传统说法以船为塞类、禅为擦类的说法不同。此从陆志韦说。参见拙作《上古音构拟小议》。章系有塞音边音两个成分,这从古汉越语也能看出来,例如"肘"khuyu 保存了前面塞音成分,而"甚"läm 保留了后面边音成分。还有从谐声和汉藏同源词看,"折"可能是 plj- 母来的。

角 krog／角~里,地名,俗作"甪"rog 又通"觮"｜纶 ~巾.krun／纶经~rǔn｜拣古限切 kren／拣郎甸切 ren

（2）通转　麦 mrɯg／来 rɯ／稜 rǔ｜葭《尔雅》kra／芦 ra｜菡《诗·泽陂》kren／莲 ren｜灡古限切 kren／涑郎甸切,《说文》训为上字 ren｜鉴 kram／滥《庄子·则阳》同~而浴 ram｜椵纯~kra／鲁屯~ra｜革鞷 krɯg／勒 rɯg｜蜗古蛙切 kroi／螺 roi｜驳 praug／荦驳牛 raug

（3）谐声　监 kram／蓝 ram／蛮（蠻）mrom／孿 sron／縊 ron｜庞 brog／泷 sroŋ／龙 rŏŋ｜隔 kreg／鬲 reg｜降 kruŋ／隆 rǔŋ／曬灑 srei／丽（麗）rei

（4）读若　塗 mroŋ（"龙"声同音）／陇 rŏŋ｜楷所綆切 sreŋ／骊 ~驾 re

像前举"监鬲降龙柬縊官"各声例之有 r 母成分,从亲属语看也是符合的,如：蓝蓝靛,藏文 rams、泰文 grām、壮语 rom；鬲锅,壮语 rek；降,壮语 rog；笼,壮语 ruŋ；棟,壮语 rēn；裔,壮语 ron；菅茅草,藏文 ran。

高本汉原来给二等的中古音拟过一个小 i 作介音,后来给人家一批评,赶紧改了,改以元音前后作为一、二等的区别,连上古音也照办。这样中古音的分等就使用了介音三、四等和元音前后一、二等这样两种标准。但这并不完全行得通,江韵他拟为上加小圈的 åŋ[ɔŋ],那是前元音吗？今天北方话"江"字还跟其他见系二等字一样生出个 i 介音来。其实二等至中古还是有介音的,否则元音前后只是一种比较而来的东西,搞韵图的怎么都一律认定了哪些是二等字,从不归错？江韵独占一摄,它可跟谁比较前后而总占二等之位呢？干吗不归入空着的一等里去！这说明二等字必定同具一种实质性的语音成分,并且是明显的易于辨识的成分,不然不能解释,《大广益会玉篇》所附《神珙图》的《五音声论》为何把 k 一等叫喉声,k 二等叫牙声,作为不同的声母部类跟唇、舌、齿三声并列,声母上的区别何以这样大？宋代邵雍的《皇极经世声音图》是不依傍别人的,他也分开发收闭四等,而发与二等相当,12 组中同了 8 组。日译吴音二等的庚阳耕麦等韵也要加 j 介音,如:耕 kjau、麦 mjaku。今天北京话等多数北方方言虽只见系字有介音 i,而陕西商县方言还有唇音声母字白读:巴_贴 pia、趴 pia、擘 phia。广西伶话也有:爬 bia、埋 mia、牌 bia、买 mia、奶 nia、八 pia、晒 çia,遇合口则变 y:快 k'ya、坏 wya、乖 kya。温州乐清方言用 ɯ 介音:巴 pɯa、麻 mɯa、花 fɯa。有些方言至今尚有二等字声首脱落而保持以流音作声母的同源异式词,如湖南双峰"爬 lo",益阳"爬 la",耒阳"爬 la、罅 la、搅 lɔ",厦门、潮州、临川"舰 lam";并可比较拉珈瑶语借词"爬 pla、拍 phlak"。

因此我们认为二等原带 r 介音,以后经过下述变化:

$$r—\gamma—ɯ—ɨ—i$$

共同壮语的 r 现代武鸣壮语变作 ɣ;仫佬语的 kɣ-类声母现在正向 kɯ-转化(见王均等《壮侗语族语言简志》420 页),可以参证。大约中古汉语也处于这一阶段,不过 ɣ 或 ɯ 介音比较难表示,所以有些译音材料不予表示或作了歪曲的表示罢了。

2.4 李氏除二等用 r 外,三等只有在庄知组用了 r 介音。其实在唇喉牙音也有,即三等乙类韵(包括重纽 B 类,与中古唇音不轻唇化的其他三等韵——即蒸幽庚三等韵),这些韵字同样与来母通转(*表示《集韵》音):

(1)异读 鳌^{*福,同禧} hrǔ / 鳌 rǔ ┃ 狢~狏 hräm? / 狢 ^{*犬长喙} räm? ┃ 枋^{音极,汉侯国} grɯg / 枋^{县名} rɯg ┃ 劈 ^{*力} krǔg / 劈^{赵魏谓棘} rǔg ┃ 率~领 srǔd / 率^{*约数} rǔd

(2)转注[11] 棘 krǔg / 劈^{同上} rǔg ┃ 禀 prǔm / 廪 rǔm ┃ 命 mrěŋs / 令 rěŋs ┃ 位 ɦrǔbs / 立 rǔb

---

[11] 转注指用同一字根增减字形而进行分化,即利用变形增生新字,这些新字对本字而言称为转注字,如"命"是"令"的转注字,"考"是"老"的转注字。这也符合"建类一首,同意相受"的界说。

（3）通转　冰 prɯ̆ŋ/凌 rɯ̆ŋ｜冯 brɯŋ/陵凌 rɯ̆ŋ｜耆《尚书大传》~国 grĭ/黎《书·西伯戡黎》ri｜麋眉《方言》老也 mrĭ/梨《方言》老也 rĭ｜僖《春秋》鲁~公 hrɯ̆/釐《史记》鲁~公 rɯ̆

（4）谐声　品 phrɯ̆m/临 rɯ̆m｜柊hrɯ̆/嫠 rɯ̆｜京 krăŋ/凉 răŋ｜变 prŏns/孌 ron｜樛 krŭ/翏 rŭs｜谬 mrŭs/翏 rŭs｜泣 khrɯ̆b/立 rɯ̆b｜禁 krɯ̆m/林 rɯ̆m

（5）分化　"笔" prŭd 即"不律" pɯrŭd，"秢" phrɯ̆ 为"不来" pɯrɯ。"睑"《集韵》转注出"脸"字，本为居奄切 krămʔ，现代汉语失落声首保留流音为声母，读作 lian。"饮"为於锦切 ʔrɯ̆mʔ，厦门闽语尚保留流音读 lim。"眉"为武悲切脂开三 mrĭ，温州方言"眼眉毛"的"眉"说作 lei，跟上文"眉梨"通转相同。湖南耒阳"明年"的"明"说作良 liɔ。古汉越语"逆"于相反义读 ŋɯək[6]，而于迎迓义作 rɯək[5]，也是从古汉语"逆" ŋrăg 分化而成两个同源异式词。俞敏指出直到唐代慧琳还译梵文 ṛ 韵为"乙" ʔrid。[12]

泰文：林 grĭm、警 krĕŋ；武鸣壮语：阴 răm；缅文：膺（胸）răŋ；藏文：禁（法禁）khrims、几（床座）khri、嗜 fikhri、脸（颊）figram、竞 figran、纪 sgrig、阴 rum、变 fiphrul、泣 khrab（可比较二等的甲 khrab，架格 gra，胞胞衣 phru），可证亲属语中三等乙类字的同源词也有流音成分 r。但亲属语对应上，也有些二等与三等乙类用流音 -l- 的，如泰文：拣 hlăn、关（门闩）klon、港 gloŋ、疲 ple；拉珈瑶语：拍 phlak、爬 pla；藏文：江 klug、虹或蛟（龙）glu、谏（非难）klan、魄 bla、隙 glags（可比较同源异式词 hrag）。这种 r 与 l 的交错在亲属语中是常见的现象。

白保罗怀疑二等带 r 介音说，他最常举的一个例子是藏文的"杀"没有 r 介音。要求汉藏每对同源词的介音一一对应是不现实

---

⑫《陆志韦语言学著作集·序》，中华书局 1985。

的,藏文"八"brgyad、"百"brgya 古汉语属二等而非三等,就光是 pred 和 prag,没有那个 y 介音的影迹。不过白氏这个疑问还有法解决。"杀"又作"煞",除了杀死义外还有煞尾一义(其实杀也是使生命结束)。这两者在缅文都是 sat,而在藏文可有二式:杀戮是 gsod、gsad、bsad,而煞尾是 slad。依上所述,r、l 两流音在部分二等字中有对应上的交错,那么 slad 就正好对应"杀(煞)"了。

2.5 不过在正常的情况下,-l- 在上古汉语是见于二等、三等乙类以外的其他各等——即一、四等和三等甲类字中的,并且与以母通谐。李氏拟以母为 r,我们根据上述 r 对来的情况改以母为 l 母,[13]这符合古译 Alexandria 为"乌弋山离",以"弋"对 lek、"离"对 ria,正为 l 以、r 来对比。试看下面例子,每组前为一、四、三甲等字,后为以母字:

(1)异读 谷 klog/谷峪余蜀切 log ∣ 姬 klɯ /姬与之切 lɯ ∣ 鬻居六切,《诗》徐邈音 klɯg/鬻余六切 lɯg ∣ 絹古亥切 klɯʔ/絹弋宰切,《说文》音 lɯʔ ∣ 腾实证切 filjɯŋs/腾以证切 lɯŋs ∣ 食 filjɯg/食郦食其 lɯgs ∣ 熠为立切 filɯb/熠羊入切 lɯb ∣ 叶~公好龙 hljeb/叶 leb

(2)通转 锡 sleg 赐 slegs/易 leg ∣ 益《德鼎》"王~德贝"ʔleg/易赐 leg ∣ 归 klŭi/遗 lui ∣ 均 klŭn《史记·夏本纪》:~江海/沿 lon ∣ 谷《何尊铭》"恭德~天"klog/裕 log ∣ 胳 klag/亦腋 ljag ∣ 尸 hlji/夷 li

(3)转注 益 ʔleg/溢弋质切 lig ∣ 举 klaʔ/舁 la ∣ 世 hljebs/叶

---

⑬ 高本汉和王力《汉语史稿》都拟以母为不送气浊塞音 d,这是根据"喻四归定"说,从谐声上看,以母与定母接近。但以母在语音结构关系和演变上都不像塞音。以母在今方言中有 j、z、s、h 等变化,这跟壮语 r 的变化(再加 e、ɣ 等)很接近,故以前我曾构拟过 rj 和 ʎ 等构拟,王力 1961 年信中曾赞赏的构想。后来觉得包拟古、梅祖麟改以母为 l 更合理,ʎ 应从 l 转化而来。从通谐关系看,以、来二母关系也很近,如"楒"又读与涉切、"蚺"读以醉、力轨二切,"昱"从"立"声,"药"繁体谐乐声通"疗"、《集韵》"药"又读力灼切,《孟子》《瀹济漯》借"瀹"为"疗",《山海经》"相繇"即"相柳";今厦门"檐"犹读"廉",温岭"杨柳"说作"良柳",温州"橡"说作"(朱)栾",瓯海"鹞(风筝)"说作"料",耒阳"阎"读如"连",也可作佐证。又朝鲜古借词"盐"读 riəm。

20

（葉）中～leb

（4）谐声　贵 klǔi/遗 lui｜均 klǔn/勻 lun｜必 plig/弋 luɡ｜姜 klǎŋ/羊 laŋ｜涎 sɦlän/延 lan｜習 sɦlǔb/熠 luɯb｜炎 ɦlän/谈 lam｜剡 lam

（5）读若　膘 phlěu/缥 leu｜糗去久切 khlǔ/楢以周切、读若糗 lu

由于一、四、三甲等带 l 流音，与 r 近，也有与来母字相通之迹，如：“膚”plä 与“臚”ra，“甫”～刑 plä 与“吕”rä，“莒”klä 谐“吕”rä 声，“虎”hla 通“虏”ra，“果”kloi 谐“裸”roi，“咎”glǔ 与“绺”rǔ谐声，及“盐”lam 谐“监”kram 声之例。

亲属语言同源词中如壮语“谷”作 luäk，与“峪”同，侗语“杨柳”作 ljaŋ lju 也恰与温岭方言同。“易”（交换）缅文作 lē，泰文作 lek，正与壮语“鬲”作 rek 相对，也可见到以来之分。泰文：果香蕉 kluai^3、告 klau、宽 glon、虎 khla；藏文：雇价 gla、钢公牛 glaŋ、整 gliŋ、溯 slog、电 glog（相应于汉语“烁”hljaug）、笨 blun、益善，好 leg、涎 zlan、习 slob 等，同样可以佐证以上一、四、三甲等字带流音 l 的构想。

2.6　据上所说，已经肯定了 j、w、r、l 四种辅音性介音。不过我们认为上古 l、r 还应多分出重读的一种，我们把它们分别写为 'l、'r。以喻四母跟定母的通谐特别多，所以有人提出“喻四归定”说，高本汉、王力拟为 d 即据此。我们认为跟以母通谐的定母字来自 'l，相应的澄母二等字来自 'r，例如：余 la—荼 'la—荼 'ra；睪 lag—铎 'lag—择 'rag。

曾运乾“喻四归定”说影响很大，可是并不确切（潘悟云 1984），其实从上面的例子可见，那些定母倒是从以母（喻四）分化出来的。其次是喻四中包含了一些非舌音来源字，这些字都跟见系合口联系，应该从上古以母中排除出去。它们之所以混入喻四是由于都是前元音 i、e 字，因受前元音的影响而来的。它们一般可拟为 ɦiwlj、ɦiwrj，例如：

支韵 ɦiwlje：蟜悦吹切 葰羊捶切｜脂韵 ɦiwlji：孋以水切｜祭韵

ﬁwljeds：穟餘制切｜术韵 ﬁwljid：鷸鸐餘律切｜清韵 ﬁwljeŋ：营余倾切颍余顷切｜昔韵 ﬁwljeg：役营隻切｜庚韵 ﬁwrjeŋ：荣永兵切≠永于憬切 ﬁwräŋ

"鸐"又读船母食聿切，那是 ﬁwljid 的 w 转到后头影响 i 为 u，于是声母就成了 ﬁlj—ﬁljud。

这类字只限于 i、e 元音，如从"炎"ﬁläm 得声的"熊"ﬁwlŭm 字，便没有跑到喻四去。因此本文下面所述以母不包括上述这类字。

2.7 'l、'r 是重读音，带点塞化成分。大致 'l 就像闽语 l 的读法，介于 l、d 之间，因此后来就并入定母了。今天汉语方言中还有定母读 l 母的，⑭亲属语中如古汉越语"舵"lài，龙州壮语"洞"luŋ⁶（仫佬是luŋ¹），武鸣壮语、布依语"铜"都说 lūn²，布努瑶语"铜"loŋ²，勉瑶语"惰"lwĕi⁶、"田"līŋ²，藏文"田"（田地）为 zjing<ljing、田猎为 ling lings，"甜"为 zjim<ljim，"牒"leb，"定"rliŋ，"汰浪"rlabs，都可说明定母有些原从 l 来。有些藏文本身也采取了 l 塞化形式，如：腾 ldang、亭 lding、叠 ldab。

上古带有 'l、'r 介音的 k 系、p 系字，中古也并入了端、知系，例如：

k'l—t 答 k'lob—从"合"klob 声，并与"合"通假｜自 k'lui—作为"归"klüi 的声符｜妒 k'las—从"户"glaʔ 声｜簉都感切 k'lɯmʔ—从"感"k'lɯmʔ 声，《集韵》标明即《说文》豒字 k'lɯmʔ 的别写，或从"贡"声。藏文为 sgrom。

kh'l—th 贪 kh'lɯm—从"今"krɯm 声，藏文为 rlam｜跳 kh'leus—汉越语读 khieu。

g'l—d 唐 g'laŋ—从"庚"kraŋ 声，通"阳"《春秋经》laŋ｜陨 g'lui—从"贵"kluis 声，通"堕"'loiʔ/h'loiʔ、"膌"hlöi。

h'l—th 天 h'lin—又读如"祆"hlin｜畜 h'lüg—又读许竹切

⑭ 如湖南益阳方言定母字，瓦乡话"田"lɛ、"大"ly、"读"lu，耒阳话"动"lɤŋ 等。

22

hlŭg。参藏文 lug（绵羊）｜汤 h'laŋ—从"易"声。参藏文 rlang（蒸气）。

ŋh'l—th 痴（癡）ŋh'lŭ—从"疑"ŋrŭ声。越文 ngɯ² 疑，ngɯ⁵ 痴。

ŋ'l—n 怒奴历切 ŋ'ljŭg—从"叔"hljug 声。参藏文 rŋu（痛苦）。

b'l—d 匋 b'lu—《说文》《史篇》读与缶同"，"缶"plŭ｜陶
b'lu—又读馀昭切 ljŭ，与"繇"通。

广西全州瑶语（标敏方言）中"塘 glaŋ²、肠 klaŋ²、雄 gli⁴、桃 kla²"
都可作佐证。藏文"读"klog、"中"klong。《春秋》"穀丘"《左传》又
作"句渎之丘"，原来是"穀"klog—"句渎"ko'log；"渎"跟"穀"klog
也是一语之分的同族词。而 'r 的情况也跟上面 'l 相仿。这样我们就
能理解"檟"kra—"茶"'ra—"茶"'la 三字的关系了。

不过澄母三等字既有从 'l 三等来的，也有些从 'r 三等来的，那就
要加以择别。如"遟"字从"犀"sli 声，又对应于藏文"重"ldji，那就应
作 'lĭ 为是。

2.8　依此，上古汉语共有 j、w、l、r、'l、'r 六种辅音性介音，j、lj、'l、
'r 能引起声母发音部位的改变。

这些介音实际是复声母的后置垫音成分。除了 w 限于见系外，
其他几个出现比较广泛。r、l、lj 等原先限于 p、k 两系及 s 之后，以后
也在舌齿音后出现。它们的声干一般为 p、ph、b、m（帮系），t、th、d、
n、l、r（端系），ts、tsh、dz、s（精系），k、kh、g、ŋ、h、ɦ、ʔ（见系），其中 ts、
tsh、dz 大多来自 st 或 sp、sk、sʔ 转化。此外还有 mh（抚）、ŋh（哭）、nh
（爇）、rh（宠）、lh（胎）五种送气鼻流音。声干前还有 s、ʔ、h、ɦ 及鼻
冠音，心母常来自 s 冠音字，邪母来自 sɦ，影晓匣母有些来自带喉冠
音 ʔ、h、ɦ 的鼻流音声母。

举一个各种成分俱全的例子："岁"shwäds

s	h	w	ä	d	s
冠音	声干	介音	元音	韵尾	后置韵尾（声调）

可见上古介音只是声母三个成分中的后置通音成分,其所以也称之为介音,指的是位置介于元音与声干之间,并具有通音性。

三、元音长短与等

3.1　中古韵母分列四等。三、四等字现代汉语除部分字外多数有i(y)介音,二等见系开口大部分字有i介音,一等字都没有i(y)介音。据音韵学家研究,现在已知二、四等字的i介音基本是后起的。只有三等的i介音好像是自古就有,高本汉、王力、李方桂等所拟都是如此,不过认为原来这个i是半元音的j罢了。我们觉得这个问题也值得探讨一番,不能以今概古,或者认定中古所有的上古一定也要有;不妨怀疑一下:是否三等韵的j都是原生性的而非次生性的呢?

中古各韵虽然分列四等,可是四等的分配很不均匀。根据李荣《切韵音系》150页的《切韵》韵母表,各等的韵数(开合口只计开口韵)是:

等	一等	二等	三等	四等	总计
韵数	14	12	30	5	61
百分比	23%	20%	49%	8%	100%

大家可以看出来这很不像是并列的四类。三等的韵数独多,占了差不多一半,比一等多出一倍以上。一、二、四等三者合起来共计31韵,才跟三等30韵大致相当。前人的研究都认为这在中古是带不带j介音的对立:三等带,一、二、四等不带。这里有个疑问,上古是否也如此? 如果不是,那么,中古这种格局是怎么形成的呢? 如果是,那为什么汉语带腭介音j的韵这样多? 汉语的各亲属语言中腭化音跟非腭化音不是平列的两类,并不均等,并都是非腭化音大大多于腭化音的。汉语跟兄弟姐妹语干吗差别那么大呢? 看来认为自古如此的这种解释不妥。

3.2　从汉语亲属语言跟汉语的同源词比较来看,汉语读三等带 j 介音的,人家多数没有,汉语往往多生出一个 j 来,例如以藏语跟汉语比(汉字加注李氏拟音,以 * 为记):

汉　语	藏　文	汉　语	藏　文
躯 *khju	sku	变 *pjianh	ɦphrul
心 *sjəm	sems	飞 *pjəd	ɦphur
银 *ŋjən	dŋul	六 *ljək	drug
粪 *pjənh	brun	九 *kjəgwx	dgu
语 *ŋjax	ŋag	灭 *mjiad	med

汉语老多出个 j 来,因此很可怀疑,三等的 j 介音多半也是后起的。

齐桓公与管仲谋伐莒,谋未发而闻于国,因为"君‘呿而不唫’,所言者‘莒’也",《吕氏春秋》这个故事表明三等字居许切的"莒"应是大开口说的,中间似乎不宜有个腭介音 j。从方言和早期借词看,三等也并不都有 j 跟着。南方好些方言有些三等字不见 j。如广州:金 kam、银 ŋan、颈 kɛŋ、例 lai、牛 ŋau、流 lau;厦门:允隐 un、九 kau、慰 ut、越 uat、月 guat(白读 geʔ)、六白读 lak、别 pat、密 bat、十 tsap、雨 hɔ、有 u、语 gu、眉 bai、留 lau、房 paŋ、夫丈~pɔ、及 kaʔ。越是口语词,这个现象越多见。温州话也有:牛 ŋau、新 saŋ、十 zai、用~着:可以 fiɔ、两~个 lɛ;赣语可参看《方言》1982 年熊正辉《南昌方言里曾摄三等读如一等的字》一文。日本假名拿三等字"衣"作 e、"宇"作 u、"己"作 ko,似不觉中间有 j。日译吴音"殷隐 on、语 go、曲 koku、强香 kau",都比汉音少个 j。高丽译音好些三等字无 j,光看影母,就有隐殷 ɯn、焉 an、谒 al、淹醃 əm 等。早期梵汉对译,爱用"优"译 u,如"优婆塞"upāsaka,爱用"浮佛"译 bud 而很少用一等的"勃"。

3.3　从声韵配合关系看,一、二、四等的声母跟三等不同。一、

二、四等都为十九母(一、四等本为一类,二等的知庄组跟一、四等的端精组各各互补),而三等都非十九母。所以我们设想三等是一类,一、二、四等又是一类,原有相对立的两类元音。

元音对立通常表现为长短、松紧、卷不卷舌等。从汉藏各语言的情况看,长短对立最为普遍,今天汉语方言也有,亲属语中如壮侗语族多数话,苗瑶语族的瑶语,藏缅语族中的独龙、僜、门巴等语都有长短元音对立。这些长短元音跟等有无联系呢?

现代汉语方言中只有粤语、平话有元音长短区别。吴语有些方言也有长短元音,但往往是介音的对立(如永康),温州话 a 在韵尾前都读短音(如温州"牛 ŋäu²、问 mäŋ⁶、新 sän¹、七 tshäi⁷"等字跟粤语短元音的"牛 ŋäu²、问 män⁶、新 sän¹、七 tshät⁷"听起来相像,连声调都相当接近),但没有对立。

广州话的单元音韵母没有长短之分,带韵尾的只有 a 元音对立最齐(短 a 偏近 ɐ)。试将中古各等在广州长短元音韵的主要分布表列如下(四等字不读 a 元音,不列):

	一等	二等	三等	一等	二等
aːi	泰咍	夬皆	ai 祭废微		
aːu		肴	au 尤	侯	
aːm	谈覃	衔咸	am 侵	覃谈见系	
aːn	寒	删山	an 真谆文	痕魂	
aːŋ	登	庚耕江	aŋ 庚	登	耕
aːp	盍	狎洽	ap 缉	合盍见系	
aːt		鎋黠	at 质栉物术月	没	
aːk	德	陌麦	ak ——	德	麦

　　*上表三等韵只有元凡的唇音字轻唇化后也读长元音 aːn 为例外,未列入;四等只一组齐韵单元音复化为 ai 后读短元音,也未列入。

	一等	二等	三等		一等	二等
oːi	泰咍灰		œy	鱼虞支脂微	灰	
oːn	寒		œn	真谆	魂	
oːŋ	唐	江	œŋ	阳		
oːt	曷		œt	质术		
oːk	铎德	觉陌麦	œk	药		觉

*上表只有阳韵轻唇音及庄系有读 ɔːŋ 的为例外,未列入。

其实 oː[ɔː]与 o[œ]也是相配的,不过元音差别变大了(而且 /œ/ 在舌根尾前也变长了)。

由这两表可见到一个明显的倾向:三等字多集中于短元音,一、二等字除中古 ə 元音字外则集中在长元音,显示出三等跟短元音有较深关系。平话、壮侗语、勉瑶话也跟广州话的情况相似。

3.4　有些例子说明短元音前能增生一个 j 介音。古代译经家为梵文短元音的 ka、kha、ga 设计了"迦、佉、伽"三个专用字。在中古都变为戈韵的三等字,带上 j 读成 -jɑ 了。

温州方言有些一等字白读变为三等,都是温州跟广州今读短元音的中古 ə 元音字(下表的温州白读中前一音为老派音):

	头	豆	憎嫌憎,得人憎	澄~——~
文读	dau[2]	dau[6]	tsaŋ[1]	daŋ[6]据《集韵》唐亘切
白读	diəu[2]—dəu	diəu[6]—dəu	tsiəŋ[1]—tseŋ	diəŋ[4]—deŋ

藏缅语多数语言已无长短音对立。藏文也没有,缅文保存部分痕迹。只独龙语保存长短音最完整,六个固有元音都分长短,并都与不同韵尾结合。而在藏-独龙同源词中,有好些独龙语读短元音的词

跟藏文带腭介音 j 的词相对应。下面列出的字中,y 是藏文转写的 j
(有些 my- 的词是古写),并将舌面音组认为相当于齿音加 j;音标后
"怒"表独龙语的怒方言(皆依孙宏开 1982):

藏(古)	独龙	藏	独龙	藏	独龙	藏	独龙
眼 myĭg	më?	家 khyim	cǔm	柄 phyaŋ	bläŋ	八 brgyad	çät
熟 smyin	mĭn	冰 khyag	cä?	碗 skyogs	-kɔ̌?	一 gtjig	tĭ
疯 smyo	mŭk	墙 gyaŋ	tçäŋ 怒	曲弯 khyog	gɔ̌?	虱 sjig	çĭ?
药 smyan	män	方向 phyogs	çɔ̌?	立 zjabs 足	rĕp 立	醉 myos	më?

　　同样,在独龙语跟汉语的同源词中,有很多独龙读短元音的词跟
汉语三等韵字相对应,如:

肥 bǔr 胖	亡 amän 遗失	新 -sär	废 brǔt 倒塌	叶 -läp	辛 säi 辣	骍 -sai 红
飞 bĕr	匿 rnä?	面 mär 脸	立 rĕp	常 adäŋ	习 suläp	目 më?
柄 bläŋ 一把	膺 praŋ 胸	母 amäi	风 bǔŋ	颤 adän 抖	宫 cǔm 家	床 -tsäŋ
寻 läm 庹	虱 çĭ?	服 bɔ̌? 衣服	止 xräi 脚	一 tĭ?	曲 d-gɔ̌?	父 apäi
灭 amĭt	绝 atɔt	出 klɔt	七 s-ŋĭt	复 ablä 回	银 ŋǔl	六 krǔ?
覆 blǔ?	坟 -pǔn	痹 pĭt				

而一、二、四等多读长元音,如:

一等	担 atam	盘 ban	赶 s-kɔn 逐	搭 adap 拍手
二等	巷 grɔŋ 村	杀 sat	硬 greŋ	板 ben
四等	年 niŋ	犬 d-guui	闭 pit	铁 ser 金

最有意义的是如下两对同源词的对立,跟汉语如出一辙:

| 三等(短) | 痹 pĭt | 飞 bĕr |
| 四等(长) | 闭 pit | 匾 ber 扁竹篓,也可对"筵" |

武鸣壮语分长短 a,有些同古汉语相关词三等韵字在 ʔ 声母后光读短音不带 j,而跟一、二、四等字读长音相对立:

| 三等 | 臆 ăk 胸 | 因姻 ăn | 要 ău 宵韵字 |
| 一四等 | 恶 ak | 安 an | 幺 au 叔与弟,萧韵字 |

又如龙州壮语的 ə、e、i 长短有别,影母字也有如下表现,三等读短音,一二四等读长音:

| 三等 | 一 ĭt⁷ | 餍 ĭm⁵饱 | 挹 ĭp⁷拾 | 臆 ɔ̆k⁷胸 |
| 二四等 | 烟 in⁵ | 燕 en⁵ | 呚 eu⁵吵 | 轭 ek⁷ |

这些例子都表明长元音的同源词汉语列入四等或一、二等,没有 j 介音,短元音的同源词汉语列入三等,在《切韵》音系里都增生了 j 介音。壮语的这些词有些可能是借词,如是借词的话,那就更说明了"要臆"等三等字原来是没有 j 介音而只有短元音的了。或许是短元音过短了,j 介音的增生起于一种可能均衡音节的作用;以后长短元音消失了,它就起了代偿短元音的音位功能作用,从而使元音的长短对立转化为硬软、洪细的对立。

3.5 据此,我们设想上古汉语的六个元音原来都有长短对立,长元音发展为《切韵》的一、二、四等,短元音发展为《切韵》的三等。

四等与一等声母配合全同,四等是前元音 i、e,一等是其他元音,这两个等原是互补的。二等则是声母带 r 介音的。三等其实也可根据唇音声母变化情况及是否拼庄系,再分为四类,与一、四、二等这三

类对应,对应关系如下表所列。表中的表头为上古音,表心为中古等,子丑寅及 AB 是李荣《切韵音系》的分类:

	甲·声母不带 r		乙·声母带 r	
	非前元音	前元音	非前元音	前元音
长元音	一等	四等	二等	
短元音	三等丑类除庄组 三等子类仅有帮见组	三等寅类含重组 A,除庄组(加清韵)	三等丑类庄组 庚幽蒸韵帮见系	三等寅类庄组及 重组 B(包括臻韵)
	帮组变轻唇非组,或 不拼唇音	帮组不变轻唇汉越 音变 t 组	帮组保持重唇汉越音也不变 t 组	

如依此把上古音也分等的话,也可以称长音甲为古一等,长音乙为古二等,短音甲为古三等,短音乙为古四等。

3.6 根据上表,分等及重组问题的起源,轻唇化不轻唇化的条件,都可由此得到解答。

使用长短元音说还可以解释汉语音韵史上的几个疑难问题:

(1)齐、咍、豪幽部字等韵上古都是单元音,为什么中古以后复化为带尾韵母?尤其是咍,前人都拟为 ə 的,它怎么也有这个变化呢?

ə 应是 ɯ,这些韵都是高元音韵,长的高元音比较容易复化,这在其他语言如英语里也是常见的。复化的过程是前带过渡音,以后过渡音扩张,主元音在中古就变为韵尾了:

脂部	一等 ī 齐—ei	二等 rī 皆—ɣei—ɯiɜi
之部	一等 ū 咍—əɯ—mɯ	二等 rɯ 皆—ɣmɯ—ɣɐɣ—iɜm—iɣɐɣ—ɣɐi—ɯei
幽部	一等 ū 豪—nɯ—ɑu	二等 rū 肴—ɣəɯ—ɣɐɣ—uem—nɑɣ—ɯɑu

(2)中古唇音无开合对立,上古也没有,惟之部一等又有咍灰韵,又有侯韵(王力等拟侯韵为合口,以此一处,破坏了古唇音无开合

对立的通则)，这是什么道理?

之部在《切韵》一等侯韵帮母只上声里有一个字，切“方垢”类隔;三等尤韵明母惟平声有字，又切“莫浮”类隔，《切三》甚至作“莫侯反”亦在此韵，而《集韵》干脆改并于侯韵，尤韵明母就几乎无字了。看来这些侯韵字原与尤韵关系密切，大体上这两韵之部字是互补的，看下表(前字侯，后字尤，* 号表示只有个别字):

	帮	滂	並	明
平	·不	·胚	抔·芣	·谋
上	掊*·否	剖·秠*	部·菩*	母·
去	·富	踣·副	脜*·	姆·

“踣”在上古收-s，“副”为-gs，并不真对立，惟“抔芣”一组为真对立。这些侯尤韵字原都为之部短元音字，像“父”是三等上声，“母”也为上声、原应也是三等才相应。大概是当短元音产生增音 j 倾向之际，一部分之部唇音字先变，一部分字迟迟未变(主要为上去声字)，以后就混入侯韵，“谋”小韵似在两读之间，有如蒸部的“梦”。

(3) 上古一些含 u、o 元音的字，在中古三等圆唇成分多数还能辨认，在四等韵圆唇音就都被吞没了。只剩下 i 类元音，这是为什么呢? 怎样解释“由迪”之类谐声现象?

这些元音是短元音，在 j 和韵尾之间时，更易前化，短元音前的 j 介音则会强化为 i 从而同化了它。以下面二字的异读为例:

篴直六切，竹名 'lŭg — djug / 篴徒历切，笛 'ljŭg — dieg

溺而灼切 njaug — ȵjag / 溺 njăug — nieg

四、韵尾和声调

4.1 中古有 p、t、k、m、n、ŋ 六个韵尾。p、t、k 分布于入声，形成入声韵;m、n、ŋ分布于其他各声,形成阳声韵;其余没有鼻尾的非入声韵则形成阴声韵。这跟现在粤语、客家话的韵尾格局相同。上古汉语的情况又怎么样呢?

高本汉、陆志韦、李方桂等人都为上古阴声韵也拟了浊塞音或流音韵尾。高还留下一点开尾韵,陆、李二位是一个不落的全加了尾,成了清一色的闭音节。汉藏亲属语言都没有这样怪的,不可信:第一,汉藏语言中未见有全是闭音节的活例,倒是有些语言如彝语、苗语全读开音节,为什么古汉语跟兄弟姐妹语会差得那么远呢?第二,汉藏语言中也没见有清浊两套塞尾对立的,如果是清的就没有浊的,如果是浊的,像古藏文、现代泰语 些方言,就没有清的。

他们所以把阴声韵也拟浊塞尾,是因为上古阴声字跟入声字或阳声字,有通押叶韵现象。这种通押在民歌中要求不严格时本来也不算什么,为此而改变整个语言的结构那可太不值得。而且还有另一条路可走,浊塞尾比清塞尾更接近阳声字一些,把上古入声尾一律拟为浊尾,不是也可以说明问题吗?

把-p、-t、-k尾改为-b、-d、-g尾,不但易于解决上述问题,而且有根据。首先是与藏文一致。藏文有清塞音字母也有浊塞音字母,当时用浊塞音记这些韵尾正表明了早期藏语确为浊尾,汉、藏二语关系特别近,古汉语很可能与藏文的早期情况一致。二是朝鲜译音与唐西北方音中舌音尾常变为流音,朝鲜是-l,唐西北方音多数是-r,-d变-l,-r要比-t容易些。三是梵汉对译中汉语收舌入声字多译梵文的-d、-r、-l(俞敏《后汉三国梵汉对音谱》。俞先生也认为古代入声应为浊尾)。四是今天也有些汉语方言的入声尾较浊,如广东连山话(粤语系统)、江西湖口流芳话(赣语系统)。流芳就是-g、-l相配的。湖北通城等地赣语也收-l尾。

4.2 高本汉、李方桂为上古歌部拟了个-r尾,现代汉语方言有-r、-l尾,藏文也有-r、-l尾,这倒不怪。可是他们这个韵尾只跟歌部a

在一块,而不跟别的元音结合,藏文和今汉语方言都没有这种限制,从这点看就不可信了。

李氏的 -r 尾与 -d 对立只出现在歌 -ar 跟祭 -adh,也可以大致拿平上与去来分。这部分去声跟平上分开是对的,王氏即把这类去声归入声。但别部阴声韵李氏都没这样分,如微部都是 əd,没有分为 ər 和 ədh,结果便只有祭部独缺平上了。应依王力将 -dh 归于入声,则平上要么都作 -r,要么就像王氏那样都作 -i。

藏文的 -r、-l 尾跟汉语对应时,多数是 -r 对 -i、-l 对 -n,如:

-i	飞 fiphur	毅 ŋar	馈 skur	彼 phar	个 kher
-n	变 fiphrul	连 fibrel	烂 ral	涫 khol	倌 khol 仆人

但也有 -r 对 -n 的,如:

-n	霰 ser	铣 gser 金	搬 spor	版 par	粉 phur

这只能说明有一部分 -n、-i 尾字有原始的流音来源,而不能说 -r 一定对 -i。如果歌部加 r 的话,“何我”等都要变成 ar 韵字,这可没有汉藏语的旁证了,“何我”在藏语里只是 ga、ŋa。

古汉语的代词有一特殊现象,即几乎每个词都有两种语音形式,一种在鱼部,一种在歌部。如果鱼部作 a,歌部不作 ar 而作 ai,则为:

吾 ŋa	汝 nja	夫 pä	胡 ga
我 ŋai	尔 njai	彼 präi	何 gai

关于“吾我、汝尔”,从胡适以来讨论的人不少,跟着胡适说那是主格、宾格、领格形式的人也不少。可是“我”字用到宾语位置虽不少,当主语、定语的也不少,持格变说者解释不了这种现象。如果一个语言真的有格的对立的话,那么主管主、宾管宾,是一点也错不得的,哪有可以

混淆或者混百分之几的事？实际上，凡是处置、对比、对公众讲话等需要强调的场合，都用 ai 式，一般场合多用 a，也可用 ai，所以 ai 是 a 的强调式。孙宏开的《独龙语简志》出来，证据有了！独龙语的单数代词正好有这样一对格式，一般式为 a，强调式为 ai，跟汉语相对当：

我 ŋa／强调式 ŋäi（强调施动）　你 na／强调式 näi

"咱们"说 raŋ（藏文 rang 表自己），那就是汉语的"余阳"。表汉语"我"的三种形式都在独龙语里找到下落了（独龙语保留了汉、藏以至苗瑶、壮侗的许多同源成分，可说具有汉藏语言中心语言的性质，班尼迪说卡钦语为中心语言，其实独龙语更有资格）。

因此解释以上现象还是以 -i 尾为好。同时 -r 能解释的问题，-j 同样能解释。

4.3　藏文除 -r、-l 尾外，还有 -s，汉语有无 -s 尾？

有几个朝鲜语中的古汉语借词很有意思：磨 mais（石磨）、芥 kas（芥菜）、制 tsis（制作）、味 mas，都是去声字而带 -s 尾。俞敏发现梵文中收 -s 尾的音，早期汉译经常用去声字去译，如：

-s 尾	奈 ṇas	陛 pas	会 bhās	卫会 vas
-ṣ 尾	替 tiṣ	腻 niṣ	沸费 puṣ	赖奈 raṣ

那么古汉语去声很可能有 -s 尾。

中古去声中有一批去声独有的韵：泰、夬、废、祭，没有平上声韵相配，这些字上古都跟入声相叶谐声。梵文译音也有用塞尾的，如（俞敏《后汉三国梵汉对音谱》287 页）：

类 rod	制逝 jet	卫 pat	贝 pat	世 sat

可见这些去声字有塞擦两尾，跟入声接近，藏文的 -s 又可以加在 g、b 等塞尾和鼻尾 ŋ、m 后。我们认为上述各部正是 -ds 尾。它跟 -gs、

-bs 一样广泛分布于去声各韵,如:代-ɯgs、内-ubs、队-uds。而泰夬废祭不过是因它们都是元音为 a 的 -ads 韵:

泰 -ads	夬 -rads	废 -äds (帮见系声母)	祭A-äds(其他系声母), B-räds(帮见系重三)

大约由于元音较开,韵尾 j 化的过程比别的韵慢些,因而独成一类了。

-s 尾因在元音后和 -m、-n、-ŋ,-b、-d、-g 后都可出现,所以就形成去声字跟入声韵及阴声韵、阳声韵都有关系的局面。因为这种现象前人无从索解,故或把去声列入阴声,或把去声列入入声,从而取消了去声。对去声的产生,王氏以长短入来解释。如果带塞尾的元音分长短,那么带鼻尾的元音也应分长短,这是通例;而王氏只在入声韵分,显然不妥。李氏用加 h 于阴声韵后以表去声而列之于阴声一类。这不能解释去声何以比其他阴声更近入声,去入通谐比例独高的问题;也不能解释祭部何以没有平上相配了。如果去声带 -s,这些问题就都可以解决。

-s 尾在发展中可能变成喉音 -ʔ、-h。古藏文的 -s 尾今藏语即变 -ʔ。汉语方言中徽语祁门历口、洪村石坑,东至木塔的阴去都带喉塞或带紧喉作用,黟县、休宁儒村浊去跟清入同调都带喉塞 -ʔ,可视为 -s 变 -ʔ 的遗迹,并证明去声有过辅音尾。今缅语的 ·、:两调,古碑是 -ʔ、-h 二声,其中 -h 尾跟 -s 有关,越南的问声、跌声两调据马伯乐研究也有 h<s 的来源。因此在去声形成一个声调时,也许也经过 s→h 的道路,而可能正由于擦音尾的影响,附带产生了一种低降的声调。

4.4　三个仄声中,入声、去声都有塞尾或擦尾,上声是否也有韵尾呢?从方言和亲属语言比较看,也有。

现代温州各县方言阴阳上都是带喉塞的升调,台州如黄岩、天台、三门也带有喉塞,有的发得比温州还强,据赵元任《现代吴语的研究》,黄岩的上声强烈紧喉使得音节像拗成两节似的。海南闽语的上声读法跟黄岩相似,徽语中屯溪、祁门城凫峰、黟县、休宁、婺源等很多方言点,上声也带喉塞,上声带喉塞这种现象分布这么广泛,自非偶然。亲属语中越南上声带喉塞,龙州壮语的阳上也带喉塞。这种喉塞音还常常引起次浊声母紧喉而并入清音一类,[15]造成次浊声母上声归阴调跟全浊声母上声归阳调的分化。这种分化在全国分布甚广,而且时间很早(参邵雍《皇极经世声音图》、晚唐李涪《刊误》),认定古上声带喉塞可对此作出解释。

因此古代上声是带喉塞或紧喉作用的,这种 -ʔ,今天各上声读紧喉的方言都能既在阴声韵也在阳声韵后出现,即可以有 -nʔ、-ŋʔ、-mʔ 等,所以不妨碍仍把它们归入阴声阳声韵。这些音虽带喉塞,仍不算入声韵。[16] 有的汉语上声字对应于藏文带 -g 的塞尾字,如:

语 ŋag	武 dmag 兵	友 grog	后 ɦog	举 kyag 抬

也许这些 -g 正与 -ʔ 相对应。

4.5　这样看来,仄声三个调原来都带有不同种类的塞尾或擦尾,平声则没有。那么四声的对立原来都表现为韵尾的对立,声调的有无就无关紧要,成为羡余成分了。藏文没有标声调,说明藏语开初没有声调,现代藏语的声调是后来产生的(现今安多方言仍无声调)。古汉语大概也跟藏语一样,原无声调。后来由于喉塞尾的作用,伴随产生了一个高升调,是为上声,即《元和韵谱》所谓"上声厉而举",[17]后来的"上声高呼猛烈强"("厉、猛烈"皆指紧喉特征,目前温州话上声还是这样"厉而举"的 ʔ35)。又由于清擦音尾的作用,伴随产生了一个长降调,所谓"去声清而远",也有如现今北京去声与温州阴去。

---

⑮ 台州话及温州平阳话的这种现象都很明显。
⑯ 《中国语文》1983 年第 2 期记的广东韶关老派方言有 -nt、-ŋk 等尾,依我们调查,实即 -nʔ、-ŋʔ 尾,那是作为小称形式而带上喉塞的。
⑰ 神珙《四声五音九弄反纽图序》引,见《玉篇》所附。

入声字则因都是塞音尾,伴随个短调,所谓"入声直而促",今天带塞尾的各方言仍如此念。

从韵尾到声调的发展大致经过四个阶段:

第一阶段: 只是韵尾对立,没有声调(如藏文)。

第二阶段: 声调作为韵尾的伴随成分出现,仍以韵尾为主,声调不是独立音位。先秦韵文之有辨调倾向也许只因韵尾不同,也许伴随的不同音高成分也是个因素。

第三阶段: 声调上升为主要成分,代偿消失中的韵尾的辨义功能。部分韵尾或作为残余成分存在,或仍然保持共存状态。例如现今南方一些方言上声的喉塞成分是残存的不辨义成分;入声带塞尾的方言塞尾仍与短调共同起作用。各类韵尾不是同时消失的,去声上声较快,入声韵尾一般最迟消失。[18]

第四阶段: 完全是声调,韵尾全部消失。这是北方多数方言的情况(晋语和江淮话除外)。

4.6 依上所说,上古有 -m、-n、-ŋ、-b、-d、-g、-ʔ、-s 八种辅音韵尾(-ug 或 -gw 跟 -g 暂算一种),它们的结构关系与中古四声的对应关系略如下表所示:

	平 声	上 声	去 声	入 声
后置尾	-Ø	-ʔ	-s>h	
鼻 尾	-m -n -ŋ	-mʔ -nʔ -ŋʔ	-ms -ns -ŋs	
塞 尾			-bs -ds -gs	-b -d -g
伴随声调	⊣	∧	∨	⊣

---

[18] 多数方言入声 -p、-t、-k 尾先变 -ʔ 尾再失。但温州方言入声已无韵尾,上声还保存 -ʔ 尾,台州、徽州的上声 -ʔ 尾与入声 -ʔ 尾并存,而调值有异。

五、上古韵系到中古韵系的演变

5.1　高本汉的中古音韵研究成绩很大,音韵学界对中古《切韵》音一般都采用高氏的构拟而稍加修改。但高氏所拟《切韵》系统至少有三个重要缺陷:三等重纽未加分别;二等没有明显标志;登蒸、痕魂文殷各韵元音全同不分。

很多学者认为《切韵》是一部综合南北许多方言而成的音汇,这种观点未免有些拔高。别说陆法言当时的条件,就在全国方言普查已有一些成绩的今天,要搞一部"综合南北方言的音汇"也不易搞出来吧。怎能如《切韵序》所说那样,八位老先生在"夜永酒阑"后席上议论议论,半宿就定出一个"综合南北方言音系"的纲纪来了呢? 看来陆氏等人所做的工作,不过是依据当时金陵与洛下(《颜氏家训·音辞篇》)的读书音,来对隋代以前各韵书进行一次韵部审选,选定符合读书音标准的反切系统。因此《切韵》所反映的应是南北朝时南北两个中心的读书音音系由于金陵音实是晋时南传的洛下音,二者同出一源,差别并不大。从南北朝韵文看来,登蒸不叶、痕魂与欣文也不叶,高氏拟为同一元音就不能解释这些现象。

为了讨论上古韵系到中古《切韵》韵系演变大势的方便,我们对《切韵》韵母系统作一新的构拟,主要是避免上述三个缺陷:对二等和三等乙类韵加上 ɣ 介音,对登与蒸、痕魂与欣文的元音作出区别:

表中共有 12 个元音,与 ɣ、j、i、u 四介音,[19]ŋ、g、m、b、n、d、i、u 八韵尾相结合。表头横行为元音及介音,竖行为韵尾,表心为韵,一、二、三、四表示等。三 A 表示重纽四等,三 B 表示重纽三等。

5.2　从上古韵母至中古韵母演变过程的说明,也可以检验构拟系统的合理与否。我们认为长短元音说对解释这个过程比较有利。

---

⑲　今改介音 j 为 i。

	a	a	a	a	a	ə	ə	ʌ	ʌ	ʌ	o	o	u	u
	一	二	二	四	三	一	三	一	二	三	一	二	一	三
	ja jɔ	ɣa ia(ɣæ)	yɛ	yiɛB jiɛA / e ie	yiB jiA	ə	ji ju	ʌ	ɣɔ	jɔ⑳	o uo	jo	u	ju
-∅	歌	麻	佳	支	脂		之			鱼	模	虞	(侯)	尤
-ŋ-g	唐铎 阳药	庚陌	耕麦	清昔 青锡		登德	蒸职		江觉		冬沃	钟烛	东屋	东屋
-m-b	严业凡乏	衔狎	咸洽	添帖 盐叶	侵缉									
-n-d	寒末 元月	删鎋	山黠	仙薛 先屑	臻栉 真质	痕没 魂没	殷迄 文物	尊合			(魂没)			
-i	泰 废	夬	皆	祭 齐		灰	微	哈			(灰)			
-u	豪	肴		宵 萧	幽	侯								

a 较高偏近似 æ(闽语及日译吴音麻韵南为 e),尤其庚应是 yæ(三等为 yiæŋ);yɛ 的 ɛ 略偏央,因此凡借齐符咸切。侯 u—əu 两读,灰 ui—uəi 两读,魂 un—uən 两读,都属于带子带过渡音引起的变化(塞尾入声韵跟鼻尾阳声韵同变)。ɣ 介音据母与介音 y 不冲突。喉音声母再晓匣影喻半分别拟为 h,ɦ,ʔ,j,因此匣母与介音 y 为读,及慧琳译 r 为"乙"推定。

⑳ ɣɔ jɔ 元音 ɔ 今改为 ʌ。

在上古音到中古韵母的演变中,元音长短,有无韵尾与介音,对语音变化过程影响很大,而元音长短的影响最显著:长元音变化快,短元音变化慢。

5.3　短元音至中古只增生 j 介音而变为三等,元音本身除 a 外基本不变或变化较小。

开尾及收喉各韵以下举阳声韵以赅入声韵变化最小,脂真幽(i)、之蒸(ɯ)、尤东三(u)、支清(ε)、虞钟(o)等韵都基本同上古,仅鱼韵低元音向后高化为 ɔ 因歌韵占了 ɑ 的位置。而带尾的,阳韵尚读 ɑ 不变 ɔ,有 r 介音的,庚韵保持 a 不变仅略高化。惟带 j 介音的因短音前介音强化而变化大些,如 ŭ 变入 ieu(萧)、ieg(锡)。

收唇收舌各韵中臻真(i)殷文微(ɯ)盐仙祭支(ε)基本未变。后高元音有前化合并现象:ŭi 并 ɯi(微)、i(脂),ŭn 并 ɯn(文)、in(真),ŭm、ŭm 并 im(侵);带 r 介音的 ŭn、ŭi 分别并入 ɣin(真 B)、ɣi(脂 B);有 j 介音的 ŭ、ŭ、ŏ 拼 -n、-i 尾时并入 ie(先齐)。低元音 a 则有高化现象,唇喉声母后的变 ɐ(凡严元废),舌齿声母后的变 ε(盐仙祭)。o 的变化同 a,但在舌尾前为带合口介音的 ɐ、ε。

5.4　长元音除 a 外变化都较大,尤其无韵尾及介音时。

5.4.1　开尾韵除 a 外都复化。高元音前面先带上过渡音以后扩张为主元音,原元音沦为韵尾:

| 古一等：i—ei(齐) | ɯ—əɯ—ʌi(咍) | u—au(豪) |
| 古二等：ri—ɣεi(皆) | rɯ—rəɯ—ɣεi(皆) | ru—ɣau(肴) |

中元音则先高化后复化:

| 古一等：e—i—ei(齐) | o—u—əu(侯) |
| 古二等：re—ri—rεi—ɣε(佳) | ro—ru—rəu—ɣau(肴) |

佳韵的 i 尾跟歌麻韵的 i 尾一样后来脱落了。

只有低元音不复化而仅向后高化：a—ɔ—o（模）。但 j 介音后仍保持读 a（麻三）。

5.4.2 带尾各韵中较高的元音 i、e、u 都复化：

i、e—ie（青添先齐萧）。i 是后带过渡音，如：in—iĕn—ien，e 是前增过渡音，如：en—iĕn—ien，然后合流了。

u—uə（魂灰）、uo（冬）。收舌与收喉复化不同。

o 在 n、i 尾前也复化：o—oʌ—uɑ（寒歌合口，《广韵》桓戈），但收唇仅为 ʌ（覃）、ɑ（谈），失去合口。收喉则高化为 u（东），不复化。

ɯ 低化为 ə（登痕），在 m、i 尾前更向后低化为 ʌ（覃咍），进一步跟谈泰韵接近。

低元音变化不大，仅略后化为 ɑ（唐谈寒泰豪），又歌韵 i 尾脱落。带 r 介音的仍保持 a 音（麻庚衔删夬肴，麻庚等韵略有高化），惟带 j 介音的高化为 ε（昔）。

r 介音有低化作用，ro 在收喉变为 ɣɔ（江）、收舌变为 ɣuɑ（删麻合）。re 为 ɣε（耕咸山皆），ri、ru、rɯ 也并入 ɣε。正因为这种低化作用，ra 的元音没有大变化。

5.5 前元音 e 常常会前增过渡音 i，因此上古 e 在中古变为 ie（四等）和 iε（三等）。i 在复化为 ei 后也因此变为 iei（四等齐）。

5.6 构拟古音实际是在构拟一个用声音来说明各声类、韵部之间的关系的系统。上古韵系所构拟的是当鱼部占 a 元音位置时的韵母系统；《切韵》韵系所构拟则是歌韵占 a 元音位置而鱼部（模鱼）占 o、ɔ 位置时的韵母系统；上古至中古的演变过程就以说明这两部发音位置转移的规律为中心，其大势是低元音的向后高化，长高元音的复化分裂。

参考文献

包拟古(N. C. Bodman) 1980 Proto-Chinese and Sino-Tibetan(《原始汉语和汉藏语》),载 *Contribution to Historical Linguistics*。

陈蒲清 1981 《益阳方言的边音声母》,《方言》第 3 期。

丁邦新 1975 《魏晋音韵研究》,《史语所专刊》之六十五。

高本汉(B. Karlgren) 1957 Gramata Serica Recensa(《修订汉文典》),载 *BMFEA*,Vol.29。

李方桂 1930 《龙州土语》,《史语所单刊》之十六。

李方桂 1956 《武鸣土语》,《史语所单刊》甲种之十九。

李方桂 1980 《上古音研究》,商务印书馆。

李家浩 1979 《释弁》,《古文字研究》第 1 辑,中华书局。

李 荣 1956 《切韵音系》,科学出版社。

陆志韦 1985 《陆志韦语言学著作集(一)·古音说略》,中华书局。

罗常培 1961 《唐五代西北方音》,科学出版社。

罗常培、蔡美彪 1959 《八思巴字与元代汉语》,科学出版社。

毛宗武等 1982 《瑶族语言简志》,民族出版社。

潘悟云 1984 《非喻四归定说》,《温州师专学报》第 1 期。

潘悟云 1985 《章、昌、禅母古读考》,《温州师专学报》第 1 期。

孙宏开 1982 《独龙语简志》,民族出版社。

王辅世 1982 《湖南泸溪瓦乡话语音》,《语言研究》第 1 期。

王 均等 1984 《壮侗语族语言简志》,民族出版社。

王 力 1957 《汉语史稿》,科学出版社。

王 力 1978 《同源字论》,《中国语文》第 1 期。

王 力 1985 《汉语语音史》,中国社会科学出版社。

闻一多 1956 《周易义证类纂》,《闻一多全集·古典新义》,古籍出版社。

袁家骅等　1983　《汉语方言概要》,文字改革出版社。

易家乐(S. Egerod)　1961　Studies in Thai Dialectology(《泰语方言学研究》), *ACTA Orientalia* XXVI 1－2。

俞　敏　1984　《中国语言学论文选》,东京光生馆。

张成材　1983　《商县(张家原)方言单音词汇释》,《方言》第 4 期。

赵元任　1928　《现代吴语的研究》,《清华学校研究院丛书》第 9 种。

郑张尚芳　1981　《汉语上古音系表解》,浙江语言学会首届年会论文(1982 年修改油印)。

郑张尚芳　1983　《温州方言歌韵读音的分化和历史层次》,《语言研究》第 2 期。

郑张尚芳　1984　《上古音构拟小议》,《语言学论丛》第 14 辑。

钟隆林　1987　《湖南省耒阳方言记略》,《方言》第 3 期。

上古音研究中的资料、方法与问题

——《上古韵母系统和四等、介音、声调的发源问题》导读

郑 伟

郑张尚芳先生《上古韵母系统和四等、介音、声调的发源问题》（以下简称"《问题》"）最早发表于《温州师院学报（社会科学版）》1987 年第 4 期(67－90 页)，随即为《人大复印报刊资料（语言文字学）》1988 年第 1 期(61－85 页)全文转载。该文后收入《郑张尚芳语言学论文集》(348－387 页)。

在开始这篇导读之前，先看一下《问题》一文的主要内容。该文在《温州师院学报（社会科学版）》首发时，并没有提供内容简介，不过文章开头对该文的主要内容作了简要的介绍，谨抄录如下：

> 韵母系统包括元音、介音、韵尾的种类及它们的结构方式、配合关系。声调这种节律音位也要通过元音起作用，并受韵尾的节制。本文准备简单地讨论如下五个问题：（一）上古汉语有几个元音？（二）有无介音及其性质。（三）三等 j 介音的起源及跟元音长短的关系。（四）声调发源与韵尾的关系。（五）上古韵母系统到中古韵系的演变问题。

导读的第一部分将对《问题》一文发表之前上古音研究的已有成绩作一述评,第二部分具体说明郑张先生这篇文章的研究特点,第三部分介绍《问题》之后的学术进展,第四部分是简单的小结。

一、《问题》之前上古音的研究成绩

汉语上古音的研究,可以分作传统语文学和现代语言学两种研究范式。前者主要面向历史文献,并结合现代语言学的理论与方法;①后者从现代语言学的理论与方法出发,同时并不排斥文献考据。学界习惯上把研究上古音的学问称作古音学。如果从南宋郑庠《古音辨》、吴棫《韵补》算起,古音学的研究到今天已经历了数百年的时间。有清三百年是传统古音学最为繁盛的时代,可以说是名家辈出、异彩纷呈。陈第的“时有古今、地有南北、字有更革、音有转移”说,顾炎武的“离析唐韵”说,江永的“入声独立”说,戴震的“祭部独立”“相配互转”说,段玉裁的“同声必同部”“去声备于魏晋”说,孔广森的“东冬分部”“阴阳对转”说,钱大昕的“古无舌上音”“古无轻唇音”说,王念孙的“至部独立”说,章太炎的《成均图》(见于《文始》《国故论衡》等论著)和“队部独立”说,黄侃的《音略》等论著与“古本声”“古本韵”“声韵相挟而变”说等,在中国语言学史乃至中国学术史上都无疑具有重要的价值。

1.1 谐声原则

瑞典学者高本汉(Berhnard Karlgren)运用历史比较方法,结合文献考证、语音实验,调查汉语方言,于1926年完成了《中国音韵学研究》一书,这是中国音韵学研究里程碑式的著作。该书的研究对象是

---

① 比如黄易青等著《传统古音学研究通论》第九章“传统古音研究方法论”列举了“归纳法与演绎法”“结构分析法与系统观”“概率统计法与渐变观”等现代科学范围的研究方法。

中古汉语音韵,并未涉及上古音。但实际上,在该书第四卷"方音字汇"出版之前,高氏便已经开始进军上古音领域,于 1923 年撰写了《中日汉字分析字典》一书。该书首次全面论述了汉语上古音研究中的谐声原则(the principle of the phonetic compounds),赵元任曾将其译为《高本汉的谐声说》,在 1927 年《国学论丛》第 1 卷第 2 号上发表。② 朱芳圃亦曾撰文译介过评论高本汉谐声说的文章。③ 高氏开宗明义地指出,"在有一大类的字,差不多占谐声字的大多数,它的主谐字跟被谐字,就说在古音中,也是有相同或相近(cognate)的声母辅音、韵中主要元音跟韵尾辅音","谐声的部分跟全字不必完全同音"。比如"咸减喊感"四字,声符相同但形符不同,后世也不完全同音。这是在段玉裁"一声可谐万字"说的基础上对谐声的认识有了进一步的深入,具体来说:一、发音部位相同的可以互谐,但鼻—口部位互谐的不常见,如"难摊";二、谐声字的介音会影响到主元音,从而导致主元音的不同;三、谐声字中偶有口—鼻韵尾不同的例子,如"占帖"。高氏提出的十条谐声通则,值得一一罗列:

（1）舌尖前塞音(端透定)可互谐;

（2）舌尖前塞擦音与擦音(精清从心邪)可互谐;

（3）舌尖后塞擦音与擦音(庄初崇生)可互谐;

---

② 以下引文的中文表述主要参考赵元任先生的译文。

③ Karlgren(1925)是与之相关的单篇论文。另《黄侃日记》载:"《东方杂志》二十六卷二十一号载朱芳圃所撰《珂罗倔伦谐声原则与中国学者研究古声母之结论》一文,于鄙说颇有撼掎,然珂、朱二君似于音学尚未为谛密也。"(参黄侃著,黄延祖重辑:《黄侃日记》,北京:中华书局 2007 年版,第 628 页。)案珂罗倔伦是高本汉的另一中译名。陈寅恪先生曾于 1928 年致信容庚先生,提及"清华研究院学生朱君芳圃译有日人评论瑞典高本汉《中国音韵学》一文,欲登载《燕京学报》,请弟介绍与尊处,弟以为高本汉之音韵学风靡一世,评论其书之文尚不多见,似宜介绍于中国学术界"(参看《陈寅恪集·书信集》,北京:生活·读书·新知三联书店,2015 年,第 8 页)。陈先生此处所说的朱芳圃所译的文章,应该是发表于《国立中山大学语言历史学研究所周刊》1929 年第 6 辑第 67－68 期(1－57 页)的《评珂罗倔伦(Karlgren)〈中国古韵研究之根本思想〉》一文,为日本学者满田新造所撰。

（4）舌面前塞音（知彻澄）可互谐；

（5）端透定与精清从心邪不互谐；

（6）精清从心邪与庄初崇生可以互谐；

（7）舌面前塞擦音（章昌禅④）与舌面前浊擦音（船）可以互谐；

（8）舌面前清擦音（书）与章昌禅船大都不互谐；

（9）精清从心邪、庄初崇生大都不跟章昌禅书船相谐；

（10）端透定不但可以跟知彻澄互谐，而且可以跟章昌禅船互谐，但不可以跟书母互谐。

总的来说，以上谐声条例是对上古音谐声规律的合理概括，端知上古本就属一类，黄侃先生也曾提出过"照二归精"的说法，"照三归端"也有其正确的一面。精组和章组在上古不相谐，庄组与章组不相谐也在情理之中。章组内部，高氏特别注意到了书母的谐声行为与同部位塞擦音及清擦音不同，也是难能可贵的。后来周祖谟先生的《审母古音考》（1966）一文对审母与端组字的谐声问题作了详细讨论，算是对高氏说法的一个补正。

到了董同龢先生的《上古音韵表稿》（1944），对谐声现象的观察比高氏更加细密了。该书缺少像高书一样专门讨论谐声原则的部分，但在上古声母部分对此有所涉及，还有不少比高氏更为高明的见解，比如：

（1）唇音部分，指出明母有跟舌根擦音 x-相谐的事实，如"每悔晦海"等，由此提出清鼻音m̥-的构拟。

（2）舌尖音与舌面音部分，指出"一部分 tś-系字是常跟舌根音字谐声而不跟任何舌尖音字（或本为舌尖音t̂-系字）发生关系的"，如

---

④ 传统的说法禅母是床（船）母是塞擦音，禅母是擦音，今从陆志韦（1947）等学者的意见，将禅、船的发音方法互换。

"旨耆嗜",并将这类章组字的上古音拟作[c- ch- ɉ- ɲ- ç- j-]。

（3）喻（即以母）于（即云母）两部分，指出高氏根据喻母与ts-系字的关系而为其构拟上古z-的来源实无必要，因为这类谐声往往也包含了t-、t̂-或tś-系字。同时考虑到高氏所说"端系不与精系互谐"有不少例外，如"隶肆""待寺""遟犀"等，且这类ts-系字多为三等字，一二四等的ts-系与t-系互谐的极少，如"戋戴""崔推""筱條"等。董氏认为这类以母字上古也应来自d-。

（4）舌根音部分，董氏一方面不同意高氏提出的中古匣 ɣ-、群g'-母上古为同个g'-的主张，另一方面指出高氏所谓浊擦音 ɣ-常跟舌根k-系谐声，但清擦音x-则不跟k-系谐声的说法不确，因为x-也有不少跟k-系（包括x-）相谐的例子，如"灰恢""蒿高""厂雁""旭九""皂卿""乎呼""叩患""脅協"等。于是董氏主张，无须为匣母的上古音构拟特别的音值，直接拟作 ɣ-便可。这样的话，都是舌根部位的塞音或擦音，互谐也在情理之中。

李方桂先生的《上古音研究》（1971：8）在高本汉《中日汉字分析字典》（1923）、董同龢《上古音韵表稿》（1944）的研究基础上，又对谐声原则作了专门的论述，并强调了"谐声字有许多复杂的现象，暂时不能规律化，但是我觉得有两条原则应当谨慎的、严格的运用，也许对于上古音的拟测上有帮助。其他例外的谐声字也许得别寻途径去解释，最可利用的便是复声母的存在"。这两条原则是：

（1）上古发音部位相同的塞音可以互谐：a. 舌根塞音可以互谐，也有与喉音（影及晓）互谐的例子，不常与鼻音（疑）谐。b. 舌尖塞音互谐，不常跟鼻音（泥）谐，也不跟舌尖的塞擦音或擦音相谐。c. 唇塞音互谐，不常跟鼻音（明）相谐。

（2）上古的舌尖塞擦音或擦音互谐，不跟舌尖塞音相谐。
这些原则之外的谐声，需要用别的声母来解释。

1.2　声母

1.2.1　复声母及其拟测

上古声母的研究,需要分作简单声母和复杂声母两个部分来回顾。清代学者钱大昕是研究上古声母的先声。稍晚一些,英国汉学家艾约瑟(Edikins Joseph)于 1874 年撰文从谐声字的角度提出上古应有复声母。⑤ 随后国内外有不少学者从不同的材料出发,对复声母的问题作了研究。高本汉《中日汉字分析字典》(1923)、林语堂《古有复辅音说》(1924)和《古音中已遗失的声母》(1928)、吴其昌《来纽明纽古复辅音通转考》(1932)、魏建功《古音系研究》(1935)、陈独秀《中国古代语音有复声母说》(1937)、闻宥《流音在印支语系复声母消失中的影响》(1938)、董同龢《上古音韵表稿》(1944)、陆志韦《古音说略》(1947)、包拟古(Bodman Nicholas)《〈释名〉语言学研究》(1954)、富励士(R. A. D. Forrest)《上古汉语研究》(1961)、严学宭《上古汉语声母结构体系初探》(1962)、蒲立本(Edward G. Pulleyblank)《上古汉语的辅音系统》(1962)、李方桂《上古音研究》(1971)等,都赞成上古有复声母。

还有少数学者对此持反对态度,如叶光球《〈古音中已遗失的声母〉之商榷》(1929)、唐兰《论古无复辅音凡来母字古读如泥母》(1937)、汤炳正《驳林语堂君〈古音中已遗失的声母〉》(1946),其中唐兰先生的论述最为详密,唐文从音理、谐声字、古文字、古今语、疑母和来母的关系、p/t/k 与 l 关系等六个方面,证明上古"无来母,只有泥母",唐先生说:"将谓其语根兼有此诸音而为 ktpl-乎？古今中外,无此唇吻也。将谓各有其 kl-、tl-、pl- 或 xl-、gl-、dl-、sl-、bl-、ml-之语根而偶然取同一符号乎？则是谐声系统杂乱无章,而与其他谐声

---

⑤ 严学宭:《古汉语复声母论文集》,北京:北京语言文化大学出版社,1998 年,"序",第 4 页。另外,该书的"附录二·上古汉语复声母研究研究索引(1874－1991)"汇集了国内外有代表性的复声母研究方面的文献。

现象之有常例者为矛盾矣。……k、t、p 与 l,错综现象极多。……然则凡 l 母所不可通者,如谓其本为 n 母,即俱得通转。……盖 t 与 n 同纽,ts、s 与 n 洪纤相转,而其他各音之通转,殆以 x 或 ŋ 为之枢纽也。"⑥唐先生对复辅音说的批评,也是中肯的。严学宭(1981)"以《说文》谐声为主要依据,并参考其他材料,特别是比较了汉藏语系亲属语言声母体系中复声母的类型和结构规律,抓住其通则、特点,对所构拟的复声母,多已进行核察",该文构拟了二合、三合乃至四合复声母,其中二合复辅音占多数。像 *xsnth-、*xknd- 这样的复声母,看起来确实复杂,但我们不应否认,现代藏缅语(如羌语支)确实存在四合复声母的语言事实。所以说,如果从现有的材料出发,结合新的材料(出土文献、民族语等),更合理地构拟复声母及其演变规律,是上古声母研究的重要任务之一。任何学科都存在悬而未决的论题,自然科学尚且如此,语言文字学领域自然也不例外。古文字学界曾引起热烈讨论的问题,如历组卜辞应属较晚的武乙、文丁时期,还是应属较早的武丁时期;殷墟甲骨看作一系还是两系;殷墟卜辞命辞属于问句还是陈述句等,这些都有赞成与反对两方面的意见。

高本汉《汉语词类》(Karlgren 1933:93)把来自中古晓母且与明母谐声的字的上古音拟作 *xm-,如"悔" *xmwəg、"昏" *xmwən。很明显,高氏是把 *xm- 作为复声母来处理的。李方桂(Li 1935/2012:86)说:"高本汉提议 xm-。但'悔'的声母大可以也是 mx-,或甚至是不带音的 m̥-。对于这样的声母,我们没有明确的答案。"董同龢先生的《上古音韵表稿》(1944:13)针对"每悔""蕾薨""尾焜""微徽"等谐声系列,肯定了李氏提出的清鼻音的假设,"从音韵演变方面说,在问题之内的差不多都是合口音。说一个 m̥- 因受后面 -w-(或 -u-)的影响后来变作 x-,不也是很自然的吗?尤有进者。近年李方桂、张琨两先生在贵州一带调查若干台语与苗瑶语的方言,正发现不少清鼻

---

⑥ 唐兰:《唐兰全集(二)》,上海:上海古籍出版社,2015 年,第 552－555 页。

音的存在。"

雅洪托夫(S. E. Yakhontov)《上古汉语的复辅音声母》(1960a/1986：49－50)讨论了上古音中清擦音和响音的交替。雅氏指出,有些词族除了出现中古鼻音及清擦音声母("化讹""卸御"),鼻音还可能跟中古透母及彻母谐声("能态""疑癍"),雅氏认为这些情况下,清辅音来自复辅音声母,如 xŋ-、sn-、thn- 等,并指出这些复声母的"第一个音最初是处处相同的,只是到后来在后面的辅音影响下(部分也受到了介音 *i̯ 的影响),才按不同的方式发展变化。……在很多场合,处在鼻辅音之前的音是构词前缀;即存在一对同源字,其一为鼻辅音声母,另一个则为清擦音声母,这个清擦音声母来自两个辅音的组合"。雅氏还提出了以下几条音变规律：sm->xʷm->xw-; sng->xng->x-; sn->thn->th-、ţh-; sn̦->çn̦->ç-; sl-> șl-> ș-。将清响音 N̦-(N 代表鼻音 m/n/ŋ 和流音 1)的早期来源写作 *sN-,并且把 *s- 和构词前缀联系起来,是雅氏的创举。富励士(Forrest 1961：120)构拟的复声母,如：耳 ɲjəg ~ 耻 t'njəg、厂 xŋan ~ 雁 ŋan、免 mjan ~ 冤 ʔmjwɐn、憂 ʔɲjog ~ 擾 ɲjog,充分考虑到了谐声字可能反映的复声母问题。

随后不久,加拿大汉学家蒲立本发表了长文《上古汉语的辅音系统》(Pulleyblank 1962),主要利用梵汉对音和其他一些外语汉字译音资料,探讨上古声母的问题。《上古汉语的辅音系统》(1962：126/1999：91－92)虽没有讨论清鼻音,但是承认上古有前置辅音 *s-,为某些中古邪母字构拟了上古声母 *sð-,例如：象 M.zi̯aŋ < *sðāŋ,像 M.daŋ < *(s)ðāŋ;祥 M.zi̯aŋ < *s(g)ðāŋ,羊 M.jaŋ < *(g)ðāŋ。富励士(Forrest 1967：244－245)修正了高本汉在《汉文典(修订本)》(Karlgren 1957)中对"威滅"类谐声系列的构拟,认为高氏将"威"拟作带合口介音 -w- 的 *xmjwat 是没有必要的,因为 m- 本身就有唇化成分;同时,将"威"字的拟音改作 *m̥jat。其他如：膴 *m̥wo ~ *mjwo、殞 *mjɒn ~ *m̥wɒn、孟 *mɒŋ ~ 盺 *m̥jɒŋ。李方桂(Li 1945/2012：91－

94）曾讨论过借入台语的汉语干支（生肖）名字，如"午（马）"，阿函语（Ahom）shi-ngā、傣仍语（Lü）sa-ŋa⁴、仲家语 sa₃；"戌（犬）"，阿函语 mit、傣仍语 set⁵、仲家语 seut²。在分析后者在汉语中的声母来源时，李先生指出："显然，中古汉语的 s- 不是原来如此，如果是的话，阿函语的 m- 得不到解释。汉代学者以'灭'释'戌'（《史记·律书》和《白虎通·五行》）。'戌'有'威'xjwɑt 和'灭'mjɑt（原来不知道'戌'为谐声偏旁）等谐声关系字。所有这些现象都是表示其来源是个复合声母，可能是 sm-，由此导出阿函语的 m- 和傣仍语、仲家语的 s-。"

所以李方桂（1970）一方面肯定了董同龢先生关于清鼻音的拟测，提出了 hm-、hn-、hng-、hngw- 等上古声母；另一方面，李方桂（1971：14－15、19）支持雅氏的看法，把清鼻音"写作 *hm-一方面是为印刷方便"，另一方面"也疑心所谓清鼻音可能原来有个词头，把鼻音清音化了"，同时采纳了雅氏提出的与中古擦音有关联的"这类透母彻母字都是清鼻音 *hn-、*hnr- 来的"这一观点，构拟了 *sm->s-。例如：丧 *smang>sậng、亡 *mang>mjang。但李氏没有明确说明 *sm- 与 *hm-(m̥-) 是什么关系。王力先生《同源字典》（1982：253）把"黑""墨"的上古音分别拟作 *xək、*mək，并说："'黑'的古音可能是 *mxək，故与'墨''*mək 同源。"张琨等（Chang 1976/1998：234－236）提出："一个与中古鼻音声母在同一谐声系列中交替的中古擦音声母来源于一个擦鼻冠音声母。"即 *sN->s-/N-；*sN-> *xN->x-/N-。*x-（即其他学者写作 *h- 的咝擦音）来自更早的 *s- 前缀，理由是"*s-和 *x- 的不对称，几乎是互补分布，并且至少有一些例子，藏语的 s- 或者 *s-，与汉语的 *s- 和 *x- 两者都有联系。"至于为何同个来源的音类 *sN- 会有 s- 或 N- 两种不同形式，其分化条件如何，该文并未谈及。

1.2.2　以邪、云匣、来母问题

二十世纪八十年代以前的上古声母研究中，以母（喻四）和来母的问题也是焦点之一。早年曾运乾《喻母古读考》（1928）提出"喻四

归定"说,指出中古以母与定母字在谐声、异文、异读、通假字、词族等方面的联系,认为中古以母来自上古定母,此后一段时间,该说一直为音韵学界所沿用。中华人民共和国成立以后,最早的也是最重要的一部跟上古音研究有关的专著是王力先生的《汉语史稿》(上册,1957),该书采用了高本汉关于中古全浊声母送气的假设,并将其上推至上古音,所以以母拟作*d-,定母拟作*dh-。这也是沿袭了高本汉《中日汉字分析字典》(Karlgren 1923)对上古以、定母字的处理。但是王氏并不完全赞同高氏:"高本汉在上古声母问题上的形式主义表现在:(一)他把餘母(喻四)硬分为两类,以为一类是d-,另一类是z-。他的根据是谐声偏旁,例如'羊声'有'祥','祥'在中古是z-,所以上古的'羊'是z-(上古的'祥'反而是dz-)。其实'羊声'也有'姜'(k-),那又怎样解释呢?'甬声'有'通'(th-),也有'诵'(z-),如果分为两类,'甬声'的字该归d-呢,还是归z-呢?……他把餘母一部分字的上古音拟成d-之后,这d-是不送气的浊音,他就虚构几个不送气的浊音来相搭配。"⑦

白保罗(Benedict 1948)从藏缅语的资料出发,就高本汉所拟上古声母*d-(以)、*g-(云)、*dz-(邪)提出不同意见,认为高氏所拟这套不送气浊声母是多余的,且上古音阶段在声母和韵尾位置都有*y>d、*w>g 的变化。周法高(1972)总结过白保罗(Benedict 1948)一文的贡献,是比较公允的:

> 班氏在 1948 年文中把审Ⅱ纽拟作*ṣr-,远在李文之前,值得加以介绍。班氏在 1948 年文中又认为*y>d 和*w>g 的变化出现在声母和韵尾的地位,那就是说:高氏拟作*-d 和*-g,分别相当于藏汉语的*y 和*w,这和王力把这两个上古韵尾分别拟作*-i 和*-w,有类似之处,却比王氏早了十年。此外,班氏又认为喻以纽高氏拟作

⑦ 王力:《汉语史稿》,北京:中华书局,2004 年,第 83 页。

*d-,喻$_{云}$纽高氏拟作*g-,也是分别由藏汉语的*y-和*w-变来的。⑧

法国学者奥德里古尔(Haudricourt 1954a)从中国西南少数民族及东南亚相关语言资料中,得出的结论与白保罗(Benedict 1948)很接近,即高本汉所拟的上古*g-、*d-不应该是塞音而应是其他的音位。泰语、Dioi 等侗台语和 Lamet、Khmu 等南亚语的汉借词可以印证此点:⑨

表1　侗台语及南亚语中的地支名"寅酉"

地支名	汉越语	泰语	Dioi 语	Khmu 语	Lamet 语
283 寅 į̇ən<dį̇ər	dàn	ñi	ñien	ñ	ñih
258 酉 įə<*zį̇ôg	dậu	rau	ru	rau	rau

所以,奥氏据此认为:"假如要以某种拟音来代表'零声母'的话,那应该是浊擦音而不是浊塞音。"⑩

"喻三归匣"的名称较早是由曾运乾在(1928)一文中提出的。曾文主要利用先秦典籍中的异文材料,提出中古喻三(云母)、匣母字在上古汉语里同属一类,不用区分。后来的学者并不满足于此,希望能够运用现代语言学的理论和方法,主要做音值考订的工作。李方桂(1971)主张匣母上古读*g-(中古开口)、*gw-(中古合口),同时与云母、群母合而为一。雅洪托夫(1977)认为上古匣母字应分作*g-、*w-两类。前一类在谐声上与中古的 k-、kh- 有关;后一类则是中古匣母 γ-、云母 w-、晓母 x- 的交替,"或更确切地说是 w-、γ^w-、x^w-(因为

⑧　周法高:《上古汉语与汉藏语》,《香港中文大学中国文化研究所学报》1972 年 5 卷 1 期;收入《中国音韵学论文集》,香港:中文大学出版社,1984 年,第 241 页。文中"班氏"即 Benedict。
⑨　汉字拟音及编号来自高本汉《中日汉字分析字典》和《汉文典》。
⑩　奥德里古尔(André-Georges Haudricourt):《怎样拟测上古汉语》(马学进译),幼狮月刊社编《中国语言学论集》,台北:幼狮文化事业公司,1979 年,第 206－208 页。奥氏所谓"零声母"即中古喻母。

这个类型的交替只能出现在合口字里）交替的系列,可以设想,声母
w-在上古就存在了,而 ɣʷ-起源于 *w-,在中古,二者处于互补的地
位"。[11] 雅氏从汉藏同源词和古汉越语找了一些支持上古匣母作 *w-
的证据：[12]

表 2　上古云晓匣母字在其他语言中的关系词举例

上古汉语	缅语	其他语言	上古汉语	越南语
熊 *wi̯um	wam²	藏语 dom	园 *wi̯an	vuò'n
往 *wi̯ang	wang²走进	藏语 hong 走来	越 *wi̯at	vuọ't
雨 *wi̯a	rwa²下雨	Lushei 语 rwa	役 *wi̯et	việc
血 *swet	swe³	Rong 语 vi	画 *wreh	vẽ

　　在这之前,奥德里古尔(Haudricourt 1954a)一方面接受了白保罗
(1948)关于以邪母上古与 y-[j]有关、匣云母则与 w-/sw-/rw-有关
的看法,另一方面亦曾利用古汉越语的资料假设上古匣母、以母读擦
音 *j-、*w-。但是,奥氏所举的部分语料,如引用"游 du、沿 duyền、愈
dū、阁 diêm"等以母字的汉越语,其实不能代表上古音的阶段,而雅
洪托夫(1976)讨论上古以母、来母的论文,就更准确地发掘了古汉越
语里以母读 l-的众多证据。

　　蒲立本(Pulleyblank 1962)和王力先生(1957)一样,不赞同高本
汉关于上古汉语有送气、不送气两套浊塞音的理论。蒲氏指出,《后
汉书》中的"栗(粟)弋"的对音是 Soɣðik,《汉书》中的"乌弋山离"对
译的是 Alexandria,以母代表的是外语的 l。蒲氏提到的第二种译音,

⑪　雅洪托夫(S. E. Yakhontov)：《上古汉语的起首辅音 W》(张双棣译),收入唐作藩、胡
　　双宝选编《汉语史论集》,北京：北京大学出版社,1986 年,第 171 页。
⑫　雅洪托夫：《上古汉语的起首辅音 W》(张双棣译),收入唐作藩、胡双宝选编《汉语史论
　　集》,第 172 页。上古汉语拟音据雅氏原文,越南语雅氏原文转写部分有误,已据《越汉
　　词典》作过校订。参何成等编：《越汉词典》,北京：商务印书馆,1960 年,第 1209、
　　1215、1237、1238 页。

是南方侗台语中的早期汉借字,如地支"酉"字在 Ahom 语 rāo,Lü 语 hrɑu,布依语 ðu。⑬ 蒲氏认为,上古以母"最适合的拟音好像是舌齿擦音 ð-。它在声音上最近接 l-,同时它也相当接近于舌齿塞音,所以它有时出现在带舌齿音的谐声系列也就不足为怪了。从理论上说,以母也可以拟作 r-,但是这不太好,中国人用 l- 对译 Alexandria 中的 r-,却用 r- 去对译其中的 l-,这就令人不解了"。高本汉所主张的中古喻四有 d-、z- 两个来源,在蒲立本看来,其实是同个声母 *ð- 的两种不同的变化:它在三等韵(即高、蒲二氏所说的"喻化音")前变作中古喻四(以母)j-,在一二四等韵(非喻化音)前变作中古定母 d-。演变公式是: *ð->M.d-, *ði-> *ẕi->M.j-。由此可以推及中古书母和透母在上古也有清的舌齿擦音的来源: *θ->M.th-, *θi->M.ɕi-。到了蒲立本(Pulleyblank 1973a:120)讨论上古汉语词族一文,已将以母字写作 *l-,如悦 *lwɑt、怿 *lɑk。⑭ 李方桂(1971:13 − 14)把以母拟作 *r-,并认为其音值接近闪音[ɾ],因为从译音材料看近于 l 或 r(参看上文蒲立本所引的语料),同时又与舌尖塞音 d- 谐声。王力(1982:72)改变了之前的以母为 *d- 的想法,将其拟作 *ʎ-,ʎ- 是 l->j- 的中间阶段,但它还不能很好地解释以母与定母的密切关系。⑮ 许思莱

---

⑬ 蒲立本(Edward G. Pulleyblank):《上古汉语的辅音系统》(潘悟云、徐文堪译),北京:中华书局,1999 年,第 75 页。

⑭ 《墨子·耕柱》:"子墨子曰:'和氏之璧、隋侯之珠、三棘六异,此诸侯之所谓良宝也。'"《太平御览》卷八〇二"珍宝部"载"和氏之璧,夜光之珠,三棘六里,此诸侯所谓良宝也"(参李学勤:《长台关竹简中的〈墨子〉佚篇》,四川大学历史系编《徐中舒先生九十寿辰纪念文集》,成都:巴蜀书社,1990 年,第 3 页),"异""里"相通,颇可证明上古以母读 *l- 是有道理的。

⑮ 郑张先生《汉语上古音系表解》(1981)一文写就后,曾寄了一份给王力先生。王先生 1982 年 6 月 12 日的回信对郑张关于喻四的研究作了如下回应:"关于喻四的构拟,过去我依高本汉拟为 d-,后来觉得不妥(也是从系统性考虑),所以我在《同源字典》中,改拟为 j-,但同时声明,这只是代数式音标,实际音值没有研究出来。前年讲语音史时,才决定改拟为 ʎ-,并说明是与 d- 同部位的 ʎ-,这与你的构拟不谋而合。现在你又依梅祖麟改拟为 l-,我替你惋惜。可否请你考虑,仍回到你自己的意见,构拟为 ʎ-。"参看郑张尚芳:《切韵 j 声母与 i 韵尾的来源问题》,《纪念王力先生九十诞辰文集》,济南:山东教育出版社,1991 年,第 161 页。

（Schuessler 1974a）、雅洪托夫（1976）、包拟古（Bodman 1980）、郑张尚芳（1981）、梅祖麟（1981）、潘悟云（1984）根据汉藏同源字、侗台语关系字（如"养"泰文 liaŋ4，"余"泰文 hlua2）、古汉越语等证据，将上古以母读 *l-、来母读 *r- 论证得已经比较充分了。下面一段话引自许思莱（Schuessler 1974a：186）：

Scholars have lately suggested that the Ancient Chinese rhyme Division II reflects Archaic Chinese medial *-r-, and that Ancient Chinese i̯- and źi̯- resulted also from an earlier liquid. Thanks to comparative as well as some internal evidence, we arrive at the conclusion that all Ancient Chinese Division II words as well as those with Ancient Chinese initial l- should be reconstructed with *r in Archaic Chinese, whereas Ancient Chinese i̯- and źi̯- go back to unyodized and yodized initial *l- respectively. Ancient rhyme Division IV (vocalic medial i) is interpreted as resulting from earlier medial *l (e.g. Ancient Chinese kian` from Archaic Chinese *klans).

学者们近来意识到中古汉语的二等反映了上古汉语的介音 *-r-，而中古的 *i̯- 和 *źi̯- 则来自更早期的流音。根据语言比较证据和汉语内部证据，我们认为所有的中古二等字和来母字来自上古的 *r，而中古的 *i̯- 和 *źi̯- 分别来自上古非喻化和喻化的 *l-。中古的四等韵（带元音性介音 -i-）来自更早的 *-l- 介音。

既然以母的上古音拟作流音，那么中古属于流音的来母的上古音值自然也是相关的问题。王力（1957）以母作 *d-，来母作 *l-，蒲立本（Pulleyblank 1962）看到了汉语 l- 与藏语 r- 的对应（如 drug 六、brug 龙），但仍将来母拟作 *l-，他指出："我们也许会把上古的 ð 和 l

改作 l 和 r,这虽然更加符合一些译音形式,但是难以解释 ð 与舌齿塞音的谐声关系。再说这样改动也过于混乱,因我们还不知道到底什么时候 r 变成了 l。"⑯

李方桂(1971)把来母拟作 *l-,以母拟作 *r-。许思莱(Schuessler 1974a)指出古汉越语来母字读 r-,如"龙"róng2、"六"ro˙k7。来母字的上古音构拟很大程度上是建立在对以母字的认识基础上,既然以母为 *l-,来母势必不能和它一样。郑张尚芳(1981/2003:41)也提到了外语译音,如"径路"(刀)、"撑犁"(天)二词,突厥语分别为 kingrak、tengri;汉泰关系字,如"蓝"gram、"林"grim、"懒"gran、"漏"rua。

1.2.3 见组字的音值

见组字的上古音值,自高本汉(Karlgren 1923)沿袭中古声母的拟测方案作舌根音 *k-(见母,如"江" *kǎng)、*kh-(溪母,如"羌" *khiang)、*gh-(群母,如"强" *ghiang)。而蒲立本(Pulleyblank 1982)另辟蹊径,通过对苗瑶语、水语中汉借词的观察,指出部分见组字在这些民族语中读作小舌音声母,由此提出为见组字的汉藏共同语阶段构拟一组小舌音 *Q-。虽然蒲文并没有作进一步的详细论述,比如没有说明读小舌音或舌根音的见组字在音韵条件上有没有分别,但至少是具有启发性的工作。

1.3 介音

上古介音的问题包括:(一)有无合口介音的问题;(二)二等与重纽三等介音的问题;(三)三等字有无前腭介音的问题;(四)四等介音的问题。

1.3.1 合口介音

高本汉构拟的中古音体系中,有 -w-、-u- 两类合口介音。前者出

---

⑯ 蒲立本:《上古汉语的辅音系统》(潘悟云、徐文堪译),第76－77页。

现在开合兼具的韵中,比如《王三》的歌韵、麻韵等;后者出现在只有合口、没有开口的韵中,比如灰韵、凡韵等。严学宭《上古汉语韵母结构体系初探》(1963:68)一文较早提出了中古音合口介音应属后起的看法。严先生指出上古阴阳入开合相谐的例子极多,如"背邶(合)北(开)""菩蹈(开)陪(合)""度(合)踱(开)"等,而且亲属民族语和现代粤方言也大多缺少元音性的合口介音,其结论是:

> 在上古汉语韵母里有辅音性从属于声母的圆唇化轻微 *-w-音,主要出现在唇音和牙喉的后面,跟声母结合得很紧,与元音性的合口介音不一样,这个 *-w- 是受声母的圆唇化影响而产生的过渡音,也可能由复声母第二组成部分 l 演化而来。总之是上古汉语韵里没有元音性的合口介音韵,仅有与唇音和牙喉音紧密联系的 *-w-。它是一个小 *-w-,在写法上也应跟元音性的合口 -u- 介音有所区别,正因为它带两栖性,所以到中古《切韵》时代发展为元音性的合口 -u- 介音,它是由声母调节或补偿作用而扩大的。

李方桂(1971:13)的基本结论与严学宭非常接近,而论述更详:

> 《切韵》系统里有许多合口韵母,只见于唇音及舌根音声母,在别的声母后绝对不见或极少见,如微、废、齐、夬、佳、皆、元、先、文、唐、阳、登、庚、耕、清、青等韵(举平以赅上去入)。此外有些韵不分开合,有的认为开,有的认为合,如模、鱼、虞、豪、肴、宵、萧、侯、尤、幽、江、东、冬、钟,以及覃、谈、衔、咸、盐、添等韵。至于合口韵母见于一切声母之后的不多,如歌(戈)、寒(桓)、咍(灰)、泰、祭、山、删、仙、痕(魂)等,这些韵似乎很有限制,韵尾多收 -n(-t)、-i,少数 -â。如果暂时把这少数的韵除外,留到后来讨论每个韵部的时候再来叙述这类合口的来源,我们可说合口

介音多半是受唇音及圆唇舌根音声母的影响而起的。唇音的开合口字在《切韵》时期已不能分辨清楚,在上古时期也没分开合的必要,只有舌根音的开合口应当区别。……

我们现在把些枝节问题暂时保留,就大体而言可以立一套圆唇舌根音 *kw-、*khw-、*gw-、*ŋgw-、*hw-及 *˙w-,这些声母也就是中古的大部分的合口的来源。

也就是说,没有必要为上古音构拟合口介音-u-或-w-,李先生为歌、寒、祭、魂等韵构拟的-uar、-uan、-uat、-uən 等合口韵母,雅洪托夫(1960b)将其都改拟作-ot、-un 之类圆唇主元音与舌尖韵尾的组合。美国学者白一平(Baxter 1980)、郑张尚芳(1981)也不约而同地提出了类似的观点(详下文)。这样的话,合口介音就可以完全取消,而只有带不带唇化成分-w-的牙喉音字的对立。舌齿音字不带唇化成分,没有唇化与非唇化的对立,其开合问题由主元音的圆唇与否来定。

1.3.2 上古二等与重纽三等介音

王力(1957/2004:93-94)为上古二等字拟定了介音-e-(开口)与-o-(合口)。比如上古鱼部,有中古麻韵开口 *-ea(家牙瑕雅)、麻韵合口 *-oa(瓜夸䯲华寡跨)。这两个介音的拟测,想必是受了汉越语的启发。雅洪托夫(1960a/1986:43-46)首先提出二等与流音 l 的关系:

(1)以《说文》为例,二等来母字总共就"冷莘醶"三个。[17]

(2)与来母有谐声、字族等语音关系的字,多数都是二等字,如"蓼膠""录剥""龙庞"等。"二等字既然像上面我所指出的那样同声母为 l 的字紧密相联,那么它们当中应该有过介音 l,即它们的声母曾是复辅音 kl-、pl-、ml- 等等。当然,这种复辅音的字在语音上曾经跟声母为 l- 的字相当接近,这样两类字才能进入同一字族。另一方

---

[17] 郑张尚芳(1984:44)指出的二等来母字还有"礨"字。

面,这样来解释二等字的起源时,为什么声母为 l- 的字不可能属于二等就很清楚了:因为在声母 l- 之后不可能还有介音 -l-。"

（3）其他与汉语有关系的语言材料可见二等字带 -l- 或 -r- 音,如:八,藏语 brgyad;甲,藏语 khrab;马,缅语 mraŋ;江,泰语 khloŋ。

值得注意的是,国内学者周达甫曾为顾颉刚先生所著《尚书大诰释证》一书撰写了"语音"部分（于 1964 年 10 月 24 日改订完成）,[⑱]曾提出上古二等带复声母 *kr-、*tr-、*tsr- 等。这等于说提出了上古二等带 -r- 介音的主张,显然是与雅洪托夫不谋而合的发现。

李方桂（1971）构拟的上古介音,以 -r- 作为二等介音,-j- 作为三等介音,-i- 作为重纽三等和四等介音。郑张尚芳（1984:43）评论说:"这是很合音理和规律性很强的。我尤其赞同二等 -r- 的构拟,这既有内部的证据,也有外部的证据,而且只有这样才能合理解释后世二等字的许多语音演变现象,包括舌齿卷舌化和舌根声母的腭化的出现。"[⑲]

与二等介音直接有关的还有三等重纽的上古来源问题。雅洪托夫（1960a）已经注意到复辅音声母 -l- 失落后,到了中古会变作三等字,蒲立本（Pulleyblank 1962/1999:69）作了进一步讨论,指出中古来母与重纽三等字之间的语音关系,例如"孌变""律筆""立泣""临品""凛禀"。而且,"以下的事实也进一步证明 -l- 的失落与较后的 -i̯- 有联系:卷舌音在有重纽对立的韵中,倾向于用重纽三等韵作反切下字（卷舌音和来母字除外,这两类字能作所有声纽字的反切下字）。如果不是其他卷舌音声母或来母字,这些声母的汉字可普遍作

---

⑱ 顾颉刚:《顾颉刚古史论文集》,北京:中华书局,2015 年,第 10 册,第 444－446 页。

⑲ 郑张先生（1984:45）还提及:"有些二等字现代有 -u- 介音（如江阳韵在照二系读合口,好些方言'梗'白读作合口）,可能都与二等曾出现-ɯ-介音有关。"所举语例恐怕就有问题。照二系声母后江阳韵读合口,应该是跟卷舌声母的钝音性质有关,"梗"在很多南方言读作合口,也未必能用二等字中古以后带-ɯ-介音来解释。照此说来,更要解释为何其他梗摄开口二等见系字没有变作合口,有点得不偿失。

其他各组声母的反切下字。反过来,卷舌音则用作重纽三等字的反切下字。虽然情况并不都是如此,但这是一个引人注意的趋势"。蒲氏所说的卷舌音,包括中古的知组 *t- 和庄组 *tʂ-,音位化的写法可以是 *tr-、*tsr-。卷舌音、重纽三等在反切行为上的关系,正表明中古重纽三等带有 *-r- 的色彩,而谐声等证据则表明重纽三等在上古与流音来母相关,可见重纽三等和二等字的上古音都具有 *-r- 介音。

白一平在康奈尔大学提交的博士论文《中古重纽的上古来源:异读字的研究》(*Old Chinese Origins of the Middle Chinese Chóngniǔ Doublets: A Study Using Multiple Character Readings*, 1977),给重纽三等和重纽四等分别构拟了 *-rj-、*-j- 介音,如: *-an>-ân、*-ran>-an、*-jan>-jʌn、*-rjan>-jän(重三)、*-en>-ien、*-ren>-än、*-jen>-jän(重四)、*-rjen>-jän(重三)。包拟古(Bodman 1980:150－151/1995:176－177)指出了几例上古重纽三等字与藏语词的关系词,如藏语'khyor变弯~汉语"棬"*khwlyar、藏语 kyor-kyor 虚弱~汉语"倦"*gwlyars、藏语 khyor 一把~汉语"拳"*gwlyar。包氏由此认为:"上古的 -lj- 可能是中古重纽三等的另一个来源。根据这个假设,这几个词在先藏语(Pre-Tibetan)中可能带有复合介音 *-ly-(藏语既没有 *-ly-,也没有 *-ry-)。我所以没有把它们的先藏语拟作 *-ry-,是由于藏语音系中的介音和韵尾不可能相同,如 *kror 或 *klol 之类。"

俞敏(1984a:411)用东汉三国时期的梵汉对音资料,指出《悉昙藏》里重纽三等字带 -r- 介音,重纽四等字带 -y- 介音,如"巾"krin、"紧"kyin。此种情形跟上古的重纽三等字的介音一脉相承。

郑张先生(1981/2003:38)在谈到上古的介音时说:"垫音由分等决定,一等 -l-、二等 -r-、三等 -j-、四等(中古三 B、麻₃庚₃蒸喉唇、纯四等部分字。纯四等主要为古一等)-i-。三等、四等带 -l-、-r- 再由声类决定,逢庄、知₂章₃系垫 -r-,其他垫 -l- 或不垫。"把重纽三等(即三 B)的上古介音拟作 *-i-。到了《上古音构拟小议》(1984:45－46)

一文中,郑张先生改变了之前的看法,该文说:"三等 A 组、B 组的区别跟一、二等一样,在于-r-介音的有无。……三等 B 类有-r-介音而和二等同类,这就解释了重纽三等的来源和它们以后不轻唇化的分化根源。……俞敏先生说汉代梵汉对译中也发现三 B 类有带-r-介音的语例,这更增强了我的信心。"

1.3.3 上古三等介音

高本汉《中国音韵学研究》(Karlgren 1915－1926)根据反切用字的不同,将中古四等分作两类,三等字为一类,其声母为喻化声母(yodized initial),一二四等字为另一类,其声母为非喻化声母。喻化与非喻化声母的分别,就是声母是否带有腭化成分-j-。虽然高氏是对音位化理论比较排斥的学者,但正如赵元任在"Distinctions within Ancient Chinese"(Chao 1941)一文中指出的,声母喻化与否,是跟介音有直接关系的,中古汉语的三等字带-j-介音,介音影响声母辅音的性质,所以声母带有喻化(j 化)的色彩。从音位学的角度来看,无须将声母分作喻化与非喻化两类。高氏(1923)构拟的上古音,一开始就沿用了中古的喻化声母的写法,如"慮"ki̯wo、"虔"ghi̯än、"彪"pi̯ə̯u(见《中日汉字分析字典》第 59 页)。董同龢《上古音韵表稿》(1944)、陆志韦《古音说略》(1947)、王力《汉语史稿》(1957)对上古三等介音的处理也都是跟高本汉相似,虽然不一定用"喻化"的名称。

蒲立本《上古汉语的辅音系统》(Pulleyblank 1962/1999:36、188－189)维护了高本汉关于三等为一类、一二四等为一类的基本观点,该文通过对译音材料的观察,提出了中古三等源于上古的长元音、长元音后来发生元音裂化进而产生-j-介音的观点。但是,蒲氏举出的实际语例较少,说服力不够充分。如"于阗"与婆罗谜文Hvatäna 对应,其第二个音节 tä 里的 ä 应比第一个音节 hva 的 a 短,因为前者在后来的形式 Hvaṃna 中失落了。这种论证也比较牵强,与元音的长短之别并没有直接的关系。蒲氏举的其他对音例子,如"扜彌"Khema、"扜泥"Kuhani/Khvani、"于闐"Khotan、"单于"

Tarqan/Tarxan/Qaγan, 似乎也难以表明三等字的语音性质。蒲氏（Pulleyblank 1962/1999：207）还提出, 韵律特征可能也造成上古汉语有 A（非三等）、B（三等）两类音节, "A/B 两类音节的分裂一定是先前某种不同音节类型的对立造成的。很难找到这种分裂条件的确实证据, 最好假设它是一种韵律的对立造成的, 一种是下降的声调落在头一个韵律单位（mora）, 另一种是上升的声调落在后一个韵律单位"。

严学窘（1963：67）是最早提出上古三等不具有腭介音的国内学者之一, 汉藏系语言特别是藏缅、侗台语一般没有介音, 个别语言出现介音也是后起的, 比如仫佬语带介音的韵母绝大多数是汉借字, 如"赊、车、写、叙、社、谢、舍、婆、破、磨、锁、所、骡"等。严先生认为, 介音产生的来源包括:（一）由声母的腭化或圆唇化所引起;（二）由单元音复合音化所产生;（三）由于复辅音声母消变而转化。可以说, 严先生的意见是非常有建设性的, 对该问题的认识也比同时代的外国学者（如 Pulleyblank 1962）更加全面深入, 后来不少国内外学者根据更加丰富的语料, 也提出了和严先生类似的看法。

三等韵与一二四等韵的不同之处, 还在于中古有些声母只跟三等韵相拼, 李方桂（1971：16－17）说:"只能在三等韵前出现的声母如照三、穿三、床三、审三、禅、群、邪、喻, 以及后起轻唇音, 非敷奉微等母。显然这都跟这个三等介音 -j- 有关, 所以在上古音字里也得保留这个介音, 否则不但上古的声母系统要复杂, 我们也无法去解释许多谐声的现象。有些声母受介音 -j- 的影响所发生的演变,……如 *tj-、*thj-、*dj-、*nj-、*rj-、*gwj- 分别变为 tśj-、tśhj-、dźj- 或 źj-、ńźj-、zj-、jw- 等。"

包拟古（Bodman 1980/1995：177－178）将中古三等的 -j- 介音分作两类, 一类承自上古（原生性的 -j-）, 一类为上古以后由其他音素演变而来（次发性的 -j-）, "在藏缅语和汉语中同时存在的原生性 -j-, 跟汉语 B 型音节发展出来的次发性 -j- 是有严格区别的。有许多例子的原生性-j-也许没有形态功能。但是当关系词中出现带-j-形式与不带-j-形式的交替的时候，所出现的-j-就是中缀，尽管在许多情况下这种中缀的意义尚不清楚。"

郑张先生(1981/2003：19)提出："介音类型的不同是古音分等的依据。不带介音的单纯声母字及唇化-w-、边化-l-字为一等，卷舌-r-为二等，所有带-j-的腭化字为三等字。"亦即仍然维持了高本汉(Karlgren 1923)、王力(1957)、李方桂(1971)等对三等介音的看法，以及特别指出重纽四等上古归在三等的辅音性-j-介音一类，重纽三等(及庚三、麻三、幽、蒸唇喉)的上古介音为元音性-i-，上古四等也带介音-i-。到了郑张先生的《上古音构拟小议》(1984：45)，关于三等介音的问题，便提出了新的见解，"李先生(重纽)B类作-i-，A类作-j-。但从汉藏亲属同源词看，A类带-j-的不多。可设想古汉语元音有软硬两套，硬的即为洪音，软的即为细音，现用[i ɯ u ó á é]表示软的细音，那么三等基本可以省去-j-、-i-，而让-j-专表引起知照转化的腭化成分，让-i-专作纯四等韵和麻三的韵头。"

1.3.4　上古四等介音

高本汉《中国音韵学研究》(Karlgren 1915－1926)给中古四等韵字构拟了元音性的介音-i-，在后来的上古音研究中，仍然给四等字构拟了介音-i-，如"天""结"字在高氏的上古音、中古音体系中都分别拟作 *thien、*kiet(Karlgren 1940：12)。陆志韦《古音说略》(1947)主张中古四等韵的主元音是[ɛ]，其上古音构拟自然也不主张四等韵有-i-介音。严学宭(1963：67)也提出四等韵在上古是没有-i-介音的，从谐声字来看，-i-介音有些可能来自复声母的第二部分-l-，如"勺 ȶ-：芍 l-(＜*ȶl-)""嘐膠樛摎 k-：翏 l-(＜*kl-)""兼 k-：镰 l-(＜*kl-)""缪谬 m-：翏 l-(＜*ml-)"。

许思莱(Schuessler 1974a)提出几条理由，认为中古四等韵来自上古的-l-介音：

第一,四等字经常在谐声上跟以母字相关。

第二,中古音辅音性介音 -i-(三等)和元音性介音 -i-(四等)的分布环境互补。

第三,四等字往往和中古以母字有词源关系,如"牒（书板）"和"枼""决（打开水路）"和"阅（洞穴）""牵"和"引""迪（前进）"和"由"等。

第四,异文证据,如"觢掇"和"蹩躠（持续不断地行走,见《庄子·马蹄》）"。

第五,汉语四等字与侗台语和藏语带 -l- 的词存在音义上的联系。如"枼"＊lap、"牒"＊dlap,藏语 ldeb、lob-ma 叶子;"蝴蝶"＊gag-＊dlap,藏语 phyi-ma-leb 蝴蝶;"犬"＊khlwen,共同藏缅语＊kwiy。

1.4 元音

1.4.1 上古基本元音

上古汉语韵母系统的研究,除了介音问题,还有主元音的构拟问题。高本汉（Karlgren 1932）结合《诗经》押韵和谐声字,以上古鱼、歌、之、幽等韵部字为例,正确地指出上古同个韵部字到了中古会演变成不同的韵类,并构拟了这些韵部字的上古音值,如 -a（沙些）、-ɒ（瓜者）、-uo/-īwo（吾诸）、-īu^k（路庶度）等。到了《修订汉文典》（1957 年初版）,高氏将上古韵母分作二十六部,每一韵部所包含的基本元音（主元音）不止一个,主元音共计十四个,具体如下: ɑ、a、ă（I 歌$_1$、IV 寒、V 祭、VI 歌$_2$、XVI 阳、XVII 铎、XII 谈、XIII 盍）,ɔ、o、ŏ（II 鱼、XXIV 药）、u、ŭ、ʊ（III 侯、XXV 东、XXII 屋）、ĕ、e（VII 真、VIII 至、XVIII 耕、XIX 锡）,ə、æ（IX 文、X 质、XI 脂、XIV 侵、XV 辑、XX 蒸、XXI 职）,ɷ、ŏ（XXII 终、XXIII 觉）。[20]

董同龢（1944: 72－73）所列上古二十二韵部的主要元音的分配

⑳ 高氏原书没有给上古二十六个韵部标上名称,括号中所标各个部名是我们根据清代以来古音学家的一般习惯加上去的。

与写法可见下表，其中包括了二十二个基本元音：㉑

表3　上古韵部基本元音构拟

	一等	二等	三等	四等
之,蒸(-g -k -ŋ)	ə̂,ə̌	ə	ə,ə̆	
幽,冬(-g -k -ŋ)	ô	o	o,ŏ	o
宵(-g -k)	ɔ̂	ɔ	ɔ,ɔ̆	ɔ
侯,东(-g -k -ŋ)	û	u	u	
鱼,阳(-g -k -ŋ)	â	a,ä	a,ä	
佳,耕(-g -k -ŋ)		e	e,ĕ	e
歌(-o)	â	a	a	
祭,元(-d -t -n)	â	a,ä	a,â,ä	ä
微,文(-r -d -t -n)	ə̂	ə	ə,ə̆	ə
脂,真(-r -d -t -n)		e	e	e
叶,谈(-b -p -m)	â,ɐ̂	a,ɐ	a,ä,ɐ	ɐ
缉,侵(-b -p -m)	ə̂	ə	ə	ə

高本汉给上古韵部的拟音模式是每个韵部包含了不止一个主元音，
这种方案也被国内学者董同龢(1944)、陆志韦(1947)所沿袭。李新
魁(1991a: 96)在探讨上古汉语之部字问题时，也主张"古音一个韵
部之中可以包含有多个元音"之说。这一派的学者，就上古基本元音
的拟测而言，都可以称为"元音繁复派"。

㉑ 董同龢先生(1944: 72)说："高本汉曾经把上古所有的韵部都拟测过，现在就拿他的系
　统做讨论的出发点。下面的表是归纳他的学说而成的，不过又据前文研讨的结果作了
　几项必要的改正：(1)把他原在脂微歌三部所作的韵尾区分略去，(但脂与微的界限仍
　旧，以求一致)；(2)既已指明鱼部阴声字一律有-g尾，自然就得废弃他给鱼部字的区
　分以及他给那一部分他认为开尾字所拟的o元音(引者按：指带-r尾的开尾韵)；
　(3)侯部也废除了他的有-g尾与无-g尾的分别。"

另一派的意见,可以王力先生(1937:539)为代表,即"关于主要元音的类别,我虽不愿在此时谈及音值,但我可以先说出一个主张,就是凡同系者其主要元音即相同。假设歌部是-a,曷部就是-at,寒部就是-an",主张上古同个韵部只有一个主元音。周法高(1969/1984:40)评价"王力的拟音可以说是别具一格,是具有革命性的",又称"王力的拟音如果从语音的观点来看,是有相当的正确性的"(周法高 1970/1984:142)。这其中的一个重要依据就包括王力先生同个韵部只有一个主元音的主张。李方桂(1971:20－21)说:

> 研究上古的元音系统的时候我们也有一个严格的假设,就是上古同一韵部的字一定只有一种主要元音。凡是在同一韵部的字拟有不同的元音,都跟这个假定不合,必要从新斟酌一番。有些人假定上古元音有长短、松紧之别,但是可以互相押韵。……我们必须先看是否有一个简单的元音系统可以解释押韵现象,是否可以用些简单的演变的条例把中古的韵母系统解释出来。如果有的话,我们就不必再假设什么长短、松紧的区别了。

既然主张一个韵部就只有一个主元音,那么这一派所拟的上古基本元音便不像高本汉那么复杂。王力(1957/2004:74－77)建立的元音系统,包括了四个基本元音[a](鱼)、[o](侯)、[ə](之)、[e](支)和五个复元音韵母[əu](幽)、[au](宵)、[ei](脂)、[əi](微)、[ai](歌)。有学者从类型学的角度怀疑其合理性,如黄典诚(1980:92)说:"就其韵腹主元音而言,只有[a e o ə]四个。值得注意的是如所拟测,上古汉语的韵腹尽然独缺高元音[i/u]。……[i/u]是人类器官容易发出的元音,世界各国语言的语音系统里和汉语普通话标准音及其各个方言乃至国内各少数民族语言的声韵系统里都有它们的地位,为什么上古汉语对此独缺不具呢?"

蒲立本(Pulleyblank 1962/1999：115－116)给上古音构拟了五个基本元音,且各分长短：i,ī,e,ē,ɑ,ā,o,ō,u,ū。这五个元音"也出现在舌根塞韵尾-k 与喉音韵尾之前。大体上说,它们与高本汉上古音系统的对应如下：i,ī=ə, iə;e,ē=ie, iě; ɑ,ā=ā, iɑ;o,ō=u, iu; u,ū=ô, iô。……这五个元音原来也应该存在于舌齿韵尾之前,但是在《诗经》中韵尾 o、ō 已经变作 wɑ、wā,因而与 ɑ、ā 押韵。u、ū 则变作wə、wə,与 ə、ə<i,ī 押韵。"

但是,蒲立本(Pulleyblank 1963,1965：238－239)很快就改变了看法,为上古音提出了闭/开二元音[ə/ɑ]的系统;还用汉语、藏语等亲属语言里的具体实例,证明带[ə]和[ɑ]元音的音节之间有形态(morphonological)关系。比如：谭 dəm(与某人交谈,及物)、谈 dâm(不及物,谈话);似 zịə、象 zịâŋ；嗣 zịə、序 zịo(<*-ɑ);依 ˙iəɪ(<*-əδ,依靠物)、倚 ˙ie(<*-ɑδʔ,倚靠);克 khək(征服)、可 khâ(可允许的)。这是一种音位归纳的极端处理方式,虽然是基于一定的现代音系学研究(比如同样把现代北京话也处理成只有[a]和[ə]两个音位),但似乎比较背离语言事实。

黄典诚(1980)同样构拟了五个基本元音：[i](微)、[ɯ](之)、[u](幽)、[e](支)、[o](侯)。其中之部的拟音跟之前的各家都不同,和郑张尚芳(1987)的见解相同,但把微部主元音拟作前高元音[i]并假设*-i>-ui 的演变,还是略显牵强。

雅洪托夫(1965)构拟了七个主元音,分别是-e(鸡*ke)、-ä(歌kä)、-ɑ(土*thɑ)、-ə(来*lə)、-o(口*kho)、-u(老*lu)、-ü(高kü)。雅氏所举例字,分别相当于上古佳(支)、歌、鱼、之、侯、幽、宵诸部。

周法高(1969,1970)将高本汉、董同龢、王力、李方桂等提出的基本元音加以简化,提出上古[a e ə]三个基本元音。

作为上古音研究领域承前启后的著作,李方桂(1971)提出了四元音系统,除了单元音[a](鱼)、[i](支、脂)、[u](侯)、[ə](之)韵部,还有复元音-iə、-ia、-ua。Baxter(1980:7)对李先生所拟元音系统的评价是:

Li's vowel system is impressively simple compared with Karlgren's system and others. Moreover, it accounts better for Old Chinese rhyming practice, since 'hedge' rhymes are not necessary in order to account for the traditional rhyme analysis. Yet the system is open to a number of criticisms. Certain elements are poorly distributed, suggesting that some generalization have been missed. For example, Li's *u occurs only before velars; vocalic clusters *iə and *ia appear freely before most final consonants, but occur before velars only in division III (thus the final *-jiəng occurs, but *-iəng does not). Also, the status of Li's vowel clusters is unclear. Are both elements of such clusters syllabic? If so, words with vocalic clusters would appear to be two syllables long. If prevocalic *i and *u are not syllabic, how do they differ from medials *j and *w? A further problem is that Li's system does not adequately account for the so-called chóngniǔdistinction of Middle Chinese.

李方桂的元音系统相较于高本汉及其他学者的构拟,很明显更加简明。而且,它也容易解释上古的押韵,因为从旧有的押韵分析来看,有些是"奇怪"的押韵。然而该系统也有若干可商之处,如部分音的分布环境有限,表明某些归纳还欠妥。例如,李氏构拟的*u只在舌根音声母后出现;复韵母*iə、*ia能跟大多数辅音声母相配,但是软腭音声母的这二韵只在三等出现(因此只有三等的*-jiəng,而无四等的*-iəng)。另外,李氏构拟的

70

复韵母性质模糊,它们都是音节性的吗?若如此,带复韵母的词似乎应该是两个音节的长度。如果元音前的 *i 和 *u 不是音节性的,那它们如何区别于介音 *j 和 *w?另一个问题,是李氏的系统无法充分地解释中古的重纽对立。

龚煌城(2005:78)这样评价李方桂先生的四元音系统:

> 李先生的四个元音系统与其他学者的六个元音系统作比较,可以说优劣立判。从汉语内部音韵分布的状态来说,这是分布最均匀的状态,它所留下的分布上的缺口很容易从汉藏语的比较研究中得到解释。换句话说,在李先生的系统内所留下的缺口乃是原始汉藏语演变到汉语上古音时的音韵变化所造成的结果。造成缺口的原因必须求之于音韵变化,李先生系统内的一些缺口不像郑张尚芳(1984)所形容,而为潘悟云(2000:263)所引述的,"暴露了李氏构拟的缺点"。上古汉语也绝不是如潘悟云(2000:262)所想象那样,把所有的空档都填补得满满的,最整齐、最理想的状态。

白一平、龚煌城两位的评论,因为基于不同的立场,所以对李方桂(1971)有各自的见解,但总的来说,李氏的拟音体系确实能解释大部分的上古音领域的材料和现象。至于有些跟包括郑张先生在内诸家拟音观点的分歧,并不是目前的研究水平所能解决的。包拟古(Bodman 1980/1995:59)提到,在 1971 年的一篇会议论文中,他已提出了上古汉语的六元音系统,这六个基本元音是[i ɨ u e a o],[22]随后白一平的博士论文(Baxter 1977)和 Baxter(1980:8)也采用了这

㉒ 这篇会议论文的具体信息是:"A phonological scheme for Old Chinese", Paper presented for the Chinese Linguistics Project, Princeton, 1971。

个六元音系统。前苏联的汉学家斯塔罗斯金(1989),和郑张尚芳(1987)、包拟古(Bodman 1980)、白一平(Baxter 1980,1992)一样,主张构拟六个基本元音,当然在具体的细节处理方面,他们之间也有分歧;而相信四元音系统的,除了龚煌城,还有张琨、[23]丁邦新、梅祖麟、何大安等与李方桂有学术渊源的学者。

丁邦新先生曾在《郑张尚芳语言学论文集》的序言里这样说:

> 郑张先生构拟的上古音系有六个元音,这是在李方桂先生的四元音系统之后(《上古音研究》,1971),最受国内外同行注意的理论。我见到他最早的论文是1987年发表在《温州师院学报》上的文章《上古韵母系统和四等、介音、声调的发源问题》。最近我才知道早在1981年,郑张先生已经在浙江省语言学会首届年会上宣读过一篇《汉语上古音系表解》的文章,并修改油印为四十二页的论文,在1982年的第十五届国际汉藏语言学会上分赠同行。到2000年法国学者沙加尔(Laurent Sagart)把郑张先生的《汉语上古音系》讲义译成英文作为《东方语言学报》的专刊第五号发表。恰好美国的白一平(William Baxter)在1980年发表Some Proposals on Old Chinese Phonology一文,其后更详细地在他的大书 A Handbook of Old Chinese Phonology(1992)中说明他的六个元音的系统。这是中外两个学者各自研究的成果,差不多同时发表,却奇妙地得到几乎相同的结论。郑张先生没有在国外深造过,现在有这样的成果,套一句前人评论乾嘉音韵学大师江有诰的话,真是"闭门造车,出而合辙"![24]

---

[23] 张琨、张谢蓓蒂(1972)指出原始汉语是[ə a i u]的四元音系统,到了《诗经》时代,在舌尖音和唇音韵尾前形成了前[a]和后[ɑ]对立的五元音系统。参张琨:《汉语音韵史论文集》,武汉:华中工学院出版社,1987年,第93页。

[24] 郑张尚芳:《郑张尚芳语言学论文集》,北京:中华书局,2012年,"序",第3-4页。

丁先生指出"郑张先生没有在国外深造过",自然不是想说,国外的学者就一定比国内的学者高明,而是对郑张先生自学成才且能得出合理科学的结论而表示由衷的钦佩。

另外,方孝岳(1978：74)的"上古《诗经》韵三十摄[25]表"中,构拟了六个基本元音[ɐ](之部)、[u](幽部)、[ɒ](鱼部)、[ɑ](歌部)、[ɛ](支部)、[o](侯部),另有三个复元音韵部[ɛi](脂部)、[ɐi](微部)、[ɔu](宵部)。相较于王力(1957),除了无伤大雅的音值上的细微差别,方氏的构拟多了高元音[u],更加符合类型学的共性,而前者的幽部是复元音[əu],仍没有高元音[i]的位置。所以,该方案跟上述主张六元音的各家仍有不同。

1.4.2 长短、松紧元音假设

高本汉构拟的中古韵母系统里,一二等重韵以元音长短来区分,如咍皆佳山黠覃合咸洽耕麦为短元音,泰夬删鎋谈盍衔狎庚陌₂为长元音。董同龢(1944：78)已经指出,高氏的假设在中古音已经说不通,将其推到上古更是无稽。不过,董氏并未否认上古可能有元音长短或松紧的分别,比如他赞同高氏提出的中古的短 ɐ 来自上古的短ă,其他的元音也有分长短或松紧的必要。可见,董氏所谓的元音长短或松紧,并没有系统性,只是就某些韵母的元音而论的。

蒲立本(Pulleyblank 1962/1999：52－53)最早提出,《切韵》三等韵("B 类音节",一二四等韵是"A 类音节")来自上古长元音的腭化(如 *a:n> *i̯en),如"于阗"与婆罗谜文 Hvatäna 对应,第二个音节(tä)的 ä 应比第一个音节(hva)的 a 较短,因为前者在后来的形式Hvaṃna 中失落了。后来蒲氏又更改了之前的写法,他在"写在《上古汉语的辅音系统》之后"中写道:"A/B 两类音节的分裂一定是先前某种不同音节类型的对立造成的。很难找到这种分裂条件的确实

㉕ 方先生这里所说的"摄",不是韵图的"摄",而是相当于传统古音学所说的韵部的"部"。

证据,最好假设它是一种韵律的对立造成的,一种是下降的声调落在头一个韵律单位(mora),另一种是上升的声调落在后一个韵律单位。缅甸 Sizang(锡因)钦语可能是一种平行的现象。"㉖

李方桂(1971:55)不同意对用长短(包括松紧)元音的假设来分别三等与非三等字,也不能同意同个韵部有两个以上的元音的假设。李先生说:"一般研究上古音的人都得拿古韵分部及谐声字来作根据,但是一讨论到古韵演变成《切韵》的系统,便不能不把他们所根据的古韵部用各种的方法曲解,而降低他们的押韵标准,例如元音长短松紧之分,甚至于不同的元音也可以归入一部。这不但使我们承认些不一定必需的假定,并且使我们忽视我们的根据。这不但使上古音变成十分复杂,并且使辅音、元音在上古音系里的分配也很特殊。"

严学宭(1963:73－74)在假设上古汉语去、入相谐时说:"谐声字中去声往往与入声相谐,即是说入声通去声的多,所以段玉裁认为古无去声,入声通平上的则为数较少,不仅在阴、阳、入相承的谐声字有此迹象,即在《广韵》一字作入声又作阴声的 206 条一字重读中,-k通去声占十之七、-t 通去声占十之九,产生这种情况的原因,可能与元音的松紧、及其伴随的长短有关。估计当原始汉语 *-mp、*-nt、*-ŋk分化时,短而强的紧元音除牙喉唇音外,一般保留 *-t、*-k 成为入声韵尾,长而弱的松元音,绝大多数变为去声的 *-x、*-l 尾,同时阴声平、上类字除牙喉唇音外,一般都是紧元音,其中松紧元音互为交错纠缠之字,可能系一字重读之故。"

1.4.3　唇化元音假设

王力(1957)所拟先秦古韵二十九韵部中,侯屋东部带圆唇(唇化)主元音[o],而没有后高圆唇元音[u],王力先生的上古拟音系统是有合口介音 -u- 的,所以即便侯部没有开合口的对立,其他的有关韵部还是有开合之分的。到了雅洪托夫(1960b),细致地发现了上

㉖ 蒲立本:《上古汉语的辅音系统》(潘悟云、徐文堪译),第 207 页。

古押韵上的特点:"祭元、脂文、至真部里,几乎所有以舌尖辅音作声母的唇化音节都跟其他唇化音节相押;但那些以舌根辅音或唇辅音作声母的唇化音节,部分跟唇化音节相押,部分跟非唇化音节相押。"[27]如果用 K 表示舌根声母,T 表示舌尖声母,P 表示唇音声母,N 表示祭元、脂文、至真部的舌尖韵尾(即 *-n、*-t、*-r),W 表示唇化半元音,E 表示非唇化主元音,那么上古的部分押韵习惯可以归纳如下:

（a）TONG,KONG,PONG；

（b）TENG,KENG,KWENG,P(W)ENG；

（c）TWEN,KWEN(部分音节),P(W)EN(部分音节)；

（d）TEN,KEN,KWEN(部分音节),P(W)EN(部分音节)。

如果仅仅是带合口介音 W 与否而影响了押韵,显然不合乎事实。因为我们知道,押韵是不管介音的,只跟主元音和韵尾有关。雅氏从押韵、谐声等内部证据出发,提出的上古汉语带舌尖韵尾的韵部具有唇化元音的假设:

为什么那些以通常认为也是介音的 ^{*w} 跟非唇化音节相区别的唇化音节,几乎从来不跟那些非唇化音节谐声,甚至常常不跟非唇化音节相押呢?为什么半元音 ^{*w} 有跟介音 $^*i$ 和 $^*i$ 不同的特性呢?

对此只能有一种解释:上古汉语里实际上不存在这一假设的介音 ^{*w}。c 组字里跟韵有关的唇化成分不是介音,而是主元音。在唇化音节跟非唇化音节可以通押的 b 组和 d 组里,唇化只影响到谐声,唇的动作是声母发音动作的一个组成部分:这两组的唇化音节里不是舌根声母带介音,而是圆唇软腭声母 k^w-、g^w-、x^w- 等等。

……上古汉语的 c 组字有过唇化主元音,这些音构成 TON

㉗ 雅洪托夫:《上古汉语的唇化元音》(陈重业译),雅洪托夫著,唐作藩、胡双宝编《汉语史论集》,北京:北京大学出版社,1986 年,第 54－55 页。

型、KON 型、PON 型,而不是前面所列出的 TWEN 型、KWEN 型、P(W)EN 型。这里还要指出,b 组和 d 组完全对应,其区别仅在于辅音韵尾(b 组是舌根韵尾或没有辅音韵尾,而 d 组是舌尖韵尾)。[28]

等于说,跟之前的上古音体系如王力(1957)相比,雅氏将上古收 -r/-n/-t 尾的歌、祭(元)、脂(真)、微(文)诸部内部作了再分类,一部分是 -EN 型,带非唇化主元音,另一部分是 -ON 型,带唇化主元音。下面援引雅氏自己的拟音:[29]

祭元部 -at	-an(脂文部-ar?)		-ot	-on
			(歌部、脂文部)-or	
脂文部 -ət	-ən -ər		-ut	-un -ur
至真部 -et	-en			
叶谈部 -ap	-am			
(-ɑp	-ɑm?)		缉侵部-up	-um
			(-əp	-əm)

上文说过,王力(1957)主张每个韵部只有一种元音,而且构拟的唇化元音也只有侯部的-o 而已。雅氏提到那些押韵习惯,在传统的观念来看,用合口介音加非唇化主元音-ua、-uə 之类的复韵母就可以了,李方桂(1971)也采用了与王力先生相同的处理办法。

郑张尚芳(1984)在雅洪托夫(1960b)的基础上,对唇化元音的假设作了进一步的扩大。该文指出,用雅氏的音节类型归纳方法来看,李方桂(1971)构拟的上古韵母-ua 只在舌尖韵尾前而不能在舌根韵尾之前出现,而且主要跟舌尖声母配合,也就是只有 TWEN 而

---

[28] 雅洪托夫:《上古汉语的唇化元音》(陈重业译),雅洪托夫著,唐作藩、胡双宝编《汉语史论集》,第 55－56 页。

[29] 雅洪托夫:《上古汉语的唇化元音》(陈重业译),雅洪托夫著,唐作藩、胡双宝编《汉语史论集》,第 71 页。原文括号内的-ɑp 漏印了韵尾-p,今补。

没有 TWENG。"疃童""短豆"谐声,"疃短"都是元部(王力的"寒部")字,按王力(1957)、李方桂(1971)的拟音都是 *-uan,而"豆""童"分别是侯、东部字,王力的拟音是 *-o、*-oŋ,李方桂的拟音是 *-u、*-uŋ,按照谐声同部的原则,主元音相差很远,似乎无法相谐。郑张先生(1984:39)认为,如果把这部分元部字拟作-on,那么它跟侯 *-o、东 *-oŋ 谐声,就自然多了;进而为上古元(祭)部构拟了-an、-en[ɛn]、-on[ɔn]三类,并指出"先韵是-en,寒韵是-an,桓韵大部是-on,仙三元是细-an、-on,仙四是细-en。-an、-en 通押不成问题,也只有这样才能解释某些真、元两部通谐的现象(如'戬'从晋得声;《周礼·职方氏》'扬州其利金锡竹箭'注'故书箭为晋';'齐'读为'剪'等)"。如果说,将元部分作非唇化的 *-an 和唇化的 *-on 是从谐声、押韵特点出发,那么再分出 *-en 就没有什么押韵方面的支持了,因为郑张先生认为-an、-en 是可以互押的,所以光从异文的角度来立论,总觉得材料显得单薄了些,郑张尚芳(1984)一文受篇幅所限,也没有展开论证。

　　唇化元音假设与同一韵部内可包含多个主元音的假设紧密相关,包拟古(Bodman 1980/1995:90、123 - 124、130)采用了白一平(Baxter 1977)的上古六元音的基本方案,但无疑也吸收了雅洪托夫(1960b)关于唇化元音及韵部再分部的观点,该文虽然没有直接讨论此问题,但从其对相关汉字的上古拟音可以看出来,如从兑 *lots 得声的上古月部字:悦 *lòt、脱 *hlot、说 *hlòts、蜕 *lòt/ *hlots/ *hlòts、劂 *tot/ *tyot,这是上文所说歌(月元)部再分出唇化元音韵部的具体实践。还有如物部从贵 *kùts 得声的隤 *g-luy,以及微文部的飞 *pùr、翁 *pùr。包文有一节专门讨论"原始汉语 *-um、*-up 和 *-om、*-op",就是在传统古音学收 -m/-p 诸部的再分部,而且是分出了两类唇化元音韵部。如从会 *gops/ *gots 得声的荟 *ʔops/ *ʔots、浍 *kops/ *kots,以及肺 *pòps/ *pòts、肺 *p(l)òps/ *pots、[30]芾 *p(l)ùps,芰 *p(l)op、胈 *p(l)op、袯

---

[30]　叶茂密的意思,《诗经·东门之杨》有"东门之杨,其叶肺肺"。

*p(1)op 等。㉛

1.5　韵尾和声调

上古汉语韵尾问题的讨论,可以分成两个方面来看。一是上古的阴声韵部有没有韵尾?若有,如何拟测?二是上古的入声韵部的韵尾如何拟测?这两个问题都牵涉到如何看待中古阴声韵与入声韵在《诗经》里的押韵现象。

1.5.1　阴入声韵尾的拟测

在高本汉《中日汉字分析字典》(Karlgren 1923)中,作者并没有给上古阴声韵部构拟韵尾,除了与入声相谐的去声字(如"内芮"等),高氏认为其上古带*-b尾,㉜高本汉(1928)又一度将去声字的浊塞韵尾取消(详下)。到了高本汉(Karlgren 1932),指出谐声字除了去入相谐,还有"高ᵧ鄗ᵢ"相谐,《诗经》押韵材料则有"来ᵧ亟ᵢ""子ᵢ德ᵢ"。所以,高氏为上古阴声韵部字构拟了*-g/*-d/*-b韵尾。李方桂(Li 1932)、高本汉(1933)、董同龢(1944)、陆志韦(1947)等都是相同的主张。只是阴声韵字在上古也不是一味地都带塞韵尾,高本汉(Karlgren 1940)就曾为以下韵部构拟了开韵尾:第一部(歌部一部分)â、ɑ、ĭɑ、iɑ;第二部(鱼部一部分)ɑ、ĭɑ、o、ĭo;第三部(侯部一部分)u、ĭu。

Simon(1927－1928)将高本汉所拟的入声韵尾改拟作浊塞音-g、-d、-b,理由是古藏文有浊塞韵尾,入声-d尾字在外语译音(如朝鲜语)里译作浊的-l,而阴声韵在Simon氏看来也是应该有韵尾,拟作浊擦音-ɣ、-ð、-β。高本汉(Karlgren 1928)用长篇文字反驳了

㉛　参包拟古:《原始汉语与汉藏语》(潘悟云、冯蒸译),北京:中华书局,1995年,130、135－137页。

㉜　在这个问题上,高本汉(1923)、李方桂(Li 1932:406)等揭示了谐声时代大体上应早于《诗经》时代的基本结论,比如"内对"等去声字在《诗经》里就和收-t尾的入声字押韵,但从谐声、异文等材料看,这类字应带*-b尾。

Simon 的学说。蒲立本（Pulleyblank 1962/1999：124）为平声字的阴声韵部构拟了擦音韵尾 *-ɦ，理由是"能很好地解释这类字在汉代为什么用来对译外语的开音节。在佛经翻译以前，汉代的译音材料绝少《切韵》的歌韵字 -ɑ，这是一个很令人注意的现象。这与后来的佛经翻译用字形成鲜明的对照"。为何很少用歌韵平声字？是因为汉代歌韵仍带有从 -l 尾变来的 -ɣ 或 -j，与鱼部字常作译音用字的情形不同。

须注意，蒲氏提出平声 *-ɦ、上声 *-ð、去声 *-h 的韵尾拟测是以声调为条件的，而高本汉、Simon 等人的构拟是以中古韵类为条件的。

严学宭（1963：69－73）鉴于藏语安多方言有 -p/-t/-k 尾弱化为 -w/-l/-x 的现象，提议将上古阴声韵尾拟作 *-w、*-l、*-x，这样便于解释阴声韵部和入声韵部的相通，这在国内的上古音研究领域可以说得上是别开生面了，颇有合理之处，可惜后来几乎没有人注意到严先生这一说法。

王力（1957/2004：77－78）对高本汉的做法提出了批评："高本汉拘泥于谐声偏旁相通的痕迹，于是把之宵幽支四部的全部和鱼部的一半都拟成入声韵（收 -g），又把脂微两部和歌部的一部分拟为收 -r 的韵，于是只剩下侯部和鱼歌的一部分是以元音收尾的韵，所谓'开音节'。世界上没有任何一种语言的开音节是像这样贫乏的。"于是将阴声韵部全部拟作开尾韵。

后来蒲立本（Pulleyblank 1962：211－212）引用了南亚语学者 H. Shorto 所述 7 世纪初的古孟文（Old Mon）的材料，古孟文有 ɑ、i、u 三个短元音，ā、ē、ī、ō、ū 五个长元音，其中短元音字母在语音上带喉塞音 -ʔ，长元音字母多出现于借词，ā、ī、ū 是古孟文失落 -r、-l 韵尾的结果。又丁邦新（1979：734）援引李方桂等（1956：24）关于邵语（Thao）的音节特点，即"邵语没有用元音起首的字，总有一个喉塞音在前面；也没有用元音收尾的字，也总有一个喉塞音在后面"。可是，即便承认古孟文、邵语元音后以喉塞音收尾是事实,也无法拿来作为上古阴声韵具有塞音韵尾的证据,因为上古阴声韵如有塞音韵尾,那也应该是*-g/*-d/*-b,跟喉塞音-ʔ并不是一回事。

赞成上古阴声韵不带塞音韵尾的,除了王力(1957),尚有雅洪托夫(1965)、龙宇纯(1979)、包拟古(Bodman 1980)、郑张尚芳(1981,1984,1987)[33]、郭锡良(1984:27)、斯塔罗斯金(1989)等。两派学者各有各的理由,一时间恐怕难以达成一致。

1.5.2　流音韵尾假设

高本汉《汉语词类》(Karlgren 1933)提出了一系列证据,包括谐声、异读、押韵、假借、词族等,说明上古收-n尾字与元音收尾字之间有着语音交替关系,列了130个字(组)。针对"顾近""难傩""浑挥"等谐声,"泚鲜"、"辺近"(《诗经》)、"幡翰"(《易经》)、"牝死"(《老子》)等押韵,"幾近""衣隐""水准""饥馑"等词族材料,高氏假设这部分中古的阴声韵字上古韵尾应为*-r。高氏还指出了一些汉藏对应词来支持他的-r韵说:藏 lus(身体)~汉 thiei(体)、藏 bras(米)~汉 miei(米)、藏 'phur(飞)~汉 pjwei(飞)、藏 khor(回复)~汉 kjwẹi(归)。之所以假定这个韵尾是*-r而不是*-l,高本汉也有一个解释:

> 我的决定却赞成-r而不赞成-l,乃是根据于那种事实的,就是我们设想先世中国语-s>上古音-r(例如"二"ńiəs>ńiər)的一种演化比之先世中国语-s>上古音-l(ńiəs>ńiəl)较为容易。后面的这种要违背一切语言学上的经验。前面的那种却是普通常见的变化。我只需回想日耳曼语的收尾音-s,照例变成古冰洲语(Old Icelandic)的-r:哥德语 sunus~冰洲语 sunr;及拉丁语上的

---

[33] 郑张尚芳(1984:40)说:"一种只有CVC而没有CV结构的语言,连感叹'乌乎哀哉'都要 ag hag əd tsəg 一路顿促说不松畅是使人怀疑的。尤其汉语的塞尾是唯闭音,并不爆发,b:p,d:t,g:k等尾在那么短暂的持阻中又能有多少差别呢。"从叹词的角度质疑阴声韵部的塞尾拟测,认为这不符合语言的自然性,是有道理的。

"r 音化"（rhotacism）（generis 里的 genes->gener-,动词 esse 里的
es>er）。而且,这种亲属语的西藏语更特别的足以启示的,其中
有时发生着语尾辅音上 -s：-r 的一种转换：mdzes-pa（美丽）：
mtshar-ba（美丽）;byus（无幸运）：byur（无幸运）等等。㉞

高本汉给与来自中古 -n 韵字有语音交替关系的中古阴声韵字
的上古音构拟了 -r 尾,得到了雅洪托夫（1959）、㉟蒲立本（Pulleyblank
1962）、李方桂（1971）、许思莱（Schuessler 1974b）等学者的普遍肯
定。王力（1957）没有接受高本汉这一主张,仍将阴声韵部韵尾拟作
零韵尾或者是半元音 -i。郑张先生（1984：41）曾根据温州方言及兴
安勉瑶语、龙州壮语、泰文、越南、朝鲜等民族语或外语汉借词的读音
材料,主张将歌部拟作带 -i 尾的韵部。王力先生于 1982 年 6 月 12
日给郑张的信中说：

> 我在六十年代就接受你的意见,改 a 为 ai,但那只是从系统
> 性考虑问题,认为歌月元对转,ai：at：an 才符合系统性。去年
> 为研究生讲语音史,举了客家话读"我"为 ŋai 为例,证据太少
> 了。现在看见你举越南语、少数民族语、温州等处方言为例,证
> 据确凿,足以加强我的信心。㊱

可见,王力先生对歌部韵尾的新见,是认真参考郑张先生的意见
之后提出的。

㉞ 高本汉：《汉语词类》（张世禄译）,第 50 页。
㉟ 雅氏的文章指出歌部与元部字在《诗经》经常相押,但没有采用高本汉提出的 -r 尾说;
同时认为"汉语最初除了有中古的六个辅音韵尾,脂部还有过 *-r"。参看中译文第 14、
19 页。
㊱ 郑张尚芳：《切韵 j 声母与 i 韵尾的来源问题》,《纪念王力先生九十诞辰文集》,济南：
山东教育出版社,1991 年,第 160－161 页。

1.5.3 和入声相关的去声字与 *-b 尾假设

相较而言,与入声-p尾字关系尤其密切的,大多是去声字。清代学者段玉裁在《六书音韵表·古四声说》中说:"古平上为一类,去入为一类,上与平一也,去与入一也。上声备于三百篇,去声备于魏晋。"

高本汉(Karlgren 1923)专门讨论了"乍昨""敝瞥"去入相谐的问题。按照高氏的假设,这类去声字本来是有浊塞音韵尾的,在中古以前便失落了。例如:乍 *dzhag>ḍẓha、阤 $^{*\cdot}$āg> $^{*\cdot}$āi、告 *kôg>kâu、敝 *bhied>bhiei。高氏还有几点发现:

第一,在这类的谐声字里头,那些在古音没有辅音韵尾的字大都是以-i 或-u 收尾的:曳i̯ät:拽 iät;世śi̯ät:绁 si̯ät;例li̯äi:列li̯ät;孛 bhuâi:勃 bhuət;费 phjwə̯t;弗 pi̯uət;亥 ɣâi:核 ɣek;罩 tau:卓 t̂âk;钓 tieu;勺 tśhi̯ak;告 kâu:酷 khuok。拿这些例子跟现代北方官话入声字的读法一比较起来,就不难看出来古时候的韵尾辅音变了-i、-u 跟近代的韵尾辅音变了-i、-u 完全是一类的事情了。

第二,如上所述,高氏发现了大量的中古收-k、-t 尾的入声字与去声字之间的密切联系,那有没有来自上古 *-b 而后世失落变为去声字的例子呢?高氏着重讨论了两例:一是"去"khiwo 上古应带 *-b 尾,因为谐声字有"劫"ki̯ɐp、"怯"khi̯ɐp,且"呿"字皆有 khiwo、khi̯ɐp 两读。另一个是"内"nuâi 与"芮"ńźi̯wäi、"纳"nâp 谐声。上古收-b 尾的去声字少于收-g、-d 尾的去声字,高氏认为:"这种现象倒可以用中国合口字避唇音韵尾的倾向来解释。比方风字从凡(bhi̯wɐm),上古音 pi̯um,里头的 u、m 两唇音不好念,所以由异化作用(dissimilation)就变成古音的 pi̯ung 了。同样'法'字的古音是 pi̯wap,在现在广州音也由异化作用读 fāt 了(广州音在别种的古-p 尾字仍旧是保存着-p),而且法字在日本的音读也是 hotsu 木ッ(旧音 potu),可见这种音变已经是很早的了。那么我现在就假定它是这么样的:内-b>nuâd>

82

nuâi,芮 -b>ńʑi̯wäd>ńʑi̯wäi,讷 -p>nuət≧nuət,纳 -p≧nâp≧nâp。"[37]

不过到了高本汉(Karlgren 1928),对去入相谐又提出新的解释。以"列例"为例,之前的拟音分别是li̯äd、li̯ät,后来就改成了li̯ät-、li̯ät`。其中"-""`"这两个附加符号,分别是入声字和去声字的声调标志。所以去、入相谐,就变了韵尾相同、而韵律特征不同的字之间的谐声。从押韵的角度而言,同主元音、同韵尾的字相押,自然也很顺当。但是很明显,高氏的这个观点,后来他也没有坚持,而且没有得到其他学者的赞同。

董同龢(1944：57)提出了构拟唇音韵尾 *-b 的理由："说上古有 -b 尾,主要的是因为谐声中有唇音韵尾字跟非唇音韵尾字接触的现象。《诗》韵在这一方面却没有什么表现。例如'内'nuâi 谐'纳'nâp,古书且有把'内'当'纳'用的,显示着'内'字本来读 nwəb。但是在《诗经》里,'内'字又只跟-d、-t 尾的字叶韵,表示他那时读 nwəd。关于这一点,我们的解释是：谐声所代表的阶段本来比《诗》韵早。谐声时代的 nwəb 是因异化作用(dissimilation)的关系到《诗》韵时代变了 nwəd。"

张清常(1948)是一篇专论上古 *-b 尾的重要文献,不光是传统文献,该文还注意到了甲骨、金文等古文字资料中的 *-b 尾迹象。其中详细讨论的例证包括了"瀺废""夲读若瓠 籥尼辄切""执圉""枼(栧葉)笹""内入""立位""合会""盍盖""答对"等二十余条,旨在说明与入声-p 尾字在谐声、异文、词族等方面有关的去声字,上古应具 *-b 尾才合理。俞敏(1948/1984b)是和张清常(1948)同一年发表的,虽然讨论的范围不完全一样,但所用语料有所重合,同样涉及上古 *-b 尾问题。[38] 周法高(1954)一文最后一部分讨论上古的 *-b 尾,在较大

---

[37] 高本汉(Berhnard Karlgren)：《中日汉字分析字典》第二部分《高本汉的谐声说》(赵元任译),《国学论丛》1 卷 2 号；收入吴宗济、赵新那编《赵元任语言学论文集》,北京：商务印书馆,2002 年,第 226－230 页。

[38] 俞文所论且张文未及的材料如"泣泪""接际""给气""甲介""匣匮""及暨"等。

篇幅引用前人的结论之后，对"羽翌立去怯"诸字作了构拟，并未提出较新的材料与观点。

严学宭（1963：75）主张上古韵母元音有长短、松紧之分，通过对谐声字的统计分析，提出声调与元音松紧有如下的配合关系：

（1）松紧元音在入声韵中的对立现象较显著；

（2）紧元音多出现在阴韵或阳韵的平上；

（3）松元音多出现在阴韵或阳韵的去声，包括阴韵和阳韵平上的唇和牙喉音。

严文还假设了松紧元音的变化与上去声的产生有关，"估计到《诗经》时代，舒声调（即阴韵或阳韵的平上去）由于松紧元音对立逐渐加强为声调的对立，因而自平声产生了上声，入声调由于松紧元音的对立逐渐转换因调变韵，因而自入声产生了去声"。这与王力先生平上为一类、去入为一类的看法是相通的。出于同样的考虑，李新魁（1991b）为那些在上古音阶段的有密切关系的中古去、入声字构拟了*-ps、*-ts、*-ks 等复辅音韵尾，还将与之有关的上古韵部称为"次入韵"。

1.5.4　复元音韵尾假设

正如周法高（1969/1984：40、42）所指出的，假定上古有复元音加鼻音或塞音韵尾的韵母 -auŋ、-auk、-əuŋ、-əuk，也是王力（1957）的创见之一，而周氏的意见及处理办法是，"在现代方言如福州话中，还可以找到类似的情形；可是要同时有 -k、-ŋ 和-kʷ、-ŋʷ 两套韵尾，在现代方言中似乎还没有看见过。所以，在我的拟音中仍然保持合口成分 -w- 和复合元音 -əw、-ɑw、-ew，后面也可以加 -k、-ŋ 等"。

还有一种复韵尾，不是上述的带有复元音的韵尾，而是在鼻音尾 -m/-n/-ŋ 或流音尾 -r 及塞音尾 -p/-t/-k 后再加-s 尾，这类韵尾是上古去声字的标志，由奥德里古尔（Haudricourt 1954b）首次提出。如果是与入声无关的上古去声字，那就有 -ms、-ns、-ŋs 这样的复韵尾。

另一种是可加在 -m/-n/-ŋ 后面的喉塞尾 -ʔ，形成 -mʔ、-nʔ、-ŋʔ 这样的复韵尾。这个 -ʔ 是上声的标志，由蒲立本（Pulleyblank 1962）、梅祖麟（Mei 1970）等提出并加以论证。

二、《问题》的研究特点

在专著《上古音系》（2003）问世之前，《汉语上古音系表解》（1981）、《上古音构拟小议》（1984）、《上古韵母系统和四等、介音、声调的发源问题》（1987）几篇论文代表了郑张尚芳先生在上古音研究领域的基本观点。《问题》一文的论述可分作两个方面，一是分论，涉及上古元音、介音、声调和韵尾；二是总论，综述从上古到中古的韵母演变。元音、介音、韵尾都是韵母的一部分（当然介音在上古也与声母、尤其是与复声母有关），声调在上古既含有音段（segment）成分，也含有韵律（prosody）成分，所以对声调的部分讨论也可以纳入韵母的范围。那么，《问题》主要在讨论上古的韵母系统。

《问题》（1987：67）一开头就明确指出了区分"韵部系统"和"韵母系统"的重要性：

> 韵部只是《诗经》的押韵系统，大致相当于今天的韵辙儿。现在北方通行十三辙，可韵母呢总有好几十。每个韵辙也不都是一个元音，in、un、en、an 全能押韵，还有押 ing、ong、eng、i、ï、ü 的。所以分了韵部还只能说是圈出些个范围来，跟韵母系统的分析还差一大截。每部里还得再进行分析。

如果韵部只是代表了押韵的习惯，那么就不能把它和韵母相等同。在韵母中主元音不同、韵尾相同的前提下，未必不能押韵。在笔者看来，郑张先生说清楚这一点，是为了给上古某个韵部内部再拟测不同主元音的做法张目。

从观点、方法和理论基础来看，《问题》在以下几个方面值得重视：

（一）用音位分析的方法，确立了上古韵母的基本元音。

上文说过，高本汉、董同龢、陆志韦等学者构拟的上古韵母系统包含的主元音数量众多，董、陆两位无疑是参考了高氏的诸多论著的。尽管赵元任（Chao 1941）撰文批评过高本汉在中古音研究领域有较多忽略音位学理论的结论，比如喻化声母、"真假"合口等说法可以放弃，但高氏并没有"欣然接受"，仍然非常排斥音位化分析。高氏（Karlgren 1954/1972：235－237）这篇长文中这样写道：

> 在本文里我是尽量避免用上所谓的音位学理论。本来，我既然要在这个历史性的探讨上，把周朝早期的中国语言里的成分，加以决定，又要把隋唐北方语言里的详细情形加以说明，那么，用一种横面的描写来总结这些事实，似乎比较好些；先说上古韵，再说中古韵，把我们从纵面探讨上所得到的详细语音情形，尽量省减，而得到每一个语言里数目不多的基本音位，但是在我看来，这种做法实在一无可取。……
>
> 当然在所有的语言研究中，音位学的原则非常重要，无论哪种语言的描述里，我们都一定很自然地、无可避免地采用这些原则，但是单就这一点并不足以使我们过分来强调它，把它当成语言描述里唯一重要的因素，而把其他在语言生命里同样重要的因素抹杀。现代的语言学家有一个趋势，盲目附从地把精神花费在一种智力游戏上——用最少的字母来描写一个语言，以不超过一副美国打字机上所有的字母最好。这种趋向，对于一种要研究的语言来说，无可否认，是简化了其间的真正的性质，歪曲了其间真正的情形。
>
> 就算一种实用的眼光来看——实际的语言教学——这种方

法既不便利,又无益处。为了这许多用音位来写的单位,你还得要默记要运用许多补充的发音规则,结果学习起来,远比用不同的符号来表示一个音位里的变体,更为复杂。

再说,这种音位的原则并不是什么新观念,追溯上去,有字母的创立,就有音位的观念,我们无论书写哪一种语言,都在经常运用这些原则,自自然然的,根本习焉不察,但是最有问题的问题是:把语言用文字复写出来的时候,运用音位的原则到底应该有什么样的限度? ……

总括来说,语言的音位描写常常是偏向一面,过分把事情简化了,我相信这种说法很快就会失势被别的取代了,而语言学中的新的发展,对于每一种活语言里无穷的宝藏,一定会有更合理的处理方法。

高本汉虽然不否认音位学的价值,但是他认为音位的归纳和设立是一种智力游戏,会抹杀语言的丰富现实;此外,音位化运用到什么程度才合适,也没有一定的标准。高氏的这些评论,当然是很有道理的。语言学是一门经验学科,任何一种语言学理论都有其价值与局限,音位学理论当然也不例外。㊉ 即便是历史文献本身,也有甄别甚至辨伪的必要,何况如何解释,解释得是不是符合历史真实,也都是不一定的。一方面,人类语言的普遍机制包括了简易化、经济性;另一方面,任何一种语言的结构都处在动态平衡之中。移民、地理、文化心理等外部因素都可能会加速或减慢语言的结构变化,语言内

㊉ 高本汉的学生马悦然(Göran Malmqvist)在为其师所写的传记中评论此事时作了颇为中肯的推测,"高本汉对结构主义保持距离也可以视作他保卫历史比较语言学的一个环节,其严格的方法是取自他在乌普萨拉大学的老师和他在整个学术生涯中都忠于的学派。这同时表明,高本汉的观点绝对不是因为他坚持顽固的保守主义造成的。他非常看重在语言科学领域里开辟新途径。但是他认为自己没有时间投入到新的方向。"参看马悦然:《我的老师高本汉——一位学者的肖像》(李之义译),长春:吉林出版集团有限责任公司,2009 年,第 295 页。

部也在不断地调整一些要素。音位学通过减省语音符号的数量,力图用较少的符号,提出语音条件,归纳出音位变体的分布环境(即高氏所说的"发音规则"),拿它来构拟上古汉语的元音音位,是比较合适的。如果说,不对元音的数量加以控制,造成繁复混乱、体例不自洽的局面(如高氏所拟的 ü 同时在之蒸类三等和侯东类二等出现),或者硬生生地增加一些附加符号(如董同龢的做法),以及长短、松紧等未能言明分布规律的特征,同样不能令人信服。

上古元音数量的确立,还有别的考虑因素,比如从上古到中古的韵母演变。喻世长(1984:39)就认为"解释上古韵文的押韵"与"从上古到《切韵》的语音演变"这两点之间"并没有如此强烈的矛盾性"。从这一点来看,《问题》设立一章专论从上古到中古的韵系演变,不仅是对全面论述上古音研究基本问题的需要,而且也是检验上古音音位拟测合理性的重要步骤之一。

给上古音系构拟的基本元音数量不管多少,必须能够说明上古各个韵部之间的差异及疏密关系。[40] 韵部之间的区别,无法用基本元音以外的手段来实现,因为不同韵部应具有不同的主元音;但在同一个韵部内部,却可以考虑增加一些补偿性手段,比如介音、韵尾、元音附加特征等。王力先生《汉语史稿》(1957)提出的基本元音有七个,但其中 i 和 u 只作介音,剩下的 e 和 o 既可作主元音,又可作二等韵的介音。郑张先生指出,《汉语史稿》所拟的韵部有"鱼 a 铎 ak 阳 aŋ""歌 ɑ 月 at 元 an"两类韵部的主元音,也就是说,整个先秦三十个左右的韵部,a、ɑ 的音位对立只出现鱼、歌两部之中。相比于[e o ə a]几个主元音,ɑ 的分布环境显然太单一,违反了设立音位的"物尽其用"原则。上文曾经说过,王力先生于上世纪六十年代接受了郑张先生对歌部构拟

---

⑩ 郑张先生的原话是:"分析任何一种语言或方言的音系,可以有不同的音位处理方式,原则是力求简单,辅音、元音、声母跟韵母的总数都要求越少越好,但要足以表现一切应予表示的音位差别。"(《问题》第68页)

的建议,给歌部字增加了-i韵尾,于是鱼、歌部的元音对立变为 a∶ai 的韵尾对立,既经济简易,又能得到语言比较的证据支持。

二等介音-l-由雅洪托夫率先提出,李方桂先生将其改为-r-,于是 可以将上古声母音位化为如下的写法:庄组 Tsr-:精组 Ts-;知组 Tr-: 端组 T-。将二等介音写作-r-,参照其他语言中经常出现 r>ɣ>ɯ>ɨ>i 演 变的事实(《问题》76页),可以解释为何众多汉语方言二等字带有-i- 介音的现象。郑张先生(1987∶68)指出,采用-r-介音之后,从《汉语 史稿》(1957)到《上古音研究》(1971),音位系统得到了有效简化:

> 由于王氏系统里 e、o 与 i、u 在主元音位置上不对立,只有因
> 以 e、o 表二等介音而在介音位置上有对立;所以李方桂先生抓
> 住这一点,用-r-介音表二等,e、o 与 i、u 就都不对立了。于是将
> e、o 全并入 i、u,就得到 i、u、ə、a 全可作主元音的四元音系统。
> 这比高氏、董氏的元音构拟简化了三至五倍了。

(二)用结构分析的方法,观察上古韵母元音的分布格局。

结构主义最核心的分析方法是分布(distribution)分析。就历史语 言学而言,通过观察语言结构各要素的分布状态,从残缺(defective)分 布中推断语言演变的轨迹。所谓"空格"理论、内部拟测等,都跟分布 分析密切相关。

上文曾经指出,李方桂先生在《上古音研究》一文中已经建议取 消上古音-u-介音的拟测,李先生将中古合口韵母分作三类:第一类, 只有唇牙喉音声母字有合口韵的,如微韵等;第二类,仅有开口韵或 仅有合口韵的(不分开合),如模韵等;第三类,合口韵见于一切声母 之后的,如泰韵等。第三种的中古韵母共有十类左右,而且该类韵母 大多是收-n/-t尾或-i尾的。郑张先生在《问题》中对此作了进一步 阐述,除了同意李方桂先生提出的上述第一、二类字在上古应为带唇

化成分-w-而非带合口介音-u-的观点,还对第三类字作了另外的解释,即:OC. *-u>MC. -uə/-d, -n, -i;OC. *-o>MC. -ua/-d, -n, -i。

李、郑张两位对中古合口介音[41]的分布环境作了充分的观察,先观察残缺性分布的声母条件(如上述第一类)或主元音条件(如第二类),再观察完全分布的声母或韵尾条件(如第三类)。至于要不要为上古音构拟更多的圆唇元音,是李先生与郑张先生的主要分歧之一。李先生的拟音系统里只有为侯屋东部构拟的 *-u,而郑张先生的体系不但给侯、幽部(甲类韵部)分别拟测了 *-o、*-u,还将一部分歌、微部(乙类韵部)和侵、谈部(丙类韵部)的主元音分别拟作 *-o、*-u,给一部分宵药部(丁类韵部)拟测了收 *-w、*-wg 尾的 *-o。这样的拟音,是着眼于上古韵母系统的结构分析得出的,从系统性的角度来看,是比较合理的。

重纽问题是贯穿整个汉语语音史的核心问题,中古重纽各韵的主元音都是前元音:

表4 中古重纽各韵及其拟音

重 纽	开 口		合 口	
	重纽三等	重纽四等	重纽三等	重纽四等
支 韵	*rɪe	*ie	*rɪwe	*iwe
脂 韵	*rɪi	*i	*rɪwi	*iwi
祭 韵	*rɪɛ	*iɛ	*rɪwɛ	*iwɛ
宵 韵	*rɪɛu	*iɛu	——	——
仙 韵	*rɪɐn	*iɐn	*rɪwɐn	*iwɐn
真 韵	*rɪin	*in	*rɪwin	*iwin
侵 韵	*rɪm	*im	——	——
盐 韵	*rɪɐm	*iɛm		

---

[41] 当然,辨别开合主要依靠韵图,但韵图比《切韵》音系时代略晚,所以还得参考其他音韵史资料。

中古重纽三等和重纽四等的上古来源，不少韵类呈互补分布，如上古耕部变作中古庚韵三等（部分字，相当于重三）、清韵（相当于重四），上古阳部变作中古庚韵三等（部分字）、阳韵；上古歌部变作中古支韵（重三），上古佳部变作中古支韵（重四），上古文部变作中古真（重三）、文韵，上古真部变作中古真韵（重四）。郑张先生《问题》（69页）以"变弁"二字为例，用多种材料证明中古仙韵重纽三等在上古音阶段应有圆唇元音，包括侯马盟书"弁改"作"变改"，随县曾侯乙墓编钟"变徵"的"变"从音弁声（李家浩说）；《周易》"君子豹变"的"变"通"贲"（闻一多说）；缅文"变"proŋh、"弁藏头巾"poŋh，藏文"变"sprul、"弁官"blon；古汉越语"变"lon⁶、"便"ben²。由此可见，上古元部至少应有-on-、-en-二派，-o-型变作中古仙韵重纽三等，-e-变作中古仙韵重纽四等。

如果我们再结合重纽三等字上古带-r-介音这一点来看，可以用锐钝来解释重纽之分的上古来源，即重纽三等来自上古的钝音（圆唇元音或-r-介音皆属钝音特征），重纽四等来自上古的锐音（前高元音-e-/-i-或-l-介音皆属锐音特征）。

（三）用更宽广的材料观来审视各家古音构拟方案的解释力。

《问题》一文后面列出的参考文献有31种，其中音韵学方面的有16种（上古音与汉藏语比较的有10种，包括郑张先生自己的论文2篇，中古与近代音有4种），民族语方面的有6种（其中藏缅语1种，苗瑶语1种，侗台语4种），现代方言方面的有7种（包括郑张先生的论文1篇），古文字、古文献方面的有2种。郑张先生的这篇论文篇幅不算小，从全文来看，文中所引民族语、方言、古文字的语料其实并不仅限于参考文献部分所列出的那些。⑫下面举些具体的例子，以见

---

⑫ 比如《问题》（第80页）在谈及三等字的读法不带-i-介音时，还提到了南昌赣语，文中注明了方言材料来自熊正辉《南昌方言里曾摄三等读如一等的字》（《方言》1982年第4期），但该条并未列入参考文献。

一斑。

　　用梵汉对音"佛"Buddha 初译作"浮屠"、后译作"佛图"证明李方桂先生拟音"浮"*bjəgw、"佛"*bjət 与古汉越语 but^{6}对得不好，进而认为上古幽部字拟作*-u 元音更妥帖。(70 页)

　　用龙州壮语"市$_买$"hlɯʔ、布依语"字"sɯ、傣语"字$_名字$"tsɯ、汉越语"思"tɯ 证明上古之部应拟作*-ɯ。(73 页)

　　用厦门"恩很近殷"读-un、潮州"银"读-ɯn、厦门"气几"读-ui 证明上古微文物部的主元音应拟作*-ɯ。(73 页)如此 -ɯn>-un 显然要比 -ən>-un 容易得多，-ɯ>-ui 也容易解释，就像 ɛ>ai 一样，属于中和式的裂化音变。

　　用藏文"节"tshigs、"铁"ltjags、"日"nji、"噎"ig、"虱"sjig、"臣$_仆人$"giŋ、"薪$_木$"sjiŋ、"奠"ɦdiŋ，错那门巴语"铁"lek、"血"ceʔ、"年"niŋ，龙州壮语"铁"lik 证明上古真质部应另分出一类，这些字应收 -ŋ/-k 尾，而不是通常所认为的 -n/-t 尾。(72－73 页)

　　用日译吴音"耕"kjau、"麦"mjaku，陕西商县方言"巴贴"pia、"趴"phia、⑬"擘"phia，广西伶话"爬"bia、"埋"mia、"牌"pia、"买"mia、"奶"nia、"八"pia、"晒"çia，温州乐清方言"巴"pɯa、"麻"mɯa、"花"fɯa 等材料，证明上古二等带 -r- 介音。(76 页)

　　用泰文"林"grɯm、"警"krɛŋ，武鸣壮语"阴"rän，缅文"膺$_胸$"rän，藏文"禁"khrims、"几$_床座$"khri、"嗜"ɦkhri、"脸（颊）"ɦgram、"竟"ɦgran、"纪"sgrig、"阴"rum、"变"ɦphrul、"泣"khrab 来证明上古重纽三等字和二等字一样，都带有 -r- 介音。(77 页)

　　用古汉越语"舵"lài，龙州壮语"洞"luŋ^6，武鸣壮语、布依语"铜"luuŋ^2，布努瑶语"铜"loŋ^2，勉瑶语"惰"lwĕi^6、"田"liiŋ^2，藏文"田$_田地$"ʑiŋ(<*ljiŋ)、"甜"zjim(<*ljim)、"牒"leb、"定"rliŋ、"汰$_浪$"rlabs 来证

---

⑬　查原引文，该语素在原文作者看来，属本字不明，郑张先生是直接将其写作"趴"了。

明中古部分定母字来自上古的流音 *'l-,符号"'"表示此种流音带点塞化成分。[44]（78 页）

用广西全州瑶语（标敏方言）"塘"glaŋ²、"肠"klaŋ²、"雉"gli⁴、"桃"kla²和藏文"读"khog、"中"kloŋ 证明中古端组字部分来自上古的 *k'l-。（79 页）

（四）从语言类型学的角度来验证古音构拟是否合理。

历史语言学的构拟需要符合语言类型学的一般特点,如果假设的音韵系统跟实际语言相差太大,我们只能说这种违背常理的类型在历史上也不太可能出现。汉语作为汉藏语系中的重要成员,其上古时期的基本元音也不应该与现实语言相差太大。郑张先生在论述中,强调了参考其他汉藏语的必要性:

> 汉藏语言就固有元音来说,一般为五至七个,汉语上古元音为六个正合适。壮语多为 i、e、a、o、u、ɯ 六元音,独龙语、僜语也是这么六个,正好相同。在汉藏亲属语言中,ə 都较后起。古汉语的 ə 原来也应作 ɯ,ə 是从 ɯ 变来的。（73 页）

在证明上古韵母应按三等和一、二、四等分作两类,前者为短元音,后者为长元音时,郑张先生援引了众多汉藏语的材料,证明区分长短元音的可能性。具有长短元音对立的语言,包括了广州粤语、独龙语、武鸣壮语、龙州壮语、瑶语、独龙语、门巴语、僜语等。郑张先生通过藏文和独龙语的比较,证明一方面后者的短元音与前者的介音-j-相对应,另一方面独龙语读短元音的字与汉语三等韵字有对应关系。我们（郑伟 2017a：19－20）曾根据龚煌城先生历年论著中整理

---

[44] 河南信阳长台关楚简可见人名"申屠易",即传世文献（如《韩诗外传》《史记·鲁仲连邹阳列传》《淮南子·说山》及《太平御览》《艺文类聚》所引《墨子》佚文）所见的"申屠狄",也是定母、以母相通的一例。参李学勤:《长台关竹简的〈墨子〉佚篇》,四川大学历史系编《徐中舒先生九十寿辰纪念文集》,第 3 页。

出的汉藏同源词,就其中涉及的三等韵字的藏语同源词作过一次全面统计,如下表所示:

表5　龚煌城中古三等字汉藏同源词统计表

上古韵部	汉字为三等韵的同源词	藏文带-j-介音的同源词	同源词词例
鱼	47	4	举 *kjag~ 'khyog 举起　　女 *nrjagx~nya-ma 妻子 鱼 *ŋjag~nya 鱼　　弱 *njakw~nyog-nyoŋ 软、弱
佳	12	2	领 *ljiŋx~ 'jiŋ 脖子　　璧 *pjik~dbyig(s)宝藏
之	10	0	
侯	16	0	
宵	1	1	漂 *phjagw~ *pyaw 飞(原始藏缅语)
幽	18	1	揉 *njǝgw~nyug 涂抹、轻擦
脂	31	10	妣 *pjidx~phyi-mo 祖母　　髀 *pjidx~dpyi 臀部 畀 *pjids~s-byin 给予　　二 *njids~gnyis 二 尔 *njidx~nyid 你　　屎 *hljidx~khyê 屎 髌 *bjinx~byin 小腿　　仁 *njin~snyiŋ 心、思想 吉 *kjit~skyid 幸福　　日 *njit~nyi-ma 太阳
歌	31	3	疲 *bjial~brgyal 虚弱　　侈 *khljadx~kyay 宽广(缅文) 舌 *m-ljat~hlya 舌头(缅文)
微	32	2	诽 *pjǝdx~phyar-kha 责备　　闻 *mjǝn~mnyan 听见
侵	26	1	恁 *njǝmx~nyam 精神、思想
谈	6	2	氾 *phjiam~ 'byam 横流 盐 *grjam~rgyam-tshwa 盐

统计结果表明,汉语三等韵字与藏文带-j-的词能形成对应的例子跟不带-j-的词相比占很少的一部分,可见假设上古三等韵字不带-j-介音更符合汉藏语言历史比较的实际。

辅音 s>h/ʔ 是具有类型学意义的自然音变,郑张先生主张上古去声有 -s 尾,并且援引了诸多实际语言材料加以论证其后续演变。如古藏文的韵尾 -s 到了现代藏语变作 -ʔ;徽语方言的阴去字带喉塞或紧喉,可视为去声早期韵尾的孑遗;现代缅语的"·""ː"两个声调,缅文古碑文显示应是 -ʔ、-h 演变的结果;越南语的问声、跌声调字与其他南亚语的对应也显示了 s>h 的演变。

（五）很多学术见解是在前人研究基础上所作的修订。

前修未密,后出转精,上古音的研究也是如此。郑张先生《上古音系》的后记里有一段话,交代了先生研习前贤论著,迈入古音研究殿堂的早年经历,下面择要引述:

> 温州图书馆……新旧藏书都非常丰富,像赵元任先生的《现代吴语的研究》和王力先生的《中国音韵学》(1957 年改名《汉语音韵学》),高中时我就在那里读到了,这令我心醉神驰于语言学的天地里。可惜因为历史的原因,1954 年我未能如愿考上语言学科,只好借去北京学地球物理勘探的机会,拜访求教于慕名已久的袁家骅、王力、李荣等先生。……
>
> 1957 年王力先生《汉语史稿》上册出版了,我非常兴奋地投入学习。……经再三排比上古各元音在每韵部等和韵的分布,三年才形成一个七元音的拟音系统。于是试图从系统性出发,对《汉语史稿》上古拟音中一些空当和不规则音变提出修改建议,从 1960 年底开始写,原计划涉及较广,四易其稿,终于集中要点,写了一篇八九千字的《〈汉语史稿〉语音部分商榷书》致王力先生。……1961 年 5 月 22 日写完后,还心怀惴惴,不敢冒昧直接寄王先生,于是寄给袁家骅先生请他先看,如他认为可以,再为我转给王先生质难。……
>
> 20 世纪 60 至 70 年代,我在困难的情况下进行自学和研究时,吕叔湘先生不但资助我研究温州方言,也支持我的古音研

究。他不仅把自己藏的高本汉的《中国音韵学研究》长期借我使用，又把珍藏的董同龢《上古音韵表稿》（四川李庄石印原版，只印百本）赠送给我，并且还不辞辛苦抽空去旧书店搜寻高氏的《中日汉字形声论》（即《汉文典》）、《中文分析字典》等书，买到后一一题字陆续寄赠给我，鼓励我的研究。就在他和李荣先生的支持勉励下，我方于1980年考入中国社会科学院语言所。[45]

从上面这几段话中，一方面可以看出郑张先生在上世纪五十至七十年代刻苦自学同时已经表现出在上古音研究领域的不俗成绩，另一方面可以看到董同龢、袁家骅、王力、吕叔湘、李荣等前辈学者对郑张先生的提携与指导。董同龢先生的《上古音韵表稿》、王力先生的《汉语史稿》都是古音学史上不朽的名著，吕叔湘、袁家骅、李荣等先生虽不专治上古音，但在方言学、音韵学方面也都是名家。[46] 可以说，这些先生的学术论著及道德文章，在郑张先生的学思历程中至关重要。从《问题》一文里，可以举出不少建立在前人研究的基础上的基本看法（不过，严格来说，郑张先生的有些学术观点提出时，尚未看到海外学者的相关研究，在这种情况下，用"暗合"来概括似乎更妥）：

采纳雅洪托夫（1960a）、李方桂（1971）等的方案，认可上古二等介音-r-；采纳蒲立本的意见，认为重纽三等也有-r-介音。部分一、四等字和重纽四等字（《问题》一文中称重四字为"三等甲类"）上古带-l-的看法，是在许思莱（Schuessler 1974a）基础上的发展。

采纳李方桂（1971）的意见，取消上古合口介音的构拟，代之以唇化声母与一般声母的区分。

采纳蒲立本（Pulleyblank 1962）、雅洪托夫（1976）、李方桂

---

⑤ 郑张尚芳：《上古音系（第二版）》，上海：上海教育出版社，2019年，"后记"，第633－635页。本书有2003年初版、2013年第二版，此版收入"语言学经典文丛"。
⑥ 如吕叔湘先生的《丹阳方言语音编》（语文出版社1993年）、袁家骅先生的《汉语方言概要》（文字改革出版社1960年）、李荣先生的《切韵音系》（科学出版社1956年）等。

（1971）、梅祖麟（1981）等的意见，将上古以母拟作 *l-，来母拟作 *r-。

采纳蒲立本（Pulleyblank 1962）、包拟古（Bodman 1980）等的意见，将上古韵母分作一二四等韵和三等韵两个大类，其语音区别是长短元音的对立。

采纳雅洪托夫（1960b）、包拟古（Bodman 1980）等的意见，将部分中古收 -n/-t 尾的上古韵部的主元音拟作唇化元音。

采纳奥德里古尔（Haudricourt 1954b）、蒲立本（Pulleyblank 1973b）、梅祖麟（Mei 1970）等的意见，将上古去声拟作 -s 尾，上古上声拟作 -ʔ 尾。

采纳王力（1957）、雅洪托夫（1959）等的意见，将上古大部分的阴声韵部拟作开尾韵。

采纳高本汉（Karlgren 1933）、雅洪托夫（1959）等的意见，将上古部分歌、脂等韵部字的韵尾拟作 -r 尾。

采纳赖惟勤（1953）、李方桂（1971）等的意见，为上古幽觉、宵药诸部构拟唇化韵尾 -w、-gw。《问题》一文的写法是 -u、-ug。

（六）用合理的上古拟音，说明《切韵》音系的性质问题。

以往的上古音研究（包括清儒各家的研究），大都只从上古谈上古，很少把由上古至中古音系的合理演变作为构拟上古音系的考虑因素，更加不会结合《切韵》音系的性质来分析上古音的问题。撇开各韵类的四声读法，且不计开合与重纽的介音之别，《切韵》韵系包括了五十多个韵部，而《诗经》仅有三十个左右的韵部（按入声独立来算），算上介音不同，如今的北京话也只有不到四十个韵母。这种分布局面，类似于中间（中古音）大、两头（上古音、近现代音）小的"灯笼型"，遂成为引起汉语语音史的众多研究者不解的问题。

如果说，上古音的构拟能够比较妥善地说明从上古到《切韵》音系的演变规律，也能从另一个角度证明，《切韵》音系内部并非杂乱无章，而是有着内部一致性且有较明确的实际语言基础的语音系统。

以郑张先生构拟的六元音体系的上古韵系为出发点，且以鱼

（a）、侯（o）、幽（u）、之（ɯ）、支（e）、脂（i）六个阴声韵部为例，加上长（一二四等）、短（三等）元音的假设，撇开个别"例外字"，可以看到从上古到中古如下的元音演变：

表6　上古至中古的元音演变

上古	中古	上古	中古	上古	中古
鱼 aa→	o 模	侯 oo→	u→əu 侯	幽 uu→	ɑu 豪
raa→	ɣa 麻二		／	ruu→	ɣau 肴
a→	ja 麻三	o→	iu 虞→jəu 尤	u→	jəu 尤→jɛu 宵
	／		／		／
支	／	脂	／	之 ɯɯ→	əɯ→əi 咍
ree→	ɣɛ 佳	ɣii→	ɣɛi 皆	ɣɯɯ→	ɣəw→ɣiɛi 皆
e→	je 支	i→	ji 脂	(w)ɯ→	jə 之/jəu 尤
ee→	i→ei 齐	ii→	ei 齐		／

表中的斜杠"／"表示空格，六个基本元音所处的韵部，一等或四等位置均出现空格，表明一、四等是互补分布的，根据上古韵部主元音的性质（前高抑或非前高），可以预测中古出现空格的是一等抑或四等。所以上古属前高元音的支、脂两部，到了中古就没有一等韵，上古属非前高元音的鱼、侯、幽、之四部，到了中古就没有四等韵。

　　上古侯部到了中古《切韵》，没有发展出二等韵，属于特殊现象（李方桂1971：53）。这其中有没有音理可循，还有待研究。

　　以上所举的上古诸部到中古各韵经历的元音演变，可用三条音变规则加以概括：

　　第一，长元音高化（raising），主要包括：*aa（鱼部）→o（模韵）；*oo（侯部）→u→əu（侯韵）。

　　第二，高元音裂化（dipthongization），主要包括：*uu（幽部）→ɑu（豪韵）；*ruu（幽部）→ɣau（肴韵）；*u（幽部）→jəu（尤韵）→jɛu（宵

韵);*ii(脂部)→ei(齐韵);*ee(支部)→i→ei(齐韵);*ɣii(脂部)→
ɣɛi(皆韵);*ɯɯ(之部)→əɯ→əi(哈韵[47])。

第三,-r-介音引起的元音央化(centralization),主要包括:*ree
(支部)→ɣɛ(佳韵)。以上诸部,除了上古鱼部到中古麻₂韵,-r-介
音没有引起明显的元音央化,[48]其他五部的主元音皆由于-r-的影响
而元音由低变高或由高变低了。

我们也应该看到,以上三项元音演变并不是那么泾渭分明,换个
角度来看,往往就是另一种演变规则,比如从上古到中古二等韵的高
元音的低裂化,不妨设想介音的央化作用也参与其间。

总之,郑张先生在《问题》一文提出的上古韵母的构拟,对于解释
从上古到中古的元音演变是比较有利的,也能间接说明《切韵》是个
内部同质的单一音系。

三、该文之后的研究进展

先说一说郑张先生的《问题》(1987)有哪些看法是前贤未曾提
出的,可作为郑张先生独创性见解的(或者是先生独立提出的)有
哪些。

(一)中古一四等韵在上古音阶段属互补分布,亦即上古可属同
一类。郑张先生(1987:72)说:

> 从收喉(舌根)各部看,每部各只有四个不同等类的基本韵:
> 一个一等或四等韵,一个二等韵,一个三等甲类韵(有非组的三
> 等韵或重纽 A 类),一个三等乙类韵(无非组的三等韵或重纽 B

---

[47] 郑张先生把中古哈韵拟作 -ʌi。我们基于中古一等韵按其主元音可分作 ɑ、ə 两系的看
法,将哈韵拟作 -əi。

[48] 其实也非绝对没有变化,如果像有些学者将中古麻韵拟作 -æ(佳韵相应地拟作 -æi),也
表明了 -r-是把上古的 -a 抬升了半度的。

类）。共四个韵（可看作上古韵部的四个等）。如有多出,都是互补的,同一声系不重出。可是收舌收唇各部不一样,如元部既有一等寒桓又有四等先,既有二等删又有山,既有三等元又有仙A仙B,同一声系重出处不只一处。这表明它当为两三部混杂的结果,自然要再行分部。

这一发现的意义,是更有效地利用了清儒提出的"离析唐韵"的古音研究方法,从而可以明确中古各个等韵在上古的分布环境及相关关系。按照历史语言学的基本原则,如果上古同个韵部且同个等类,到了中古分属不同韵类的韵(比如上古鱼部三等到中古既有三等麻韵,也有三等鱼韵),说明是某个语音条件导致了从上古到中古的不同分化结果。中古一、四等韵在主元音的性质上互补,这一特点同样也是上古音的特点,也就是说,同一个上古韵部,要么包含中古一等韵,要么包含中古四等韵,具体有哪个,视该韵部主元音为前高还是非前高来定。上文在讨论从上古到中古韵部主元音的演变时已经作了举例说明。

（二）单个韵部内部的再离析。从雅洪托夫(1960b)到包拟古(Bodman 1980)、白一平(Baxter 1980),再到稍晚于郑张先生《问题》(1987)的斯塔罗斯金(1989),海外古音研究的各家都曾提出上古音的唇化元音或韵部再分类的主张。检视包、白二氏文后的参考文献,都没有找到雅氏那篇关于唇化元音的文献,这表明包、白二氏在当时可能还没有注意到雅氏的研究成果。而郑张先生研究上古音的上世纪六十至七十年代那段时间,就更不可能接触到海外的学术动态了。丁邦新先生称赞郑张先生的研究成绩可谓是"闭门造车,出而合辙",是非常中肯的。

上古韵部的再离析和一、四等互补关系密切。上古收 -n/-t、-m/ -p 诸部,同一个等包含了不止一个中古等次相同的韵类,而且找不到分化的语音条件证明其上古属于同一个韵部。郑张先生举了元

部字为例,说明再分部的必要性:⑭

表7　上古元部与中古韵类对应表

元部	一四等	二等	三等甲	三等乙
元部(仙韵) *-en	先	山	仙 A	仙 B
元部(寒韵) *-an	寒(桓 P)	删	元(仙 T)	仙
元部(桓韵) *-on	桓	删 w	元 w(仙 wT)	仙 w

在该表下面还有一句话,"歌月谈叶各部仿此(若要贯彻'同一韵部必同元音',那把分部升级为韵部就是了)"。之所以要强调这一句,是因为学界部分学者曾以"同一韵部必同元音"来质疑韵部再分类的新说,认为这一假设违背了基本前提,所以不可取。但是,其实郑张先生之前就已经明确表态,如果我们拘泥于清儒以来学者所沿用的上古韵部名目,自然会觉得再分部就是改弦更张。但如果设想,清儒的命名是建立他们当时对古音分部的认识基础上的,现在进行再分部,其实是有事实依据的,比如说"元₁、元₂、元₃"三部,完全可以叫"桓 -on、寒 -an、仙 -en"三部(这里的"桓""寒""仙"不是中古韵目,而是上古韵部的名称)。事实上,郑张先生《汉语上古音系表解》(1981)就是这么做的,可参看该文 2.3.1、2.3.2、2.3.3 三部分内容。总之,韵部怎么命名不是主要的,考察分布规律、发现语音条件,在此基础上深入分析问题,才能逼近上古时期的语言事实。

(三)为歌、脂、微等部构拟 *-l 尾。高本汉等学者曾提出歌部应带 -r 尾,郑张先生继续研究,一方面扩大上古带流音韵尾的韵部数量,另一方面提议将其改成 -l 尾。

(四)构拟重读的 *'l- 声母。曾运乾的"喻四归定"说是了不起

---

⑭ 下表为收入《郑张尚芳语言学论文集》(第 357 页表 3)的版本,与《问题》一文 1987 年初版在格式上稍有不同,内容没有变化。其中 P 表示唇牙喉音,T 表示舌齿音,w 表示合口成分。

的发现,经过蒲立本、郑张尚芳等中外学者的再研究,改成"定归喻四"的说法似乎更符合实际。郑张先生首次提出用"重读的 *'l-"来解释中古定母与以母的谐声关系。

(五) -r-介音的"抗轻唇化"。上文指出,上古二等和重纽三等带 -r-介音,是雅洪托夫、蒲立本等西方学者首先提出的。中古重纽各韵(支脂祭真仙宵侵盐)与中古以后发生轻唇化的十个韵(虞微废尤文元凡阳东_三钟)恰恰是互补的,与只见于韵图三等的所谓"纯三等韵"(微废殷文元严凡)也是互补的。轻唇化的必要语音条件是合口三等、央后主元音,而出现重纽对立的各韵的必要语音条件是前高元音(开合皆可),为什么重纽韵不发生轻唇化? 郑张先生认为上古 -r-介音阻止了轻唇化的产生,更进一步来说,是 -r-介音导致韵母元音往前高方向发展,于是失去了轻唇化的必要条件。

这部分准备介绍《问题》发表之后,国内外在汉语上古音研究领域取得的进展。巧合的是,《古汉语研究》1998 年第 4 期、1999 年第 1 期连载了郑张先生的长文《上古音研究十年回顾与展望》,正好距离先生发表《问题》一文相隔了十年。读者如果想要全面了解从 1988 年到 1998 年上古音研究的进展,可详细研读该文。

3.1　关于上古小舌声母系列

郑张先生的《问题》(1987)主要讨论韵母和声调,没有提及上古声母。专论上古声母的文章,先生先后发表了《上古声母系统及演变规律(摘要)》(1991)和《上古汉语声母系统》(1995)两篇论文。前一篇文章很短,交代了上古简单声母有 28 个,依次是:p、ph、b、m、mh(帮组);t、th、d、n、nh、l、lh、r、rh(端组);ts、tsh、dz、s(精组);k、kh、g、ŋ、ŋh(见组);ʔ、h、ɦ、j、w(影组)。另外对复声母的类型也作了简述,一共划分了前冠式(前冠辅音有 s-、ʔ-、h-、 fi-)、后垫式(﹡Cl-/﹡Cr-)、前冠后垫式三类。其中提到上古的﹡Clj-变作中古章组,[50]﹡Tj-也可产生中古章组,书母来自上古﹡hlj-,这是对李方桂(1970,1971)的有益补充。

　　上文提到,蒲立本(Pulleyblank 1982)曾经提出上古小舌声母的假设,但那是针对中古见组的上古来源而言的。其实早在董同龢先生的《上古音韵表稿》(1944：37)里,已经指出晓母与舌根 k- 系有密切关系,这是考虑为影晓组声母构拟小舌音声母的先声。法国学者奥德里古尔(Haudricout 1954a)也曾提出为上古汉语构拟小舌音声母的建议,理由是原始台语(Proto-Tai)可以区分软腭塞音﹡k、﹡g 和小舌塞音﹡q、﹡ɢ,有些汉借词显示声母是小舌音,例如﹡ɢam“金的”、﹡qaŋ“生铁”,但所举例子太少,论述也未展开。在这一问题上走出极重要一步的,是苗瑶语界的前辈学者李永燧先生,他在《汉语古有小舌音》(1990)一文里,贯彻了“礼失求诸野”的研究思路,汉语内部材料无法证明上古音有小舌音声母,这是无可辩驳的事实;所以,如果放宽视野,审视周边民族语言(比如苗瑶语),我们可以发现,汉语舌根塞音声母字除了跟苗瑶语的舌根塞音声母字对应,同时也可以跟苗语的小舌塞音声母字对应。汉语舌根音对苗语舌根音的例子不再赘述,下面举几个舌根音对小舌音的例子:[51]

表 8　苗语中读小舌音声母的汉借词

汉语	湘西苗	黔东苗	川黔滇苗	罗泊河苗
甘	——	qaŋ33	qaŋ43	qeŋ21
鸡	qa35	qei33	qai43	qe31
故(旧)	qo53	qo44	——	——

---

[50] 潘悟云(1985)、黄典诚(1990)、尉迟治平(1991)、龚煌城(Gong 1994)也有类似的结论。
[51] 苗语材料引自李永燧(1990)第 211 页。

汉语	湘西苗	黔东苗	川黔滇苗	罗泊河苗
鸪	ɴqo35	qo33	ɴqua43	ᴺʔqa31
价	ɴqɑ53	qa44	ɴqe44	ᴺʔqa24

　　此外,李文并没有仅仅满足于声母对应的观察,而是接着从韵母、声调层面,证明上表这种汉语舌根塞音与苗语小舌塞音的对应是声韵调的全面对应,所以这些汉苗语对应词不是同源词就是借字,材料可靠,规律严整;而且汉苗语之间舌根音与小舌音的对应在时间层次上早于二者舌根音与舌根音的对应。

　　李永燧先生证明了上古汉语有小舌音声母,但具体有哪些小舌音声母,还悬而未决。潘悟云先生《喉音考》(1997)扩大了比较语言学的材料范围,发现了侗水语、藏缅语、苗语和外语译音中更多的影组字读小舌音的语料,还构拟了具体的音值: *q-(影)、*qh-(晓)、*ɢ-(云)。[52] 由于匣母的一部分在上古和云母同读,所以也应有 *ɢ-的来源。郑张先生《上古音系》(2003: 89)采用了潘文关于小舌塞音的拟音方案。

　　与小舌塞音有关的还有中古喻四(以母)。郑张先生《上古音系》(2003: 88－90)指出,部分以母字(“荣营颖役尹捐鹬”等字)往往跟云母字有谐声、异读等关系,它们应与部分匣母字一样,上古同归云母,那么自然就要读作小舌音 *ɢ-了。赵彤(2005)、沙加尔和白一平(Sagart & Baxter 2009;Baxter & Sagart 2014)等几位的研究,则是进一步从谐声(如“沿”从公声、“羌”从羊声、“浴”从谷声)、出土文献(如《郭店·五行》简32“容”作“㧜”)等资料证明上古以母应是 *q-或 *ql-。

---

[52] 从潘文后的参考文献来看,潘悟云先生 1997 年发表此文的时候,似乎没有注意到李永燧先生 1990 年在《中国语文》发表的文章已经指出了上古有小舌音声母。

3.2 关于上古汉语的清鼻音

上古清鼻音声母的构拟问题由来已久,上文已作述评。在《问题》之前,郑张先生(1981/2003：41)构拟了两类上古声母:一类是上古的送气响音变为中古的送气塞音、塞擦音声母,如"抚"＊mhja 通"摹"＊ma、"髡"＊ŋhun 与"兀"＊ŋuɯt 谐声、"态"＊nhɯ 从"能"＊nɯɯŋ 得声等;另一类是上古带前置辅音＊s-或＊h-的响音声母变为中古擦音声母(心母、晓母),如"西"＊sniɯɯi 是"迺"字的声符,"忽"＊hmut 从"勿"＊mjɯɯt 声,"嚣"＊hŋiau 又音"敖"＊ŋau。

张琨等(Chang 1976/1998：234－235)提出:"一个与中古鼻音声母在同一谐声系列中交替的中古擦音声母来源于一个擦鼻冠音声母。"即＊sN->s-/N-;＊sN->＊xN->x-/N-。至于为何同个来源的音类＊sN-会有 s-或 N-两种不同形式,其分化条件如何,该文并未谈及。

郑张先生(1990)从清鼻音构拟的角度,讨论上古汉语的 s-词头,该文指出三点:(一)区分上古音的 s-头和 h-头,认为前者与中古心母字相关,后者与中古晓母字相关。h-头的提出,主要针对"昏＊hmɯɯn 民＊min""烌＊hmɯɯi 尾＊mlɯɯi""荒＊hmaaŋ 亡＊maŋ"之类的谐声、"羹＊hmrɯɯn 眉＊mril"(金文"羹寿"亦作"眉寿")等异文证据,且＊hm-应变作中古的 hw-;而＊s-是具有构词作用或表使动(causative)的词头;＊h-头往往由更早的＊s-头变来,所以＊h-头自然也有构词作用。(二)鉴于鼻音流音与同部位送气塞音的谐声,全面构拟了送气声母＊Nh-,如抚＊mh-、哭＊ŋh-、帑＊nh-、胎＊lh-、宠＊rh-。(三)在第二类字声母的基础上加前置＊s-,后变作中古的清母字,如吵＊smh-誊＊ml-、次 snh-二＊nj-、線＊sŋh-原＊ŋ-。

随后在 1991 年那篇提纲式的短文里,郑张先生举过一些冠 s-的例子:

表 9　上古冠 s- 词例表

声干 *C-	前冠式 *sC-	后垫式 *Cl-	前冠后垫式
午 *ŋaʔ	许 *hŋaʔ 浒 *hŋaaʔ	杵 *ŋhljaʔ	卸 *sŋjas
	御 *sŋas 苏 *sŋaa	逆 *ŋrag	朔 *sŋrag 溯 *sŋlags

此外还有"威"*hmed>hw-、"戌"*smid>sw-,其中 m-是形成中古合口介音的条件。同年出版的马学良先生主编的《汉藏语概论》(1991:37－40)正好也谈到了清鼻音的构拟问题,而且将其作为民族语材料启发古汉语研究的典型例证:"四十年来,我国学者结合汉藏语系语言研究,除了前面所提的许多研究成果外,有一些关于古汉语的问题,现在由于从亲属语言中得到的启发,有了较为满意的解释。"下面是该书所引的贵州苗语方言:

表 10　苗语方言中带清鼻音声母的词例比较表

词例	剑河苗	雷山苗	台江苗	黄平苗	凯里_{炉山}苗
牙齿	mi35	hi35	m̥i35	m̥i35	mi35
夜晚_昏	maŋ44	hɤ44	m̥aŋ44	m̥aŋ44	m̥aŋ44
太阳	nɑ33	hɑ33	n̥ɑ33	n̥ɑ33	nɛ33
触动	nɑ33	hɑ33	n̥ɛ33	n̥ɑ33	n̥ɑ33
听见	naŋ35	hɤ35	n̥ʑaŋ35	n̥ʑaŋ35	n̥ʑaŋ35
汗	n̥ʑaŋ53	hɤ53	n̥ʑaŋ53	n̥ʑaŋ53	n̥ʑaŋ53
重	n̥ʑoŋ35	hou35	n̥ʑoŋ35	n̥ʑoŋ35	n̥ʑoŋ35

浊鼻音 m-/n-/ȵ-、清鼻音 m̥-/n̥-/ȵ̥-、喉擦音 h-三者形成语音对应。那么这三种方言形式之间,应建立何种演变关系,不容易决定。另据该书的调查,"在苗语普查中发现,贵州台江县平寨苗语方言中清鼻音n̥-,老年人口语中读nh-,中青年口中读成 th-,……不但如此,m-在

平江老年人读m̥h-,中青年读 ph-"（第 39 页）。

　　综合上述两种语言演变事实,清鼻音与喉擦音的演变关系,要么是m̥->h-,要么是m̥->ph-,二者都有现实语料的支持,但是何种条件下m̥-变 h-,何种条件下m̥-变 ph-,目前我们并没有研究清楚。而且,不同语族的有关清鼻音及其演变的语料,恐怕不一定有完全平行的变化,比如我们专就古藏文 sN-（N 表示鼻音、流音等响音声母）到现代藏缅语里的演变规律作了详细考察,发现*sN-变作 s-/h-的例子并没有那么普遍,跟苗语方言似乎不是一个演变类型。

　　另外,我们不能忽视方言地理演变特征的因素,这和历史比较语言学所坚持的"音变规则性"假说还有不小的差异。笔者（郑伟 2017b）在最近的一篇论文中指出,中古鼻音与擦音声母字在先秦两汉楚系出土文献、侗台语方言、闽语白读层三种资料里均有语音交替现象,要么是 m-/n-/ŋ-声母字常常用中古晓母字来写,m-/n-/ŋ-和 h-构成方言变异形式,要么原本是 m-/n-/ŋ-声母字读作 h-声母。这些不一定需要用*sm-之类的复辅音来解释。而且,sm-、sn-、sŋ-虽然音节类型相同,但其后世演变则不一定平行。比如我们发现,藏语中甸方言（简称 ZD）中,书面藏语（Written Tibetan,即古藏文,简称 WT）的 sN-类（包括 sr-、sl-）复声母,只有当 N-是舌根—软腭鼻音 ŋ-时,才会变作擦音声母:[53]

　　（1）sm-(WT)>m-(ZD)

　　　　smj-(WT)>ȵ̥-(ZD)

　　晚上: smag kha(WT),ma52 kha55(ZD)

　　医生: sman pa(WT),mɛ55 nba55(ZD)

　　药: sman(WT),mɛ55(ZD)

　　竹子: smjug ma(WT),ȵ̥i55 wã52(ZD)

　　疯子: smjon pa(WT),ȵ̥uo55 nba55(ZD)

---

[53] 藏语材料引自苏郎甲楚（2007）第 155－179 页。

（2）sn-（WT）>n-（ZD）

    sn̪-（WT）>n̪-（ZD）

鼻子：sna（WT），na55（ZD）

墨水：snag tᶜhu（WT），na55 tʂhə55（ZD）

油：snum（WT），nu55（ZD）

臭：snom dri brsog po（WT），nã55 dʐə55 tsu55 le55（ZD）

穗子：sn̪e ma（WT），n̪a55 wã55（ZD）

心：sn̪iŋ（WT），n̪i55（ZD）

胆量：sn̪iŋ stobs（WT），n̪i55 tuʔ52（ZD）

（3）sŋ-（WT）>h-（ZD）

前：sŋon（WT），hẽ55（ZD）

先前：sŋon la（WT），hə̃55 lə55（ZD）

从前：sŋa ma（WT），hã55 ma55（ZD）

蔬菜：sŋo ɦtshod（WT），huã55 sthui55（ZD）

枕头：sŋas（WT），hɛ̃55（ZD）

蓝：sŋon po（WT），hũ33 ɕɿ55（ZD）

早：sŋa mo（WT），ŋã55 tᶜaʔ52（ZD）

（4）sr-（WT）>s-（ZD）

两：sraŋ（WT），sã55（ZD）

棉花：srin bal（WT），sɛ̃55 nbi55（ZD）

妹妹：sriŋ mo（WT），ɕɿ̃55 mə55（ZD）

政府：srid gʐuŋ（WT），sei55 z̟õ55（ZD）

硬：sra（WT），sa55 kõ55（ZD）

豆子：sran ma（WT），sɛ̃55 wã55（ZD）

政策：srid dʐus（WT），sei55 dʐui55（ZD）

（5）sl-（WT）>s-（ZD）

稀：sla po（WT），ɕã55 ta55（ZD）

教育: slob gso(WT),luo52 suo55(ZD)

学校: slob grwa(WT),lo52 dẓa55(ZD)

编: sla(WT),la55(ZD)

总括言之,各家关于上古音 *sN-/ *hN-/ *N- 的构拟,可以找到一些共同点,如都认为清鼻音 N- 的更早阶段可能是 *sN-, *sN-/ *N- 会演变为中古的清擦音 x-(晓母)。各家仍有争议的问题则包括:上古音是否有前置辅音 *h-,以及它与 *s- 是否有关系?是否有必要假设上古音同时存在清鼻音 *N-、送气鼻音 *Nh-? 这些问题的答案,仍有待于将来。

3.3　关于中古三等与非三等在上古音里的语音区别

值得注意的有罗杰瑞(Norman 1994)的"咽化声母"说、郑张尚芳(1998)的"缓气急气即长短元音"说、孙景涛(2005)的"松紧元音"说、潘悟云(2014)的"咽化元音说等"。[54]

罗杰瑞(Norman 1994)发现《切韵》3363 个音节之中,有 52% 属于三等韵,还指出汉语的虚字(虚词)属三等韵比属非三等韵更加常见,如"之其汝尔如若是此彼不弗无未于於夫也矣已耳以既方者"等均为三等韵字。孙景涛(2007)做过类似的工作,他对董同龢先生《上古音韵表稿》收录的 11932 个汉字作了统计,发现有 52.5% 属于三等韵字,47.5% 属于一二四等字。郑张先生(2013)通过统计《切韵》音系中三等韵与非三等韵的数目,发现二者的百分比分别是 49% 和 51%。虽然各家关于三等韵字与非三等韵字的数量对比的统计略有出入,但总体趋势至为明显,即两者相对持平。

将三等看作自然的、无标记的音类,这点是很合理的。从标记性理论的角度来看,从有标记(marked)成分向无标记(unmarked)成分

---

[54] 这一小节的论述主要参考笔者(郑伟 2017a)对上古音三等与非三等、谐声、通假等问题的讨论。

的演变是自然演变(nature process)。例如格鲁吉亚人的俄语发音有如下语音对比(Jakobson 1987：65)：(1) 送气塞音变作不送气塞音，如/tʰari/乐器 ~/tari/处理、/pʰuri/奶牛 ~/puri/面包、/kʰari/风 ~/kari/门)；(2) 喉化(glottalized)塞擦音变作非喉化塞擦音，如/čʔiri/悲伤~/čiri/干果、/cʔeli/年~/celi/大镰刀；(3) 小舌塞音变作软腭塞音，如/qʔepʰa/剥皮 ~/kepʰa/脑后。

　　从区别性特征来看，对于属于[+diffuse]("分散")类特征的辅音来说，具有[+grave]特征("钝音")的/p/、/f/相对于[+acute]特征("锐音")的/t/、/s/而言是有标的，后者是无标的。相反地，作为属于[+compact]("集聚")类特征的辅音来说，更倾向于以钝音(如软腭音)而不是锐音(如前腭音)为常，如果某个语言没有这两类辅音的对立，那么[+聚合]特征往往由软腭辅音(如/k/)来担当，从而钝音相对于锐音而言是无标的，后者则是有标的。除了辅音，元音当然也有标记性的区别，比如上文已经提到，元音/a/对于其他辅音来说是无标的，/u/、/o/是有标的，具有[+flatness]("降音")，/e/、/i/也是有标的，属于锐音(Jakobson 1987：119－120)。从语言类型学的角度来看，前元音倾向于不圆唇，后元音倾向于圆唇，因此/y/相对于/i/而言就是有标的，/u/相对于/ɯ/而言就是无标的。

　　既然三等字是无标的，那么作为一类的一二四等字就是有标的。因为声母、韵母都有"等"，声母的等称为"Ⅹ等"，韵母的等称为"Ⅹ等韵"，所以"无标/有标"特征属声母辅音，还是韵母的介音、主元音或韵尾，理论上都有可能。可以从以下几种可能性来考虑三等与非三等在上古音中的语音区别：

　　(1) 常态声母与非常态声母，后者如唇化、腭化、咽化、喉塞化等。

　　(2) 常态元音与非常态元音，如长短、松紧的元音对立，或者是否卷舌化、软腭化等。英语的 beat、bait 中的长元音与 bit、bet 相比，前者更紧,具有舌根前移(advancement of the tongue root,ATR)的特征,后者更松,缺少[+ATR]特征(Kentowicz 1994:14)。因此,长而紧的元音通常为有标元音,短而松的元音为无标元音。

(3)有无介音。中古汉语的三等字具有-j-介音,一二四等字都不具有-j-介音,[55]所以说中古时期三等跟非三等字相比是有标记的。

(4)韵律特征。汉藏语系的语言以单音节为主(包括带复声母或前置辅音的音节),不像英语这样的多音节语言会有轻重音的存在,上古汉语也是单音节性的,因此三等与非三等字也不太可能表现为轻重对立。

在主张上古三等字不具有-j-介音的前提下,罗杰瑞(Norman 1994)提出一四等韵的声母在上古带有咽化特征(A型),咽化导致发音时舌根后缩至喉壁,从而阻止了可能发生的腭化现象,二等韵及带卷舌声母的三等韵则具有卷舌声母(B型),其余三等韵为简单声母(C型)。A、B型的声母都是有标记的,C型的声母是无标记的。

潘悟云先生《对三等来源的再认识》(2014)一文放弃了之前三等与非三等的区别在于元音长短的看法,支持罗杰瑞的"咽化说",但认为咽化特征不在于声母,而在于元音,即三等为常态元音,非三等为咽化元音。潘文指出:

(1)上古三等无-j-介音,到了中古增生出-j-介音,汉语史的演变虽然已成为过去,但可以通过观察共时的方言演变来推测。

(2)从现代方言来看,中古本不具有-j-介音的一等韵在不少方言都增生了 i、ɪ、e、ɛ、u 等前滑音。滑音增生与元音高化密切相关,因为元音高化会导致裂化(如 i>ji>ei、u>ɯɯ>əu 等),即产生前滑音或非前滑音。

---

⑤ 四等韵在《切韵》时代(即中古前期)无-j-介音,中古后期则增生了-j-介音。

（3）上古一二四等字的咽化元音作为有标元音，发音时其舌位要比常态元音偏低偏后。这是发音时舌根后缩的效果所致。

（4）当一二四等字的咽化元音（如/aˤ/）变作常态元音（如/a/）之后，会导致音系重组，即 aˤ>a 的变化对旧有的常态元音/a/（三等字）造成向前向高的推链，从而产生 i 元音。在此种舌根运动的基础上，促使元音 a 产生向前向高的推链作用，元音高化由此导致前滑音的产生。这便是三等韵产生 -j- 介音的语音机制。简单来说，各种区分三等与非三等的音值构拟方案，最重要的一点为坚持将三等字拟作无标音段，非三等字拟作有标音段。无标成分为常态，不需要考虑太多。至于有标成分，理论上有附加各种有标成分的可能，包括送气、清浊、气声化、元音长短、腭化、咽化等，不但可以作为区分三等和非三等的备选方案，也可以在考虑上古音中其他问题如谐声、通假时作为参考的因素。

3.4 关于上古汉语的构词形态

目前看来，对上古汉语构拟形态的已有研究，涉及四声别义（主要是去声别义），具有构词功能的前缀 *s-/ *m-/ *N-/ *r-、中缀 *-r-、后缀 *-ʔ（来自更早的 *-q，上声标志）和 *-s（去声标志），同族词及其构词类型等。德国汉学家康拉迪（Conrady August，又译作"孔好古"）早在 1896 年便撰写专书，探讨汉藏语系中使动化、名物化的表达手段及与四声别义的关系问题。可惜该书为德文，至今尚未汉译。作者是德国的老一辈汉学家，林语堂曾在莱比锡大学从其游，在康氏指导下撰写关于中国古代方言地理的博士论文。康氏还是高本汉博士学位论文的答辩委员之一。康、林师弟二人也都写过文章，指出上古音阶段应有复辅音，其后像沃尔芬登（Stuart N. Wolfenden）的 *Outline of Tibeto-Burman Linguistic Morphology*（《藏缅语形态学大纲》，1929）、白保罗的 *Sino-Tibetan: A Conspectus*（《汉藏语言概论》，1972）虽是汉藏语系或藏缅语族范围内的形态学讨论，但多少都涉及了上古汉语的构词形态问题。⑤

　　其他早期的研究,如高本汉《汉语词类》(Karlgren 1933)、奥德里古尔"Comment Reconstruire le Chinois Archaïque"(Haudricourt 1954a)、唐纳"Derivation by Tone-Change in Classical Chinese"(Downer 1959)、富励士"Les Occlusives Finales en Chinois Archaïque"(Forrest 1960)、周法高《中国古代语法·构词编》(1962)、周祖谟《四声别义释例》(1966b)、蒲立本"Close/Open Ablaut in Sino-Tibetan"(Pulleyblank 1965)和"Some New Hypotheses Concerning Word Families in Chinese"(Pulleyblank 1973a)、严学窘《原始汉语韵尾后缀*-S 试探》(1979a)和《论汉语同族词内部屈折的变换模式》(1979b)、梅祖麟《四声别义中的时间层次》(1980)、俞敏《古汉语派生新词的模式》(1984c)等,主要从词族分析入手,除了谈及"四声别义"(传统语文学所谓的"破读"),也有诸多现代语言学层面的出色研究,其中奥氏的论文对*-s 尾及其语法功能的探索迈出了重要一步。他在文章中首先注意到了地支名汉借词"未"字在台语、南亚语(如 Khmu、Lamet 语)读 mot,由此为"未"字构拟上古音 *mwəts 或 *mots,中古四个去声韵"泰夬祭废"说明了上古韵尾 *-ts 的弱化乃至消失直到唐代以前不久才告完成。奥氏还纠正了高本汉对"恶"去、入二读,"度"去、入二读的性质的错误认识,重新解释了相关汉字的语义派生关系:⑤

表 11　*-s 尾的语法功能

汉字	基本式		汉字	带 *-s 的派生式	
恶	*âk	坏的,丑恶的	恶	*âks	厌恶
好	*xâu	好的	好	*xâus	喜爱

---

⑤　如白保罗的《汉藏语言概论》第四十章"Chinese Morphology"分别讨论了汉语的前缀(prefix)、后缀(surffix)和交替(alternation)。

⑤　上古拟音仍沿用高本汉的方案。

汉字	基本式		汉字	带*-s 的派生式	
度	*dâk	度量	度	*dâks	量器
使	*ṣi	出使	使	*ṣis	使者

上文在述及上古音基本元音的构拟部分,曾提到蒲立本设立上古 a、ə 两个元音,并举例说明两类字之间形态交替的关系。梅文将古代典籍所见四声别义的例子作了全面的梳理,发现以往谈到的去声别义,其实有两种类型,一是把从名词变成动词,如"恶_入声,名词/恶_去声,动词";一是把动词变成名词,如"度_入声,动词/度_去声,名词"。去声变名词还是变动词,是有时间层次的,动变名型要早于名变动型。

《问题》以后的一些有代表性的研究,下面择要介绍。

梅祖麟(1989)、郑张尚芳(1990a):*s-前缀。梅文指出*s-有使动、名谓、方向性三种主要的构词功能;郑张先生说*s-头有两个功能,一个是构词词头,具体是什么构词功能未作说明,另一个则是使动词头。近来梅先生发表的几篇论文(梅祖麟 2008,2013),基本上也都讨论了*s-前缀和*-s 后缀的问题,并补充了一些汉藏语的语例,来强化 1989 年那篇文章的论证。

黄树先(1993,2000):(1)*b-、*g-、*m-、*s-等,都可作动物词前缀,如蜉蠃、仆累(*b-),魁陆、蜗篱(*g-),蒙颂、蚂蟥(*m-),蜂、蝇、小虫、象、牛、鹅"等(*s-)。(2)文献中写作"阿""於""于""乌"等字形的*A-,可作名词(乌韭_苔藓的一种/乌获_大力士/于儿_古代神名)、代词(於我/阿堵)形容词(於乐/於穆)、副词(于胥/於今)、动词(于飞/于田)等前缀。

沙加尔(Sagart 1999):这是一部讨论上古汉语词根与词缀的专著,作者在该书中构拟的前缀,除了常见讨论的前缀*s-、*m-、*N-,还有*p-、*k-、*t-、*q-等,中缀有*-r-,后缀有*-ʔ(上声来源)、*-s(去声来源）和*-n、*-ŋ，可见作了相当的努力，当然此书在语料和论证方面，也还存在一些值得商讨的空间。丁邦新先生（2002）的书评对其作了中肯的评价，特别指出讨论上古汉语构词形态应把握的三项原则：汉字单音节原则（上古汉语是单音节语言）；"词缀意义"原则（提出词缀的同时，应该要能够清楚说明其语法意义）；"词缀用例"原则（词缀的提出，应该要有较充分的词例加以论证）。

龚煌城（2000）：*s-、*r-、*m-、*N-前缀。龚文指出复辅音声母与带词头声母的语音区分，值得重视。复声母构成的词，只包含一个语素；而词头与声母结合构成的词，则包含两个语素。相关词例，带*s-词头的如使*s-rjəgx ～ 吏*rjəgx、森*s-rjəgm ～ 林*rjəm，带*m-词头的如黑*s-mək ～ 墨 mək、襄*s-njaŋ ～ 攘*njaŋ、次*s-njids ～ 二*njids。带*r-词头的如缀*r-tjiuat ～ 赘*tjuats、致*r-tjits ～ 至*tjits、黜*r-thjət ～ 出*thjət，该前缀有使动功能。还有个前缀*N-，具体语音形式不确定，其设立的目的，用龚先生的话说，"乃是为了要解释汉语内部词汇之间的同源关系、谐声现象、语音变化以及汉语与藏缅语之间若干不规则的对应关系，参酌与汉语同源的藏语词头及语音变化而提出的假设"（第51页）。*N-前缀词例如脱*s-luat ～ *N-luat（悦*luat）、参（骖）*N-səm ～ 三*səm。龚先生认为此处的*N-在语源上跟古藏文"前附小阿（a-chung）有关。

蒲立本（Pulleyblank 2000）：该文对上古汉语的词缀作了相当广泛和大胆的设想，前缀*s-、*a-，中缀*-a-，后缀*-s、*-a，都有涉及。前缀*a-在"见现""属嘱""系见系匣""解见解匣""折章折禅"等词族的中古浊辅音声母字中出现，和龚煌城先生的研究类似，这个*a-也是蒲氏从古藏文"前附小阿（a-chung）"中得到的启发，其语音功能是使清声母变成浊声母。中缀*-a-则见于"谈不及物谭及物"等词族的不及物动词，而此处的-a其实是作为主元音出现在词根音节中的，所以严格来说不能算作中缀。后缀*-s见于"好上声好去声""恶入声恶去声"等词。后缀*-a 见于"正_{平声}整_{上声}""传_{平声}转_{上声}"等词族的上声字(第36－37页),如:*-aŋ(>平声)、*-aŋǎʔ(>上声),这一看法显然还没有得到充分的证明(蒲氏自己也存疑)。其他如中缀*-r-,后缀*-n、*-t、*-k 等,蒲氏也都语焉不详。

上声韵尾-ʔ 所具有的构词功能,也是郑张先生(1994)的重要发现。该文指出,上声字在字义类聚上,有"指小、表亲昵"语法意义的语素,这其中包括了大量的亲属词和身体部位词。⑱ 南岛、突厥等其他语系的-q 也许可以与之相比,但是否同源,还未可知。

四、小 结

作为《问题》(1987)的导读,这篇文章拉拉杂杂地已经写得有点长了。虽然笔者的本意是对上古音研究领域的重要问题作逐一论述,但在一篇论文的有限篇幅范围内,要做到面面俱到并不容易,加上作者学力和所见皆有限,在某些方面势必有所遗漏,这是要向读者说明并致歉的。

郑张先生在《上古音系》(2003：595)一书的后记中说:"本书的基础是 1981 年《上古音系表解》,1982—1984 年《上古音构拟小议》,1987 年《上古韵母系统和四等、介音、声调的发源问题》,1991 年《上古声母系统及演变规律》,1995 年《上古声母系统》这些论文。"这其中,欲了解郑张先生在上古音方面的看法,以及国内学者在该领域所取得的成绩,《问题》无疑是一篇必读文献。《问题》最早发表于《温州师院学报(社会科学版)》,《人大复印报刊资料(语言文字学)》很快又全文转载,但可能由于当时编印条件的限制,加上该文使用的音标繁复(很多颇为怪僻)、引用古籍众多,该文的几个版本(包括收入

---

⑱ 参看郑张尚芳:《上古音系》,上海:上海教育出版社,2003 年,第 211－212 页。

《郑张尚芳语言学论文集》的版本）都有些许错误。下面举出一些错例（页码为 1987 年的论文版本），希望读者注意，如需引用文中语料，最好能够核查文献来源。

72 页，第 17 行，"唇喉音"，应作"唇牙喉音"。

72 页，倒 13 行，ni 应作 in。

79 页，第 1 行 kla 漏调类 2。[59]

83 页，第 10 行，"一等ī齐"应作"四等ī齐"；同样地，第 88 页，倒 16 行、倒 13 行，"古一等"应作"古一四等"。

87 页，第 17－18 行，"叶，高氏拟……现象"这段文字有误排，应改为"从南北朝韵文看来，登蒸不叶，痕魂与欣文也不叶，高氏拟为同一元音就不能解释这些现象"。

一时代有一时代之学术，但代际之间是传承与发展的关系。后人任何一点的进步，都是在前人的基础上实现的。包括郑张先生在内的老一辈古音学大家，也都是旧学功底深厚，又能全面继承前贤成果的。最后以笔者（郑伟 2019：150）一文里的结语，作为这篇导读的结束。

变革与创新是学术进步的灵魂。林语堂曾在一篇短文《论守古与维新》里说："知古而不知今，则昏聩老耄，自己不能进德修业，沉湎于古经古史，与时代脱节，而且阻挠时代之迈进。"同样地，二十世纪后半期至今，中西学术在交融与碰撞的大背景之中，音韵研究可以进一步拓宽眼界，将现代方言、民族语、出土文献纳入材料范围，同时引入自然科学的研究方法，比如数理统计、定量分析、概率分析、类型比较等，再加上大数据、跨学科的

---

[59] 引者按：原文写作 līŋ，i 上加短横表示长元音。本文均改作双元音的表示方法。

理念,认知科学、心理学、神经生物学与音韵研究的结合已初露端倪,并将大有文章可作。

"绿阴不减来时路,添得黄鹂四五声"。立足本土问题、训练世界眼光、树立现代意识,我辈仍须努力。

2019 年 10 月初稿写毕
2020 年 3 月修改定稿

相关文献

陈独秀　1937　《中国古代语音有复声母说》,《东方杂志》34 卷 20 － 21 号。

陈复华、何九盈　1987　《古韵通晓》,北京:中国社会科学出版社。

丁邦新　1979　《上古汉语音节结构》,《历史语言研究所集刊》50 本 4 分。

丁邦新　1981　《汉语声调源于韵尾说之检讨》,《国际汉学会议论文集・语言文字组》,台北:"中研院"。

丁邦新　1987　《上古阴声字具辅音韵尾说补证》,《师大国文学报》第 16 期。

丁邦新　1994　《汉语上古音的元音问题》,《中国境内语言暨语言学(二)・历史语言学》,台北:"中研院"历史语言研究所。

丁邦新　2002　《上古汉语的构词问题——评 Laurent Sagart: The Roots of Old Chinese》,《语言学论丛》第 26 辑,北京:商务印书馆。

董同龢　1944　《上古音韵表稿》,历史语言研究所专刊单刊甲种之廿一。

方孝岳　1978　《上古音概述》,《学术研究》第 2 期。

傅定淼　2009　《去声*-s 尾的汉文献遗迹》,《语言研究》第 3 期。

龚煌城　2000　《从汉藏语的比较看上古汉语的词头问题》,《语言暨语言学》1 卷 2 期。

龚煌城 2005 《李方桂先生的上古音系统》，丁邦新、余霭芹主编《汉语史研究：纪念李方桂先生百年冥诞论文集》，台北："中研院"语言学研究所。

郭锡良 1984 《也谈上古韵尾的构拟问题》，《语言学论丛》第 14 辑，北京：商务印书馆。

何　成等 1960 《越汉词典》，北京：商务印书馆。

黄典诚 1980 《关于上古汉语高元音的探讨》，《厦门大学学报（哲学社会科学版）》第 1 期。

黄典诚 1990 《中古章组的另一个上古来源见系》，《辞书研究》第 4 期。

黄树先 1993 《试论古代汉语动物词前缀》，《语言研究》第 2 期。

黄树先 2000 《试论古代汉语*A-前缀》，《语言研究》第 2 期。

黄易青、王宁、曹述敬 2015 《传统古音学研究通论》，北京：商务印书馆。

金理新 2006 《上古汉语形态研究》，合肥：黄山书社。

金有景 1982 《上古韵部新探》，《中国社会科学》第 5 期。

李方桂 1970 《中国上古音声母问题》，《香港中文大学中国文化研究所学报》3 卷 2 期。

李方桂 1971 《上古音研究》，《清华学报》新 9 卷 1—2 期。

李方桂等 1956 《邵语记略》，《考古人类学刊》第 7 期。

李方桂等 1984 《上古音学术讨论会上的发言》，《语言学论丛》第 14 辑，北京：商务印书馆。

李壬癸 1984 《关于*-b 尾的构拟及其演变》，《历史语言研究所集刊》55 本 4 分。

李新魁 1991a 《上古音"之"部及其发展》，《广东社会科学》第 3 期。

李新魁 1991b 《从方言读音看上古汉语入声韵的复韵尾》，《中山大学学报(社会科学版)》第 4 期。

李学勤 1990 《长台关竹简的〈墨子〉佚篇》,四川大学历史系编
　　《徐中舒先生九十寿辰纪念文集》,成都:巴蜀书社。

李永燧 1990 《汉语古有小舌音》,《中国语文》第 3 期。

林语堂 1924 《古有复辅音说》,《晨报》六周年纪念增刊。

林语堂 1928 《古音中已遗失的声母》,《语丝》4 卷 42 期。

龙宇纯 1979 《上古阴声字具辅音韵尾说检讨》,《历史语言研究
　　所集刊》50 本 4 分。

陆志韦 1947 《古音说略》(《燕京学报》专号之二十),北京:哈佛
　　燕京学社。

马学良 1991 《汉藏语概论》,北京:北京大学出版社。

马悦然 2009 《我的老师高本汉——一位学者的肖像》(李之义
　　译),长春:吉林出版集团有限责任公司。

梅祖麟 1980 《四声别义中的时间层次》,《中国语文》第 6 期。

梅祖麟 1981 《古代楚方言中“夕(栾)”字的词义和语源》,《方言》
　　第 3 期。

梅祖麟 1989 《上古汉语 *s- 前缀的构词功用》,《第二届国际汉学
　　会议论文集·语言文字组》,台北:“中研院”历史语言研究所。

梅祖麟 2008 《上古汉语动词清浊别义的来源——再论原始汉藏
　　语 *s- 前缀的使动化构词功用》,《民族语文》第 3 期。

梅祖麟 2013 《原始汉藏语动词后缀 *-s 在上古汉语里的遗迹——
　　去声别义新证》,《历史语言学研究》第 6 辑,北京:商务印书馆。

潘悟云 1984 《非喻四归定说》,《温州师专学报(社会科学版)》第
　　1 期。

潘悟云 1985 《章、昌、禅母古读考》,《温州师专学报(社会科学
　　版)》第 1 期。

潘悟云 1987a 《越南语中的上古汉语借词层》,《温州师院学报
　　(社会科学版)》第 3 期。

潘悟云　1987b　《谐声现象的重新解释》,《温州师院学报(社会科学版)》第 4 期。

潘悟云　1987c　《汉、藏语历史比较中的几个问题》,《语言研究集刊》第 1 辑,上海:复旦大学出版社。

潘悟云　1997　《喉音考》,《民族语文》第 5 期。

潘悟云　2014　《对三等来源的再认识》,《中国语文》第 6 期。

沙加尔　1988　《论去声》(郭建荣译),《语文研究》第 3 期。

C. A. 斯塔罗斯金　2012[1989]　《古汉语音系的构拟》(张兴亚译、唐作藩审定),北京:北京大学出版社。作者名又译作"C. A. 斯塔罗思京"。

苏郎甲楚　2007　《藏文在中甸地区运用之我见》,《苏郎甲楚藏学文集》,昆明:云南民族出版社。

孙景涛　2005　《形态构词与古音研究》,《汉语史学报》第 5 辑,上海:上海教育出版社。

孙景涛　2007　《语法化过程中无标记语音成分的实现》,沈家煊、吴福祥、李宗江主编《语法化与语法研究(三)》,北京:商务印书馆。

汤炳正　1946　《驳林语堂君〈古音中已遗失的声母〉》,《贵大学报》第 1 期。

唐　兰　2015[1937]　《论古无复辅音凡来母字古读如泥母》,《唐兰全集(二)》,上海:上海古籍出版社。

王静如　1930　《跋高本汉的〈上古中国音当中的几个问题并论冬蒸两部〉》,《历史语言研究所集刊》1 本 3 分。

王　力　1937　《上古韵母系统研究》,《清华学报》12 卷 3 期。

王　力　1957　《汉语史稿》上册,北京:科学出版社。

王　力　1978　《同源字论》,《中国语文》第 1 期。

王　力　1982　《同源字典》,北京:商务印书馆。

王　力　1985　《汉语语音史》,北京:中国社会科学出版社。

魏建功　1996[1935]　《古音系研究》,北京:中华书局。

闻　宥　1938　《流音在印支语系复声母消失中的影响》,《英国皇家亚洲学会会刊(华北分卷)》第 69 期。

吴其昌　1932　《来纽明纽古复辅音通转考》,《清华学报》7 卷 1 期。

雅洪托夫(Yakhontov S. E.)　1986[1959]　《上古汉语的韵母系统》(陈重业译),雅洪托夫著,唐作藩、胡双宝编《汉语史论集》,北京：北京大学出版社。

雅洪托夫　1986[1960a]　《上古汉语的复辅音声母》(叶蜚声、陈重业、杨剑桥译),雅洪托夫著,唐作藩、胡双宝选编《汉语史论集》,北京：北京大学出版社。

雅洪托夫　1986[1960b]　《上古汉语的唇化元音》(陈重业译),雅洪托夫著,唐作藩、胡双宝选编《汉语史论集》,北京：北京大学出版社。

雅洪托夫　1986[1965]　《上古汉语》(李佐丰译),雅洪托夫著,唐作藩、胡双宝选编《汉语史论集》,北京：北京大学出版社。

雅洪托夫　1986[1976]　《上古汉语的开头辅音 L 和 R》(张双棣译),雅洪托夫著,唐作藩、胡双宝选编《汉语史论集》,北京：北京大学出版社。

雅洪托夫　1986[1977]　《上古汉语的起首辅音 W》(张双棣译),雅洪托夫著,唐作藩、胡双宝选编《汉语史论集》,北京：北京大学出版社。

严学宭　1962　《上古汉语声母结构体系初探》,《江汉学报》第 6 期。

严学宭　1963　《上古汉语韵母结构体系初探》,《武汉大学学报》第 2 期。

严学宭　1979a　《原始汉语韵尾后缀*-S 试探》,《华中师院学报》第 1 期。

严学宭　1979b　《论汉语同族词内部屈折的变换模式》,《中国语文》第 2 期。

严学宭　1998［1981］　《原始汉语复声母类型的痕迹》,赵秉璇、竺家宁编《古汉语复声母论文集》,北京：北京语言文化大学出版社。

叶光球　1929　《古音中已遗失的声母之商榷》,《艺林》第1期。

俞　敏　1948　《论古韵合帖屑没曷五部之通转》,《燕京学报》第34期。

俞　敏　1984a　《等韵溯源》,《音韵学研究》第1辑,北京：中华书局。

俞　敏　1984b［1948］　《论古韵合帖屑没曷五部之通转》,《中国语文学论文选》,东京：光生馆。

俞　敏　1984c［1980］　《古汉语派生新词的模式》,《中国语文学论文选》,东京：光生馆。

曾运乾　1928　《喻母古读考》,《东北大学季刊》第2期。

尉迟治平　1991　《说之——兼论跟舌音相通的章组的上古音》,《语言研究》增刊。

喻世长　1984　《汉语上古韵母的剖析与拟音》,《语言研究》第1期。

张琨、张谢蓓蒂　1987　《古汉语韵母系统与〈切韵〉》(张光宇译),张琨《汉语音韵史论文集》,武汉：华中工学院出版社。

张清常　1948　《中国上古*-b声尾的遗迹》,《清华学报》15卷1期。

赵　彤　2005　《以母的上古来源及相关问题》,《语言研究》第4期。

郑　伟　2017a　《上古音研究中的分等依据、谐声及通假问题》,朴慧莉、程少轩编《古文字与汉语历史音韵学》,上海：复旦大学出版社。

郑　伟　2017b　《中古鼻音与擦音声母字在早期汉语中的语音交替》,《语言研究集刊》第17辑,上海：上海辞书出版社。

郑　伟　2018a　《踵事增华 自成一派——郑张尚芳与〈上古音系(第二版)〉》,《中国社会科学报》1月4日第7版。

郑　伟　2018b　《高山流水觅知音——郑张尚芳的古音之旅》,《光明日报》3 月 25 日第 5 版。

郑　伟　2019　《守古与维新:古音研究三百年》,《读书》第 2 期。

郑张尚芳　1984　《上古音构拟小议》,《语言学论丛》第 14 辑,北京:商务印书馆。

郑张尚芳　1991　《上古声母系统及演变规律(摘要)》,《语言研究》增刊。

郑张尚芳　1990a　《上古汉语的 S- 头》,《温州师院学报(哲学社会科学版)》第 4 期。

郑张尚芳　1990b　《上古入声韵尾的清浊问题》,《语言研究》第 1 期。

郑张尚芳　1991　《切韵 j 声母与 i 韵尾的来源问题》,《纪念王力先生九十诞辰文集》,济南:山东教育出版社。

郑张尚芳　1994　《汉语声调平仄之分与上声去声的起源》,《语言研究》增刊。

郑张尚芳　1995　《上古汉语声母系统》,第四届国际汉语语言学会议暨第七届北美中国语言学会议论文,美国威斯康辛大学。

郑张尚芳　1996　《汉语介音的来源分析》,《语言研究》增刊。

郑张尚芳　1997　《重纽的来源及其反映》,《声韵论丛》第 6 辑,台北:学生书局。

郑张尚芳　1998　《缓气急气为元音长短解》,《语言研究》增刊。

郑张尚芳　1999　《汉语塞擦音声母的来源》,江蓝生、侯精一主编《汉语现状与历史的研究》,北京:中国社会科学出版社。

郑张尚芳　2003[1981]　《汉语上古音系表解》,《语言》第 4 卷,北京:首都师范大学出版社。

郑张尚芳　2011　《汉语上古音系概要》,《汉藏语同源词研究》之四《古汉语侗台语关系研究》,南宁:广西民族出版社。

周法高　1954　《论古代汉语的音位》,《历史语言研究所集刊》

25 本。

周法高　1962　《中国古代语法·构词编》,台北:"中研院"历史语言研究所专刊。

周法高　1984[1969]　《论上古音》,《香港中文大学中国文化研究所学报》2卷1期;收入《中国音韵学论文集》,香港:中文大学出版社。

周法高　1984[1970]　《论上古音与切韵音》,《香港中文大学中国文化研究所学报》3卷2期;收入《中国音韵学论文集》,香港:中文大学出版社。

周法高　1984[1972]　《上古汉语与汉藏语》,《香港中文大学中国文化研究所学报》5卷1期;收入《中国音韵学论文集》,香港:中文大学出版社。

周祖谟　1966a　《审母古音考》,《问学集》上册,北京:中华书局。

周祖谟　1966b　《四声别义释例》,《问学集》上册,北京:中华书局。

Baxter, William H.　1977　*Old Chinese Origins of the Middle Chinese Chóngniǔ Doublets: A Study Using Multiple Character Readings.* Ph.D. Thesis of Cornell University.

Baxter, William H.　1980　Some proposals on Old Chinese phonology. *Contributions to Historical Linguistics: Issues and Materials*, ed. by Frans van Coetsem and Linda R. Waugh, E. J. Brill, 1－33.

Baxter, William H.　1992　*A Handbook of Old Chinese Phonology.* Mouton de Gruyter.

Baxter, William H. and Laurent Sagart　2014　*Old Chinese: A New Reconstruction.* Oxford University.

Benedict, Paul K.　1948　Archaic Chinese g and d. *Harvard Journal of Asiatic Studies*, 2: 197－206.

Benedict, Paul K.　1972　*Sino-Tibetan: A Conspectus.* Cambridge University Press.

Bodman, Nicholas C. 1954   A linguistic study of the Shih Ming: initial and consonant clusters. *Harvard-Yenching Institute Studies* XI. Harvard University Press.

Bodman, Nicholas C. 1980   Proto-Chinese and Sino-Tibetan: data towards establishing the nature of the relationship. *Contributions to Historical Linguistics: Issues and Materials*, ed. by Frans van Coetsem and Linda R. Waugh, E. J. Brill, 34 — 199;《原始汉语与汉藏语——建立两者之间关系的若干证据》,收入包拟古《原始汉语与汉藏语》(潘悟云、冯蒸译),北京: 中华书局,1995 年。

Bodman, Nicholas C. 1985   Evidence for l and r medials in Old Chinese and associated problems. In Graham Thurgood, James A. Matisoff, David Bradley Eds. *Linguistics of the Sino-Tibetan Area: the State of the Art*, 146 — 167, Pacific Linguistics Series C No.87, Special Number;《上古汉语中具有 l 和 r 介音的证据及相关问题》,收入包拟古《原始汉语与汉藏语》(潘悟云、冯蒸译),北京: 中华书局,1995 年。

Chang, Betty Shefts and Kun Chang   1976   Chinese *s- nasal initials. *Bulletin of the Institute of History and Philology Academia Sinica*, 47.4: 587 — 609;《汉语*s-鼻音声母》(刘宝俊译),赵秉璇、竺家宁编《古汉语复声母论文集》,北京: 北京语言文化大学出版社,1998 年。

Chang, Kun and Betty Shiefts Chang   1972   The Proto-Chinese Final System and the Ch'ieh-yün. *The Institute of History and Philology Monographs Series A*, No.26.

Chao, Yuen-ren   1941   Distinctions within Ancient Chinese, *Harvard Journal of Asiatic Studies*, 5.3 — 4: 203 — 233.

Cheng, Tsai-fa   1983   The distribution of -r- and -j- in Archaic Chinese. *Bulletin of the Institute of History and Philology Academia*

Sinica, 54.3: 63 − 75.

Conrady, Augus 1896 *Eine indochinesische Causativ-Denominativ-Bildung und ihr Zusammenhang mit den Tonaccenten*. Otto Harrssowitz.

Downer, G. B. 1959 Derivation by Tone-Change in Classical Chinese. *Bulletin of the School of Oriental and African Studies*, 22: 258 − 290.

Forrest, R. A. D. 1960 Les occlusives finales en chinois archaïque. *Bulletin de la Société de Linguistique de Paris*, 55: 228 − 239

Forrest, R. A. D. 1961 Researches in Archaic Chinese. *Zeitschrift der Deutsche Morgenländischen Gesellschaft*, 111.1: 118 − 138.

Forrest, R. A. D. 1964 A reconstruction of the initials of Karlgren's Archaic Chinese. *T'oung Pao*, 51: 229 − 246.

Forrest, R. A. D. 1967 A reconstruction of the initials of Karlgren's Archaic Chinese. *T'oung Pao*, 53: 243 − 252.

Gong, Hwang-cherng 1980 A comparative study of the Chinese, Tibetan, and Burmese vowel system. *Bulletin of the Institute of History and Philology Academia Sinica*, 51.3: 455 − 490.

Gong, Hwang-cherng 1994 The first palatalization of velars in Late Old Chinese. *In Honor of William S-Y. Wang: Interdisciplinary Studies on Language and Language Change*, ed. by Matthew Y. Chen and Ovid J. L. Tzeng, Pyramid Press, 131 − 142.

Handel, Zev 1998 *The Medial Systems of Old Chinese and Proto-Sino-Tibetan*. Ph. D. Thesis of the University of California, Berkeley.

Haudricourt, André-Georges 1954a Comment reconstruire le chinois archaïque. *Word*, 10: 351 − 364;《怎样拟测上古汉语》(马学进译),幼狮月刊社编《中国语言学论集》,198 − 226 页,台北:幼狮

文化事业公司,1979 年。

Haudricourt, André-Georges 1954b De l'origine des Tons en Viêtnamien. *Journal Asiatique*, 242: 68 — 82;《越南语声调的起源》(辛世彪译),潘悟云编《境外汉语音韵学论文选》,319 — 334 页,上海: 上海教育出版社,2010 年。

Jakobson, Roman and Linda R. Waugh 1987 *The Sound Shape of Language*. Mouton de Gruyter.

Karlgren, Berhnard 1923 *Analytic Dictionary of Chinese and Sino-Japanese*. Librairie Orientaliste Paul Geuthner;《高本汉的谐声说》(赵元任译,即该书第三部分"The principles of the phonetic compounds"),《国学论丛》1 卷 2 号,1927 年。

Karlgren, Berhnard 1925 A principle in the phonetic compounds of the Chiense script. *Asia Major*, 2: 302 — 308.

Karlgren, Berhnard 1915 — 1926 *Études sur la phonologie chinoise*. E. J. Brill;《中国音韵学研究》(赵元任、李方桂、罗常培译),北京: 商务印书馆,1940 年。

Karlgren, Berhnard 1928 Problems in Archaic Chinese. *Journal of The Royal Asiatic Society*, 4: 769 — 813;《上古中国音当中的几个问题》(赵元任译),《历史语言研究所集刊》1 本 3 分,1930 年。

Karlgren, Berhnard 1932 Shi King researches. *Bulletin of the Museum of Far Eastern Antiquities*, 4: 117 — 185.

Karlgren, Berhnard 1933 Word families in Chinese. *Bulletin of the Museum of Far Eastern Antiquities*, 5: 9 — 120;《汉语词类》(张世禄译),上海: 商务印书馆,1937 年。

Karlgren, Berhnard 1940 Grammata serica. *Bulletin of the Museum of Far Eastern Antiquities*, 12: 1 — 471.

Karlgren, Berhnard 1954 Compendium of phonetics in Ancient and

Archaic Chinese. *Bulletin of the Museum of Far Eastern Antiquities*, 26: 211－367;《中国声韵学大纲》(张洪年译),台北:中华丛书编审委员会,1972 年。

Karlgren, Berhnard　1957　Grammata serica recensa. *Bulletin of the Museum of Far Eastern Antiquities* 29: 1－332;《汉文典(修订本)》(潘悟云、杨剑桥、陈重业、张洪明译),上海:上海辞书出版社,1997 年。

Kentowicz, Michael　1994　*Phonology in Generative Grammar.* Blackwell Publishing Ltd.

Li, Fang-kuei　1932　Ancient Chinese -ung, -uk, -uong, -uok, etc. in Archaic Chinese. *Bulletin of the Institute of History and Philology Academia Sinica*, 3.3: 375－414;《东、冬、屋、沃之上古音》(吴昭瑾、林英津译),收入《汉藏语论文集》,北京:清华大学出版社,2012 年。

Li, Fang-kuei　1935　Archaic Chinese *-i̯wəng, *-i̯wək, and *-i̯wəg. *Bulletin of the Institute of History and Philology Academia Sinica*, 5: 65－74;《论中古上古音的 *-i̯wəng、*-i̯wək、*-i̯wəg》(吴昭瑾、林英津译),收入《汉藏语论文集》,北京:清华大学出版社,2012 年。

Li, Fang-kuei　1945　Some Old Chinese loan words in the Tai languages. *Harvard Journal of Asiatic Studies*, 8: 333－342;《台语中的若干古代汉语借词》(张光宇、陈秀琪译),收入《汉藏语论文集》,北京:清华大学出版社,2012 年。

Maspero, Henri　1930　Préfixes et dérivation en chinois archaïque. *Memory Society Linguitics de Paris*, 23: 313－327.

Mei, Tsu-lin　1970　Tones and prosody in Middle Chinese and the origin of the rising tone. *Harvard Journal of Asiatic Studies*,

30: 86—110.

Norman, Jerry   1994   Pharyngealization in early Chinese. *Journal of the American Oriental Society*, 114.3: 397 — 408.

Pulleyblank, Edward G.   1962   The consonantal system of Old Chinese. *Asia Major*, 9: 58 — 144, 206 — 265;《上古汉语的辅音系统》(潘悟云、徐文堪译),北京: 中华书局,1999 年。

Pulleyblank, Edward G.   1963   An interpretation of vowel systems of Old Chinese and Written Burmese. *Asia Major*, 10: 200 — 221.

Pulleyblank, Edward G.   1965   Close/open ablaut in Sino-Tibetan. *Lingua*, 14: 230 — 240.

Pulleyblank, Edward G.   1973a   Some new hypotheses concerning word families in Chinese. *Journal of Chinese Linguistic*, 1.1: 111—125.

Pulleyblank, Edward G.   1973b   Some further evidence regarding Old Chinese -s and its time of disappearance. *Bulletin of the School of Oriental and African Studies*, 36.2: 368 — 373.

Pulleyblank, Edward G.   1982   Loanwords as evidence for Old Chinese uvular initial. *Bulletin of the Institute of History and Philology Academia Sinica*, 53.2: 205 — 212.

Pulleyblank, Edward G.   2000   Morphology in Old Chinese. *Journal of Chinese Linguistics*, 28.1: 26 — 51.

Sagart, Laurent   1999   *The Roots of Old Chinese*. John Benjamins.

Sagart, Laurent and Baxter William H.   2009   Reconstructing Old Chinese uvulars in the Baxter-Sagart system (Version 0.99). *Cahiers de Linguistique-Asie Orentale*, 38.2: 221 — 244.

Schuessler, Axel   1974a   R and l in Archaic Chinese. *Journal of Chinese Linguistics*, 2.2: 186 — 199.

Schuessler, Axel   1974b   Final l in Archaic Chinese. *Journal of Chinese Linguistisc*, 2.1: 79 — 87.

Shafer, Robert   1940   The vocalism of Sino-Tibetan. *Journal of the American Oriental Society*, 60. 3: 302 — 337.

Simon, Walter   1927 — 1928   Tibetisch-Chinesische worgleichungen, ein versuch. *Mitteilungen des Seminars für Orientalische Sprachen*, 30: 147 — 161; 31: 175 — 204.

Simon, Walter   1938   The reconstruction of Archaic Chinese. *Bulletin of the School of Oriental Studies*, 9.2: 267 — 288.

Wolfenden, Stuart N.   1929   *Outlines of Tibeto-Burman Linguistic Morphology*. Royal Asiatic Society.

頼惟勤   1953   《上古中国語の喉音韻尾について》,《お茶の水女子大学人文科学紀要》第 3 号。

藤堂明保   1957   《中国語音韻論》,東京: 江南書院。

《蒙古字韵》所代表的音系及
八思巴字一些转写问题[*]

　　汉语是历史悠久、文献丰富的语言。可是因汉字本身不具体标音，所以研究汉语史又有着别的有文献语言所没有的困难。其中最叫人烦恼的是怎样具体标写出各个时代的音。既然缺乏当时的标音材料，就只能不甚可靠地拟音，一家一个样，聚讼难定。虽然上古晚期已有梵汉对译，中古有藏汉对译等，但那都是不系统的对译，同一汉字可能有多个对译形式（参俞敏《后汉三国梵汉对音谱》、罗常培《唐五代西北方音》）。日本、朝鲜、越南的汉字音虽然对中古音研究有帮助，但那都是为当地有了变化的汉字传统读法标音，并非为汉语标音。

　　汉语史上具体记录当时语音，有系统地逐一给汉字依当时汉语读法标音的书，首推元代以八思巴字母标音的《蒙古字韵》，然后是明代以谚文字母标音的《四声通考》《四声通解》，以拉丁字母标音的《西儒耳目资》。要研究近代官话形成史，非研究透这几本书不可。又因为它们虽用拼音字母标写，但这些字母并非科学的音标，就得将它们先用音标标出其实际音值，即有一个将字母转写为音标的问题。

---

　　[*]　原刊《李新魁教授纪念文集》中华书局 1998 年，据《郑张尚芳语言学论文集》（中华书局 2012 年）收入。

那么,首先碰到的是八思巴字的转写问题。要解决转写所存在的一些难点,还先要了解它标写的音系是代表什么话的音系。下面分四节就七个疑难点予以讨论,提出拙见以求教同行,并纪念李新魁先生在这方面的贡献。

一、《蒙古字韵》所代表的音系

《蒙古字韵》所记的"古官话"是什么话系统? 是元代的大都音还是中原(河南)音? 我们认为应为中原音,并且是以金末的中原读书音为准的。

据《元史》,元世祖忽必烈中统元年命国师八思巴制新字,这是宋理宗景定元年(1260)的事,由此到至元元年(1264,即景定五年)迁都北京还有四五年时间,这段时间里新字当已制成,因为再过四年,到至元六年(1269,宋度宗咸淳五年)年初,就将八思巴所制新字颁行全国,让它拼写蒙、汉及维、藏、梵等多种语言,"译写一切文字"了,在此之前至少要有三年让有关臣吏学习熟悉新文字、制备译写文籍的时间,其中最重要的准备工作就是标写汉语。用八思巴字拼写其他原有拼音文字的语言,不过是规定对当字母译写方案,制定方案及学习都还比较简单,而拼写汉字就必须先选定一个汉语语音标准,才可免得各拼各的、字无定形。

此时既未进大都或刚进大都,不会选择不大熟悉的大都音,更不会选择南宋首都临安音,应当选择汉族读书人公认(连大都、临安读书人都公认)的读书标准音——中原雅音来标注,即五代、北宋、晚金的都城所在的中州汴洛一带士大夫的官话正音,其性质是宋金元官话。元孔齐《至正直记》:"北方声音端正,谓之中原雅音,今汴洛中山等处也。"当时实际是采用了宋金科考用的《礼部韵略》《平水新刊韵略》来编汉字音表,所以开头编时就叫《蒙古韵略》。崔世珍《四声通解·凡例》第一条即说:"《蒙古韵略》元朝所撰也,胡元入主中国,乃以国字翻汉字之音作韵书以教国人者也,其取音作字至精且切。"《蒙古韵略》后出的版本改称《蒙古字韵》,忌浮(1995)指出其单字皆照录《平水韵》(原为金代王文郁的《平水新刊韵略》[1229],刘渊的《壬子新刊礼部韵略》[1252]是其翻修本)。它应是当时为了配合八思巴字颁行、在八思巴领导下编的官书。

汉语虽方言众多,可是各地自古一致推重中州的雅言,上自孔子,中至北齐入隋的颜之推,下至元代周德清,无不以中原雅音作为文学语言标准,来进行教育、审音、文学活动。李新魁正确地从根本上指出这与周继承殷文化有关:"河南一带正是殷的故地,是殷人文化精粹的中心地区,周灭殷以后继承了殷人的文化,⋯⋯接受了殷人的语言,河南方言也⋯⋯逐渐取得了成为'区域共同语'的地位。"周人征服了殷人,但周人又被殷人的文化及语言所征服,这有如满人入关后满汉语交替的情况。我要补充强调一点,最重要的是周人接受了殷商文字,从而接受了殷人的书面语(这也是古代东亚唯一的书面语)。学习汉字必须出于师授,老师的读音由此就代代相传,殷人书面语诵读音也就在成周洛邑立定了脚跟,并向四方传播。

周代的庠序学校教育、春秋战国蓬勃兴起的私人教学、汉代的官学民学,都是大力传习书面雅语的机构,因教学例用雅语;《论语·述而》:"子所雅言,《诗》《书》,执礼,皆雅言也。"并不用齐鲁方音。人们可以口操方言俗语,但受过教育的阶层,总会说从书面上学来的雅言文语并以此为荣。这犹如从前受教育的欧洲人说拉丁语,印度人说梵语那样。《荀子·荣辱》:"越人安越,楚人安楚,君子安雅。"君子即士大夫阶层,他们说的是雅语。自然,有时那些只能操方言俗语的老百姓会听不懂,如王充《论衡·自纪》:"以雅言而说丘野,不得所晓。"

在方言地区,士大夫说话跟百姓差得很大,在中原差别则会小一些。颜之推《颜氏家训·音辞篇》:"冠冕君子,南方为优;闾里小人,北方为愈。易服而与之谈,南方士庶,数言可辨;隔垣而听其语,北方朝野,终日难分。"这就是因为南方士大夫也操中原雅语的缘故。当然,同在中原,雅语与当地俗语还会有一定距离,就像今普通话以北京音为标准音,但并不等同北京口语土音。同样,古代雅语以洛阳为准,也并非同于洛阳老百姓口语,而是以洛阳士大夫的念诵音为准,即所谓"洛生咏"。

《说郛·谈选》:"寇莱公与丁晋公同在政事堂日,闲论及天下语音何处为正。寇言惟西洛人得天下之中。丁曰:不然,四远各有方言,唯读书人然后为正。"两人说得都对,分别合于两个层面的要求:地点以洛阳为准,雅俗以读书音(书面语音)为准。丁是说洛阳也有方音,以雅音为正。过去讨论国音标准时也强调过受过教育实即雅音训练这个因素。

中原雅语的语音也会随时代而变化,但变化了的俗语语音,从感染渗透于雅音到反映于雅音传授上总要有一段时间,慢上一个时代(有如昆剧闭口韵、京剧上口字,在口语中消失后很久,还能在师授发音中代代相传)。① 这如果各有字母记录下来,就会同时存在两套语音,有如梵语与古印度俗语那样。

有人不理解这一点,于是在汉语史研究中就出现许多误解和疑惑。如说上古音研究所据书面文献的音韵材料与中古《切韵》音系不属同一方言没有继承关系,《切韵》音系是南北方音杂糅综合,《蒙古字韵》等所记浊音及入声不同于《中原音韵》是依傍韵书而非当时语音,等等。

其实从上古到近代汉语,语音史所研究的音系一直以中州雅语的读书音系为对象。《切韵》所谓"南北是非",颜之推说得很清楚,是指金陵及洛下(金陵音指的是东晋从洛阳移民传到金陵而形成的

---

① 温州市区方言有老派、新派之别,老派比新派多一套舌叶音声母及 ʉ 元音,"方风"仍读 f 不读 h,现在老派话只有七八十岁以上的人才说,七十岁以下都说新派音了。但我发现五十岁人中竟也有人说老派音,据他说是从小听惯说书的缘故,"讲书先生"(说书艺人)师徒传授中不但艺术风格保存了,老派音也随之保存了。

南派洛音），说的本是南北两派中州读书音的某些差别对比，并不涉及金陵土著吴语及其他南方方言（参上文所引颜氏语可知）。至今汉语方言尽管分歧很大，但读书音的文读系统总是靠拢中州雅音标准的。

汉语雅音又可分为四期，以 a 元音所表韵类，介音、声调为标志：

上古期（三国以前）：a 元音表示模、鱼、麻三韵。除章系有 -j-、二等及重三有 -r- 外，没有元音性介音。声调只是 -b、-d、-g、-ʔ、-s 等韵尾的自然伴随成分，无音位价值。

中古期（宋以前）：a 元音表示歌、麻二韵。除二等有 -ɣ-、三等出现元音性介音 ɨ（又重三 i，重四 i）。出现有音位价值的四声。

近古期（初元以前）：a 元音表示麻韵。二等有 -j-，四等有 -i-。出现四声八调。

近代期（清以前）：a 元音表示麻韵二等。i 介音混为一类。声调简化，分阴阳平，入声消失（清以后延续至现代，标准语转为以北京语为中心）。

《蒙古字韵》所记音系即近古期末的音（它比同是元代的《中原音韵》慢一拍，在其后的《中原音韵》则已进入近代期，两者并不同期）。《蒙古字韵》上承北宋邵雍《皇极经世·声音唱和图》，下接明代朝鲜申叔舟《四声通考》转记的汉语"俗音"（"俗"对谚文正统读法而言，实为汉语古官话雅音），都具有一些共同语音特点：塞类声母分清浊；照系不分庄章组；庚曾合一、江阳合一，"子自思寺"属 i 类韵而又列入一等；有入声但承阴声韵，铎觉韵承效摄不承果假摄（《声音唱和图》虽然字数少，但同时的《切韵指掌图》《四声等子》也有相类的结构，可以互相补充）。②

---

② 《声音唱和图》果假同摄，这一点比《蒙古字韵》早，《蒙古字韵》果摄字已变。《声音唱和图》《切韵指掌图》入声还保留 -p 尾也是比《蒙古字韵》早的特征。但《蒙古字韵》"霍"读 hwaw 则全同《声音唱和图》之列为刀韵合口。周祖谟疑之，曾拟"刀 au""霍 uɔ"异韵，《蒙古字韵》可证平入是同韵相承。

因此,《蒙古字韵》音系基本上还属宋金雅音系统,其特点正好介于《切韵》音与《中原音韵》音之间。

八思巴字虽然没有为蒙汉广大人民接受为日用文字,并且在元灭以后就消亡了,但其在历史上的作用不可低估。除了记下比回鹘式蒙古字更准确的古蒙语材料外,它还做到:

(一)留下首份系统的汉语古官话同音字表,作为以八思巴字译写汉字用的官书,在科场代替《礼部韵略》,颁行各省(《蒙古字韵》"校正字样"所引"各本、浙东本、湖北本"等),并影响新韵书的编撰,《韵会举要》《四声通考》《四声通解》都是明引《蒙古字韵》的分韵及拼法的。《韵会举要》所增"幺鱼合"三声母即根据《蒙古字韵》。《韵会举要》前附的一个小韵表《礼部韵略七音三十六母通考》(又名《七音韵母通考》,《韵会举要》正文简称《七音》《七音韵》③),实际可说是《蒙古字韵》的一个索引,是将《平水韵》依《蒙古字韵》韵类重行分韵,标注出某小韵应在《蒙古字韵》哪一韵部的哪一韵类,以便翻查。为此,连一些八思巴字拼式上双拼变读处为避免误拼而硬性规定分开的人为假韵(晓匣的"欣歆黄"等)也照样分列出来。它的字母、字母韵是合于八思巴字拼式的,这样的划分,给汉语分韵、拼音带来新局面。

(二)对朝鲜创制谚文字母有参照影响及推动作用,谚文字母的基本式中ㄷㄹㄱㅂㅅ等和八思巴、藏文字母皆甚相似,拼式自上而下成一方块,也有参照意义。谚文所记《四声通考》音及《四声通解》音,《老乞大谚解》《朴通事谚解》对音又记录了后于《蒙古字韵》的汉语音系,尤其前者实际是《蒙古字韵》拼式的谚文转写,可以帮助澄清《蒙古字韵》音系一些聚讼不休的问题。

(三)八思巴汉字音拼式中有许多出乎意料的拼法,成为越出常规的难点。研究这类现象解决难点后,往往能揭示汉语史上以前被

---

③ 参杨耐思(1989)。杨文以为《七音韵》另为一书,我以为同指《七音韵母通考》。《韵会举要》谓《集韵》渠斤切、渠巾切《七音》同韵,《集韵》蒲兵切、旁经切《七音韵》同列京韵等,可证。

忽视的重要音韵现象,或揭示重要音韵变化的进程。

八思巴字母是仿藏文创制的,其顺序也依藏文。照那斯图、杨耐思(1984)列有"八思巴字字母总表"(381页),中有盛熙明《法书考》汉译注音和他们的转写音标符号(ꜧ、j 外大抵依龙果夫),为讨论方便,先引列如下:

编号	字母	汉译	转写	编号	字母	汉译	转写
1	ꡂ	葛	k	19	ꡐ	惹	dz
2	ꡁ	渴	k'	20	ꡜ	嚩	w
3	ꡉ	哽	g	21	ꡘ	若	ž
4	ꡃ	誐	ŋ	22	ꡕ	萨	z
5	ꡄ	者	tš	23	ꡢ	阿	·
6	ꡆ	车	tš'/č'	24	ꡗ	耶	j/y
7	ꡊ	遮	dž/ǰ	25	ꡰ	啰	r
8	ꡇ	倪	ň	26	ꡙ	罗	l
9	ꡈ	怛	t	27	ꡚ	设	š₁/š
10	ꡊ	挞	t'	28	ꡛ	沙	s
11	ꡉ	达	d	29	ꡜ	诃	h
12	ꡊ	那	n	30	ꡝ	哑	'
13	ꡌ	钵	p	31	ꡞ	伊	i
14	ꡍ	登	p'	32	ꡟ	邬	u
15	ꡎ	末	b	33	ꡠ	翳	e/ė
16	ꡏ	麻	m	34	ꡡ	污	o
17	ꡑ	捼	ts	35	ꡊ	遏轻呼	G
18	ꡒ	撺	ts'	36	ꡢ	霞	ɣ

编号	字母	汉译	转写	编号	字母	汉译	转写
37	ꡜ	法	hu̜	47	�		r
38	ꡝ	恶	(待定)	48	�		r
39	ꡤ	也	ė/e	49	ꡊ		t
40	ꡟ	喦	u̜	50	ꡋ		t'
41	ꡁ	耶轻呼	i̜	51	ꡌ		d
42	ꡜ	[奉]	ħu̜	52	ꡍ		n
43	ꡮ	[书]	š₂	53	ꡎ		ī
44	ꡘ	[匣]	ħ	54	ꡏ		ī
45	ꡝ	[幺]	j	55	ꡐ		u
46	ꡒ		p'	56	ꡑ		ė

1－41 号字母属原字母表;42－56 号字母为后增字母。38 号字母仅见于文献中的字母表,未见实际用例。

汉译注音用方括号的 42－45 号字母仅用于汉语,46－56 用于转写藏文梵文。转写拟音符号有两个的,斜线前用于汉语,斜线后用于蒙语。

为印刷方便,下引字母处多数情况即以此表之序号、汉译或其转写符号来称说。

二、声母问题

声母方面有三个要讨论的问题:全清全浊各母到底读清读浊,影喻匣三母为何各分为二而成为六母,知庄章母的读法。

从字母表 1－18 母可见八思巴字塞类声母(包括塞音、塞擦音)各分为三套,如"葛 k、渴 k'、吽 g,怛 t、挞 t'、达 d"等,清浊顺序同藏文字母,本来依通常的清浊对比,应依序对汉语的全清、次清、全浊才是,奇怪的是八思巴除以 k'、t'一类对次清外,却以 k、t 一类对全浊,

ɡ、ḍ一类对全清,两者颠倒,令人费解。有人怀疑并归诿八思巴的听感辨音能力,但事实说明八思巴听辨力是很强的,对许多细微差别也能给以反映。

一般认为蒙语只有送气、不送气两类清塞类音如 t'、t(其他阿尔泰语也多如此),而没有独立的浊塞类音。但 t 类实际都包含浊的音位变体,词首读 t,后续音节往往读 d,这情况也有如今北京话一些双音词的念法。而北京的清塞类音 t 等,实际是软的 ḍ 等,所以从龙果夫起就拿 ḍ、ḅ、ɡ 来解释八思巴以浊母对清母的现象了。其实这现象不但在蒙语,就以八思巴的母语藏语来说,藏文中的浊母现在清化后也读软清音,金鹏(1958)指出它们"比原来是清音的音较软"。也许当时藏语清化现象已经发端,这就更能促使八思巴将 d 类对汉语全清声母了。

问题是又以较硬的 t 类音对全浊,这是怎么回事? 这类音当时到底读清读浊?

既然以硬清音对,应该表明它们已经清化了。但全浊字仍与全清字分列不混,又表明仍与纯清音有区别。那么解释只能有二: 清音浊流,或松喉与紧音对立;读阳调,与阴调字对立。

龙果夫注意到吴语的清音浊流,"这些声母不是充分带音的——它们是介乎完全不带音而有带音送气的声音和英德式的带音声母之间的"。因古官话的全浊母也是"半带音而送气的,于是用他那大约是略送气的清声 t、k 来对译"。限于当时的水平,他对吴语的浊流还了解得不深,至于说八思巴的 t、k 大约也"略送气"则是随意猜想的。

根据现代声学分析,吴语的清浊音实质不是带音与否而是紧松对立;吴语的浊流也并非带音送气,不是声母辅音本身或其所带气流的带音与否,而是后接元音的发声状态类型不同。元音不是正常嗓音而是发为气嗓音,即 a 读[ʱa],tɕʱia 实为[tʱa]。这种元音也称气化元音(breathy vowel)以与清声母后的正常元音(clear vowel）相对。④　据岩田礼等（1995），发这类元音时"杓会厌肌收缩"，喉部向下运动，从而抑制声带肌，使声带松弛，与清音音节声带紧张状态相对。换句话说，在元音起始位置上，清音节声带肌活跃，声带紧张。浊音节声带肌受抑制，声带松弛，形成了喉部相反的发声状态。郑张尚芳（1964）指出在温州吴语声韵配合上，当地的晚清学者就主张声母韵母各分阴阳，以类相拼，如以"瓯"au、"翁"oŋ 为阴韵，"侯"ɦau、"洪"ɦoŋ 为阳韵，并指出当地阴类声母"发音时声带略紧，……发音较紧，不带浊流，配阴调"，阳类声母"发音较松，带浊流，配阳调"（"后流 ɦ 的摩擦成分显著，但送气却很微弱"，不要"误认为这些音有强的浊送气"）。这样虽然温州有阴阳八调，由于阳声母配阳韵，每音节只能出现平上去入四声。连有阴阳调区分的次浊声母也分出阴阳声母（阴母加-号），所以文中对比举例：

阴　濛 m-oŋ⁴⁴＝妈 m-+翁 oŋ⁴⁴（"翁"为阴类韵平声）
阳　蒙 mɦoŋ²¹＝袜 mɦ+洪 ɦoŋ²¹（"洪"为阳类韵平声）

该文的分析，跟现在声学分析结果基本相合。吴语以外赣、闽、粤语里古全浊声母今仍保留浊音读法的有七处方言，它们一律带与吴语一样的浊流，即韵母读声带放松的气化元音，其中也有清音浊流的，即 t-ɦa、ts-ɦa、s-ɦa、f-ɦa 等音，并且笔者在皖南吴语听到 d-ɦa、t-ɦa、t'-ɦa等类型，即前面部分可以是浊、清、清送气，而后接气化元音时都用以表示全浊音节，成为浊声母音位的音位变体。因此这可用来解释邵雍《声音唱和图》已表示全浊平声配送气，仄声配不送气，而《蒙古字韵》居后浊音反而又合为一母。我们可以理解为那时平声也许是 t'-ɦa，仄声是 t-ɦa（或邵雍还是 d-ɦa），但在气化元音前都可合为一个音位，因为这里起清浊辨字作用的是后接元音气化，而非辅音

---

④　赵元任（1934）说吴方言的浊音 h 时已用此词，叶蜚声译为"气息元音"。曹剑芬（《现代语音基础知识》34 页）称"气声元音"。

本身的清浊。

气化元音音节因发声时声带松弛,会影响声调形成低调,两者常相伴随,这是吴语形成四声八调的原因,温州吴语是:

阴调　平 33(44)　　上 ʔ45　　去 42　　　　入 323(223)

阳调　平 31　　　　上 ʔ34　　去 11(22)　　入 212(112)

其中上声阴阳两调、入声阴阳两调调型相同,只分高低,平声阴阳两调调型不同但在连调中都变平调,去声阴阳两调也不同,但在连调中都变降调。大概最初就是这样的,只有高低之别而无调型差异,那时自然可以不必分八调,只分四声就够了。直到阴阳调型发生分异,依阴阳调分念各自的平、上、去、入才有了调位意义。李新魁(1983:51—52)主张《蒙古字韵》时代"声母的清浊已转化为声调的高低的不同"。声母分为两套,"是声调的高低!是阴平调与阳平调的区别!而不是声母的清浊!"该主张是有道理的,但《蒙古字韵》浊母下不仅列平声,也列上、去、入,也就是说我们还得证明当时还有阳上、阳去、阳入,也即先得证明近古期中原曾存在过四声八调。

这是必然的,理由有三:

(1)从中古期四声到近代期阴、阳、上、去、入五声,或阴、阳、上、去四声之间,必须有一个四声八调时期来过渡。

(2)没有阳上和阳去,怎能发生浊上归去现象?

(3)日释安然 880 年著《悉昙藏》卷五记录了 8 世纪时日本人听到的四种汉语声调念法,其中惟正法师的洛阳音就是四声八调的。

周祖谟《关于唐代方言中四声读法的一些资料》引《悉昙藏·定异音》作了一些分析,由于其中一些句子,我的点读与周先生不同,再转引另点如下(另点处印黑体):

　　　　我日本国元传二音:表则平声直低,有轻有重;上声直昂,有轻无重；去声稍引，无轻无重；入声径止，无内无外。平中怒声与重无别，上中重音与去不分。金则声势低昂与表不殊，但以**上声之重稍似相合平声轻重，始重终轻呼之为异。唇舌之间，**亦有差升。

　　承和之末，正法师来，初习洛阳，中听太原，终学长安，声势大奇。四声之中，各有轻重。**平有轻重，轻亦轻重。**轻之重者，金怒声也。**上有轻重：轻似相合金声平轻上轻，始平终上呼之；重似金声上重，不突呼之。**去有轻重，重长轻短。入有轻重，重低轻昂。元庆之初，聪法师来，久住长安，……**四声皆有轻重着力。平、入轻重同正和上。**上声之轻似正和上上声之重，上声之重似正和上平轻之重。平轻之重，金怒声也，但呼着力为今别也。去之轻重，似自上重，但以角引为去声也。音响之终，妙有轻重，直止为轻，稍昂为重。

　　此中着力，亦怒声也。

　　周老已说明"表"指表信公，所传为汉音；"金"指金礼信，所传为吴音。"轻、重"指声母清浊。但又云"怒声"指浊声母，则与"重"为浊重复（既说表平中怒声与平重无别，若"怒"即"重"岂非多余的话，两者肯定有别），金的怒声即正法师的平轻之重，则似指次浊而言。又"相合"周老似解作符合，如此点读，与上下文语义有扞碍，应作连合、并合解，即说上声是个屈折调形，相似另外两声的连合，才好说"始平终上"。又"正和上（尚）"是指惟正，聪法师指智聪（据梅祖麟）。

　　笔者（1992）曾据以上点读分析，构拟了这四种念法的分调及调值，列为一表，今略加修改引列于下，可见调形皆与唐《元和韵谱》"平声者哀而安，上声者厉而举，去声者清而远，入声者直而促"相近。

	平轻	平重	上轻	上重	去轻	去重	入轻	入重
表	33	11	ʔ45		53		4	
金	33	11	ʔ45	ʔ223		53	4	
正	44, 怒 33	22	ʔ335	224	51	31	4	2
聪	44	22	225	ʔ34	341	342	4	2

上声紧喉ʔ系据"厉、突呼"等描述加的,此等描述与今温、台、徽、海南等方言上声带紧喉的情形相合。

可见四声分八调唐时已然。元代的情形,元世祖时(1287)日释了尊所著《悉昙轮略抄》也有记录:

> 《私颂》云:平声重初后俱低,平声轻初昂后低;上声重初低后昂,上声轻初后俱昂,去声重初低后偃,去声轻初昂后偃,入声重初后俱低,入声轻初后俱昂。

据此描述,也是八调。其中"偃"义为仰仆或偃伏,表示该调前仰后伏,应与聪法师去声相近(不过末尾也许再拉长一点为低平11,呈偃伏状)。现也拟值如下:

平轻	平重	上轻	上重	去轻	去重	入轻	入重
42	22	55	24	341	231	4	2

近古期以迄元初已有四声八调,平、上、去、入各分阴阳的情形已无疑。其中除表氏浊上归去外,其他人多数还分开,至了尊还如此,不过他与聪法师的去声都只比浊上多个降尾而已,开端部分已很相似了。《蒙古字韵》仍存浊上,当也属相似的四声八调系统。

现在我们可以推测《蒙古字韵》音系很可能是已具阴阳八调,浊辅音虽已清化,但其后元音保留浊母念气化元音特点,很像今日吴语的情形。对这样的音系在音位处理上可以有三种方法：（1）合并清化声母于清音声母，而据后接元音气化与否、声带松紧将所有韵母各区分出松紧两类元音音位；（2）不区分声韵，只依声调分为两类，所有音节分出阴阳八调；（3）沿袭历史，将区别仍放在声母上，依据后接元音气化及低调特征分别出浊声母音位。

依据音位标音法的多能性理论，这三种方法都是合理的。但区别紧松元音韵，韵母数目要增加一倍，区别阴阳调也使各音节下声调数目增加一倍，而对那些只含阴调或只含阳调的音节来说，其他四调形成多余的空格，都不如只增一列浊母音位简便。所以八思巴以保持浊母来区别，不失为一种合宜的归纳，这跟今日吴语工作者把〔p-ɦ、t-ɦ、ts-ɦ、k-ɦ〕归纳为/b、d、dz、g/相同，虽然明知清音的后流 ɦ 是表示元音气化的，但仍归纳为浊音音位的标志。只有当气化特征进一步消失了，清浊声母才能真正合并。《中原音韵》所归纳的即是，可能那是中原雅音向中原俗音投降的记录。李新魁(1983：52－54)找到的读去声的全浊音声母最后消失的证据，也可能正是气化特征在去声最后消失的记录。

既然八思巴已选择以 b、d 对〔ḅ、ḍ〕、以 p、t 对〔p-ɦ、t-ɦ〕的方式，我们就不能像处理吴语那样把〔p-ɦ、t-ɦ〕转写为/b、d/音位了，而应转写为/pɦ、tɦ/。其他全浊母也照此办理。这样可以避免从龙果夫以来字母清浊对应上的不规律现象，试看下面旧式转写声母表(依《蒙古字韵校本》7－8页转写表改制)：

全　清		次　清		全　浊		次　浊	
帮 b			滂 p'	并 p		明 m	
	非 hụ	（敷 hụ）		奉 ɦụ	微 w	
端 d		透 t'	定 t		泥 n	来 l
精 dz		清 ts'	从 ts			
	心 s			邪 z		

全　清		次　清	全　浊		次　浊	
知照 dž	审 $š_2$	彻穿 tš'	澄床 tš	(禅 $š_1$)	娘 ñ	
见 g		溪 k'	群 k		日 ž	
影·					疑 ŋ	合 ɣ 鱼'
幺 j						匣 ɦ 喻 j

从表中可见全清塞类音多对浊音符,擦音对清音符,全浊塞类音对清音符,擦音多对浊音符,正好相反,很不系统。而全浊擦音又写成清 š,跟审相混,只好改加 1、2 来区别。从一开始就以 š 对禅来看,禅母已读清音没有问题,只是后接气化松元音,š-ɦ 本应照邪写 z 的例写 ž,但 ž 被日母占去了。无奈只好另制一对变体字分表 š-ɦ、š。由此反映邪母也应已读[s-ɦ],合匣母也会是 x,而不是 ɣ。只是因这里没有碰上真浊音(如日母)来占的问题,就简单借用了,但这样却使整个系统发生清浊杂糅对应的局面。

依据上文的讨论,我认为可以将《蒙古字韵》的声母系统音标转写改成如下形式(w 实值为[ʋ]):

帮 ḅ	滂 ph	並 pɦ	明 m	非敷 hw	奉 hɦw	微 w
端 ḍ	透 th	定 tɦ	泥 n			来 l
精 ḍz	清 tsh	从 tsɦ		心 s	邪 sɦ	
知照 ḍʒ	彻穿 tʃh	澄床 tʃɦ	娘 ɳ	审 ʃ	禅 ʃɦ	日 ʐ
见 ǧ	溪 kh	群 kɦ	疑 ŋ	晓 x	合 hɦ/xɦ	匣 hɦj/xɦj
影'幺'j					鱼 'ɦ	喻 j

这样系统性较强,而且全用国际音标转写,消除模糊感,增加可读性。至于其中知照组、影组的拟音问题,下文再分别说明。

中古喉音有影晓匣喻四母，《蒙古字韵》除清擦音晓母外其余三母都一分为二，分为六母。《七音》韵表、《韵会举要》给定名为"影、幺；合，匣；鱼、喻"。

影晓匣喻高本汉中古拟音为ʔ、x、ɣ、Ø，但等韵既列之为喉音，晓匣不应为舌根擦音，而应作喉擦音h、ɦ才是。[⑤] 这样匣ɦ跟零声母就更相近，可以形成类似的变化。但从中古喉音到近代的舌根擦音x，会有一个过渡期，《蒙古字韵》时代因为浊音清化，ɦ→hɦ→xɦ，为加强区别可能已经读xɦ，或为hɦ/xɦ互读的阶段。因此可用八思巴字母36号ɣ表示。此母原形由藏文kh变形而成，应表明已有舌根发音特色。

影匣喻各分为二而写为六种形式，是《蒙古字韵》反映当时语音变化的一大特色，说明它并非只是沿袭旧韵书。杨耐思（1984）分析了影幺鱼喻四母的区别，结论是四母都表零声母，影、幺分表清音洪细，鱼、喻分表浊音洪细。这一结论可从，也就是说当时存在：

	洪	细
清（紧）	影 Ø	幺 j
浊（松）	鱼 Ø-ɦ	喻 j-ɦ

八思巴字母总表（及《蒙古字韵》校本）对作：

影－30 哑'	幺－45 幺 j
鱼－23 阿·	喻－24 耶 j

如果当时细音带点摩擦的话，那么八思巴以同于藏文的j表示喻是很自然的。从八思巴在塞类声母中以同藏文浊母的一套对汉语全清这一规则来通盘考虑，拿30'（相当藏文小阿［ɦ]）对影，而以

---

⑤ 潘悟云考证了喉音影晓匣部分云来自小舌音q、qh、ɢ，可见其从来源与部位看，都与舌根的见组相异。

23·对鱼也是可以理解的。这样留下的紧[j]只需选一j的变体字母来表示了,所以有了45j。

但这样一来,依藏文转写习惯看,用·表"鱼"在汉语音系里会有被理解为喉塞音(通常对影)的危险,而且ǰ也不习见,难读难印,所以不如依'表零声母紧音的设想来系统地改标,改为如下的转写系统更为整齐清楚:

	洪	细
清(后紧)	影 '(保留不动)	幺 'j
浊(后松)	鱼 'ɦ	喻 j(保留不动)

杨文没有涉及合、匣两母,但观察《蒙古字韵》两母的分布,可以知道两者的分别跟零声母相同,也属同母洪细差异,即合洪匣细(《韵会》有好些误标匣合的,可据四声相承来改订)。那么旧式转写法合—36霞 ɣ,匣—44匣 ɦ 就不太合适了,好像它们真的是不同声母而无关于洪细似的。

龙果夫把匣母标为h,跟晓母一样,而大谈其匣母细音清化,从《蒙古字韵》看是不对的,混淆了清浊。至于说洪音里古匣母字仍保持为 ɣ(合母),但有"后"yiu 这样的细音例外,那其实是拼写规则造成的,本就表示 ɨw,而非 iw,下文将予以说明。

这两母可以转写为:

(洪)合 hɦ(xɦ)	(细)匣 hɦj(xɦj)

本节所谓"细",主要指在二等介音j、四等(包括重四)介音i及某些e→ia化的i之前,i元音本身不算。遇到二等介音j时,两个j自应去掉一个。

就藏文说,半元音j(即41"耶"i̯)只用于k、k'、g,不用于h、ɦ,所以喉音细音得另选声母。

《切韵》音系的庄章二组在等韵中合为一个照组，宋元韵图都如此，而且后期连知组也并入了，《蒙古字韵》只有一套声母。这一套的转写，有人用 tʃ 类，有人用 tʂ 类（还有人认为实际兼含二者，如龙果夫认为庄组实际是 tʂ，与章组不同）。

对于音系本身来说，如果没有音位对立，本来写 tʃ、写 tʂ 并无多大关系。但对于弄清汉语史演变来说，这问题还值得研究。根据现有材料，写 tʃ 似乎要适宜一些，理由如下：

（1）这套声母（6，7，27，43）藏文本读 tɕ 类，唐时藏汉对音也都对章组 tɕ，用以对 tʃ 发音较近。如对 tʂ 就远了，连谚文对译 tʂ 时都加点变形（见下）。那么如真对 tʂ，八思巴可能也要加点变形，既然并无什么变化，可见听感上二者相近。

（2）这套声母对 tʃ，与蒙古语一致，写蒙写汉可以通用不变值。这表明当时定音者听来，蒙汉音值差不离。

（3）明时朝鲜申叔舟《四声通考·凡例》说："凡齿音，齿头则举舌点齿，故其声浅，整齿则卷舌点腭，故其声深。我国齿声ㅅㅈㅊ在齿头整齿之间，于《训民正音》无齿头整齿之别，今以齿头为ㅅ ㅈ ㅊ，以整齿为ㅅ ㅈ ㅊ以别之。"由以上描述可见明时念精组为 ts，照组为 tʂ，与朝鲜语本身的 tʃ 分别得很清楚。

又说"凡舌上声以舌腰点腭，故其声难而自归于正齿，故《韵会》以知彻澄娘归照穿床禅"。《四声通解·广韵三十六字母之图》也注云："舌上音即同本国所呼，似与正齿音不同，而汉音自归于正齿。"知组是后来并入照组的，朝鲜学者似还知道知组读 tʂ 之前原读过 tʃ 音，跟他们的 tʃ 相同（《切韵音系》127 页也曾说"知庄两组的发音部位近于[ʃ]"）。

（4）中古章组为 tɕ 各家无异辞，并同藏汉对音（章组本由上古 tj、kj、klj 腭化而来，从来源看也应该为 tɕ）。明代章组为 tʂ 也已由申叔舟所记证实。从 tɕ 到 tʂ 中间应该有个读 tʃ 的过渡阶段：章组 tɕ→tʃ→tʂ，知组也跟着这样走。这个阶段应在宋元间。

（5）写为 tʃ 对解释一些语音现象方便，较易于说明。如庄组二等阳韵 ɯ 介音变 u（tʃ 易带嘬唇势）；本组声母后的三等韵变洪（李荣对知庄声母后 i 介音不显著现象即以部位近 ʃ 解释）。

因此还是将 tʂ 组字母转写为 tʃ 等较好。

同组的日母旧作 ʐ，杨耐思（1994）说："日的音值有点难定，若与知、照成一个系列，而相当于日母的位置有 ʒ 已经被禅母占去，只好认为它与知照的系列有些差别，音值构拟存疑。"按该母原形系藏文字母 ẓ，音应近 ʒ，而又与来母 l 同列一类；观遗留旧汴音影响的杭州话日母今分读 l、z，淄博、章丘"二、日"同读 lɨ，犹存《蒙古字韵》二日相承旧格局，故日母应定为边擦音：ɮ̃（ʒ 部位的边擦音，参金有景 1984）。

三、韵母问题

韵母中比较让人费解的是 h 和 ė，这二母到底表示什么音值呢？只看龙果夫的转写，让人有丈二和尚摸不着头脑之感。

29 号字母"诃"h 在拼式中既作声母辅音用，也作韵母元音用。用于声母应表舌根清辅音 x，用作元音通常仍只转写为 h，而未论定其实际音值。它用于以下一些音节的韵母中：

庄 -haŋ　篸 -him　肯 -hiŋ　根 -hin　构 -hiw　克 -hij　恣 -hi

龙果夫认为 -hi 可对古官话 ï[ɿ、ʅ]，-hi- 可对 ə，-haŋ 可对 [ɡəŋ]，那么粗分有两种音值，细分竟有四种音值（龙氏又云《百家姓》拿 ėi 代 hi，那又要加一值，但查《事林广记》各本的《百家姓》并无此事，大概是据误刻本说的）。我们不大理解，如果 hi 真的对 ə，为什么八思巴不写 he 而写 hi，难道 i 比 e 还更近 ə？

依音理分析，选用清擦音 h[x] 来表示的半元音，应该是相对浊擦音 ɣ、无擦通音 ɰ，当为 ɯ。由于表浊擦音 ɣ 的 36 号"霞"母太复杂,不便于在词间连写,所以才用了 h。其实两母在拼法上作用、表现都一致。如德韵字都用 -hij 为韵母,到"黑"字声母为 h-,就把后面的 h 省了,直拼 ij 为 hij,而"劾"ɣ[hfi]也一样把 h 省了直拼为 ɣij("劾"原误作"刻")。表明 h、ɣ 是一样的,它与 i 拼时,其韵母就是 -hi。

正是由于 h+i=hi 韵,所以要避免在非 -hi 韵字中出现 h、ɣ 与 i 的直拼现象,以免引起误解。于是凡以 i 为主元音的韵,遇到 h、ɣ 声母,都得在前面另加ė,避免直拼。这里ė 只是一个隔音符号,例如欣 hėin、歆 hėim 等。

-h 是 ɯ 的话,-hi 当是近于 i 的 ɯ,那就是 ɨ。与熊正辉所记南昌音 ɨn、ɨu 等韵中的 ɨ 相似,是"不圆唇高央元音,音值有点接近 ɿ"。

这个很接近 ɿ 的 ɨ 应当就是拼精照组声母的 -hi,此时也只是有点接近 ɿ,但还不是 ɿ、ʅ,因为支韵有 ši"师史驶·瑟涩",末两个入声字不像念 ɿ 韵。《切韵指掌图》十八图(基)把"兹雌慈思词"列为一等,但从四声相配看"兹紫恣则、慈○自贼、思死笥塞",同样也似非读 ɿ,应当也是 ɯ、ɨ、ɘ 类的音,这类元音列为一等当也是合理的。申叔舟《四声通考》赀字作△即从 ɯ 加日母,胡明扬(1963)也转写为 ɨ。

既然 -hi 念 ɨ,因此《蒙古字韵》将单元音韵列入支韵与 i 合为一韵,它们确是比较相近的。

作为拼音文字,自有其拼法规定,因为 h+i=ɨ,所以它规定 h、ɣ[hfi]两母遇 i 即读 ɨ,而真正读 i 的改拼ėi。于是按音分列后表面上出现了一、三等,二、三、四等在喉牙音声母杂乱现象,其实是正字法规定所造成的(ė 在牙音后表介音 i,喉音后表隔音符),应该在音标转写中改换为代表真正音值的符号,如下例,每条前面是旧式转写,方括号内为本文新定之值:

	侯	痕	登	德
k组	钩 ghiw[ġiw]	根 ghin[ġɨn]	亘 ghiŋ[ġɨŋ]	刻 k'hij[khɨj]
h组	侯 ɣiw[hɦiw]	痕 ɣin[hɦɨn]	恒 ɣiŋ[hɦɨŋ]	黑 hij[hij]

	尤幽	欣真	庚清青蒸	陌锡职
k组	鸠 giw[ġiw]	巾 gin[ġin]	京荆兢 giŋ[ġiŋ]	戟棘 gi[ġi]
	樛 gėiw[ġiɪw]	紧 gėin[ġiɪn]	庚经颈 gėiŋ[ġiɪŋ]	击 gėi[ġiɪ]
h组	休 hėiw[hiw]	欣 hėin[hin]	兴 hėiŋ[hiŋ]（行形 ħėiŋ=hɦjiɪŋ）	赩 hi[hi]（觌 ħėi=hɦjiɪ）

但这样一来也造成部分二、四等的 h 组字如"行形"与三等"兴"韵相混的副作用。又 i 韵本身因喉牙音无 i、ɨ 对立，却无回避（如 hi"希"只是与 hiɪ"醯"对立）。

另外，因为 h 组加 w 等于 f、ffi，所以其合口字易混入非敷奉里去，如阳韵"方、荒"虽然分列，但都拼 hwaŋ，这在别的字还没有什么，匣母合口有"皇"字，混同"房"字就属大不敬，所以"黄皇"这组音特拼为 ɣoŋ[hɦoaŋ]，这是让 o 起个介音作用来代 u，以为区别。

《七音》因为起索引作用，凡 h 组字母的特别拼法皆予以分列，如"黑"与"克"分、"欣"与"斤"分、"歆"与"金"分、"黄"与"光"分。《韵会》不理解那是拼式问题，也一一照抄分出"字母韵"，实际是没有了解《蒙古字韵》韵母系统及拼法的区别。

《蒙古字韵》寒韵的 on 因分布 p、t、ts、k 各组，不限于喉音，所以与"皇黄"不同，是真的 on 韵。但它合在 an 韵，所以实际上应读 oᵃn，笔者在调查赣语 on 韵时，各地音值不一，on、ɔn、ɔᵃn、oᵉn、oᵃn 都可听到，《蒙古字韵》所据雅音可能也是这种情况。on 与 uan 相区别一直到《中原音韵》《西儒耳目资》还没变。

现在说 ė。龙果夫这样拟是把它看作单元音,李新魁(1983:88)则认为 ė 实际对汉语复元音 ia,是蒙古人把带 i 介音的 a 用单元音符号表示;麦耘(1995)、郑张尚芳(1996)都认为它是 i、ɿ 类介音,依据八思巴字正字法,介音附属于声母,后面无其他元音符号时自然带 a(带 a 是字母的本读,遇其他元音符号时才变读)。

在字母总表 ė 为 39 号。ᓭ 也,龙氏把它看成 33 号 ᓂ 的反体,但它不与 31 i 伊、32 u 邬、33 e 翳、34 o 污等单元音列在一起,而与 40 ṳ 喎、41 į 耶轻呼这类作介音的半元音(注音都用复元音字)列在一起。40、41 这两个符号是藏文声母的下置介音 w、j。实际上 ᓭ 应是 41 ᓂ [j]的变形(左尖角变方角),用来表示相似的音,所以 j 注"耶轻呼",而 ė 注"也",两个注音字汉语只是声调不同。轻呼的表半元音 j,则 ė 应为相对的元音性介音 i。郑张尚芳(1996)指出前者和 j 声母一样都用于见系二等字:

见母[-j-介音]	街格 ġjaj	艰间 ġjan⑥	监缄 ġjam	交教角 ġjaw
疑母[j 声母]	涯额 jaj	颜眼 jan	岩 jam	咬乐岳 jaw

后者则用来表示其他细音(三、四等,也有部分二等字),也不限于见系字,并可拼于 j 声母之后,所以只能是元音性的 i 介音,杨耐思(1986)ė 作介音转写为 ɿ,作领音为 ɿɛ,如:

居 ġiu　余 jiu　君 ġiun　恋 lion　嫌 hɦiem

在没有别的元音时它是 ia,如:

姜港 ġiaŋ　况 hwiaŋ　肩坚 ġian　烟 ian

依龙果夫"姜港 ġėŋ、况 hwėŋ",则使人难以理解它们为什么读得那

---

⑥ 《蒙古字韵》误作 ġėn,但据其他八思巴材料应作 gian。朱本《蒙古字韵》这类误字不少,需据其分韵关系校正。

么怪,假如真的读近 e,为什么不列入庚韵而列入阳韵?

"颜间"jan 入寒韵,而"焉坚"ian 入先韵,麦耘认为 i 可能使后面的 a 窄化为 æ,这种可能也会存在,视今天的北京话 ian 实读 iɛn 可以想见。这里的 ian 同样也只是音位标音。

ė 改为 i(ɪ)介音后再拼 i 元音 (ėi) 怎么转写(在非 h 组声母)?写作 ii 自然也可以,但易滋疑感。郑张尚芳(1996)建议在这种情况下转写作 iɪ,与实际为 ɪ 的单元音 i 也是洪细关系(麦耘则直接写为洪 ɪ 细 i)。

杨耐思(1986)、麦耘(1995)都分析了《蒙古字韵》中的重纽表现,指出带 ė 的主要为四等韵字与重纽四等韵字(及小量二等字),与其相对的不带 ė 的则为三等韵字与重纽三等字(原有一些喉音例外,本文上节分析已为之排除了)。这种表现与我们对中古音的推测相合,即郑张尚芳(1996)指出的中古音元音性介音有 ɨ、i 之别,其分布:

ɨ——三等,重纽三等(周法高 B)

i——四等,重纽四等(周法高 A)

这跟《蒙古字韵》的重纽表现相一致。至于 i 介音有部分二等韵,那是从 j 介音来的。有的是合并,有的其实是误写,传写中将尖角 j 写成方角 ė[i] 了。

这个 ɨ 比 i 松弱,因此在向 i 转化时可能像麦耘所说先变近 ɪ。这样 ɨi 更可能形成 ɪ。而这在 ɪ、e 相拼时,很不显著,所以中古的三等 ɨɛ 在八思巴字中都被写成 e,而对立的四等、重四 ie、iɛ 这时则变成 ia,这是由于有着 e→ie→ia 音变链存在。看来这音变在八思巴时代继续在发展:杨耐思(1986)指出非重纽的舌齿音字中,有着浊音读 e(ɪɛ)清音读 ė(ia)的倾向。可以认为这表示了:可能在声母清化过程中,韵母分组扩散新音变的进程(到《中原音韵》这种音变就完成了,合并为一)。

松弱的 ɪ←ɨ 介音易被八思巴省略,但强的 i 介音不会被忽略,应较明显,所以"鸡 gèi 经 gèiŋ"在崔世珍《四声通解》所录《蒙古韵略》(按即《蒙古字韵》前身)音的谚文转写中都转写为 kjəi、kjəiŋ,把 ė 转写为 jə 有些过强调 i 介音了,但充分说明这 i 是不能省略的,所以我们把这类ėi都转写为 iɪ,而不像麦耘那样作单 i,以免被误认为没有 i 介音。

可见《蒙古字韵》音系介音较为复杂,它有 ɯ(h)、w、o、及 j、i(ė)、ɪ 六个,而 ɪ 不标出。其中 j、i、ɪ、w 较常见,以麻韵为例:

麻 a	ja 家鸦	ia 结	ɜɪ 迦讦
瓜 wa		wia 趹	wɜɪ 厥

四、入声问题

当时有入声没有问题,因为《蒙古字韵》明明分列入声,而相传习的四声八调中还分阴阳入。花登正宏(1986)指出《七音三十六母通考》"入声字独自构成字母韵,而且没有一个入声字与阴声字同韵"。入声自成入声韵,不与阴声韵并混,跟吴语、江淮话、晋语等入声带喉塞尾的方言相同,是入声字带喉塞音的明证。而《七音通考》实际是《蒙古字韵》的查音索引,两者是一致的。

明代朝鲜申叔舟《四声通考》及崔世珍《四声通解》引录《蒙古韵略》时于入声字末"皆加影母为字",表示有 ʔ 尾。崔世珍在《翻译老乞大朴通事·凡例》中记录了当时五声的调值:

> 平声全清次清之音,轻呼而稍举,如国音去声之呼[按:国音去声直而高];全浊及不清不浊之音,先低而中按后厉、而且缓,如国音上声之呼[按:国音上声厉而举]。

上声之音，如国音平声之呼［按：国音平声哀而安］；去声之音，直而高，与同国音去声之呼［按：国音去声直而高］。

入声之音，如平声浊音之呼而促急。

入声有二音。……其声直而高呼如去声者一点；先低后厉而促急，少似平声浊音之呼者二点。

依此可拟为阴平445，阳平214，上声22，去声55，入分为二：ʔ5，ʔ24（远藤光晓拟阴平45，上声11，余同，并与湖北天门阴45，阳213，上22，去33，入13相比）。

可见明时入声音促急，好像还有弱的喉塞。需要说明的是，朝鲜语本身无声调，所谓国音四声也是指唐宋传承的汉字音文读法（传统读音）。

那么《中原音韵》在明之前已经有入派三声迹象，岂非倒了吗？《中原音韵》是否有入声也是个争执不休的问题。我赞同李新魁（1983）、杨耐思（1981）《中原音韵》本有入声的主张，尤其像《蒙古字韵》《中原音韵》等著录的读书音音系。但入派三声（全浊归阳平、次浊归去声、全清归上声）这种有规律的变化应是当时中原俗语的发展方向，从而使许多字产生非入声的异读。异读是各种音变的过渡形式。编方言同音字表有人只录文读，现在更注意白读，古人想亦如是。崔世珍的《翻译老乞大朴通事·凡例》（谚文并注音标）：

入声之音如平声浊音之呼而促急，其间亦有数音，随其呼势而字音亦变焉。如入声"轴"声本音즁 tʃiu（两点），呼如平声浊音，而或呼如去声为즂 tʃiu（一点）；"角"字呼如平声浊音为교 kio，而或곤 kiao，如去声为곤 kiao，或呼如上声为곤 kiao，又从本韵거 kɤ 之类。

可见入声异读之盛，现在晋语区也有很多舒促两读现象。

但《翻译老乞大朴通事》正文中"角"字共出现了十七次都作kio,不注那三个异读(远藤光晓 1984),是嫌它们太口语化吧?

入声在现代官话中,除了准官话的晋语、江淮话入声独立保留喉塞尾,西南官话全归阳平未分化外,其他都只有全浊归阳平。全清与次浊则东部官话(冀鲁、胶辽、燕满)二分,次浊归去;西北官话都归去,而中原官话都归阴平。汴洛今音都归阴平,那么《中原音韵》全清读上声反同胶辽,难道李新魁等对它记录中原雅语的推测错了?且慢,有个事实证明原来汴京人口语清入不归阴平而归上声。明郎瑛《七修类稿·杭音》:"城中语音好于他郡,盖初皆汴人,扈宋南渡,遂家焉,故至今与汴音颇相似。如呼'玉'为'玉(音御)',呼'一撒'为'一(音倚)撒',呼'百零香'为'百(音摆)零香',兹皆汴音也。唯江干人言语躁劲,为杭人之旧音。教谕张杰尝戏曰:'高宗南渡,止带一百(音摆)字来。'亦是谓也。审方音者不可不知。"

汴梁口语在宋时已入派三声,全清字归上(百、一),次浊字归去(玉),跟《中原音韵》所记正同。这是由汴梁移民传至杭州的外来音,与当地土音大异,作为杭州(仁和)本地人的郎瑛"审音"不会审错。移民保存旧音是语言史上常见的事实,汴洛今读阴平应是后来的变化。宋时已有这类派入三声的口语音也不影响读书音仍作入声。直到晚近的《河南通志·语言》还说:"汲、淇、陕、洛等县虽有入声,地域不广。"现在洛阳入声可消失了,消失时间还不太久。

所以,当时入声应既有入声读法又有来自俗语的舒声异读。

参考文献

《原本翻译老乞大·朴通事 四声通解》,1985 汉城大提阁本。

道　布　1983　《蒙古语简志》,民族出版社。

胡明扬　1963　《〈老乞大谚解〉和〈朴通事谚解〉中所见的汉语、朝鲜语对音》,《中国语文》第 3 期。

胡明扬　1980　《〈老乞大谚解〉和〈朴通事谚解〉中所见的〈通考〉对音》,《语言论集》第 1 辑,中国人民大学出版社。

花登正宏　1986　《〈礼部韵略七音三十六母通考〉韵母考》,《音韵学研究》第 2 辑,中华书局。

忌　浮　1995　《〈平水韵〉考辨》,《中国语言学报》第 7 期。

金　鹏　1958　《藏语拉萨、日喀则、昌都话的比较研究》,科学出版社。

金有景　1984　《论日母——兼论五音、七音及娘母等》,傅懋勣等主编《罗常培纪念论文集》,商务印书馆。

李新魁　1983　《〈中原音韵〉音系研究》,中州书画社。

李新魁　1993　《李新魁自选集》,河南教育出版社。

李　荣　1956　《切韵音系》,科学出版社。

龙　晦　1984　《释〈中原雅音〉——论中原雅音的形成及使用地域》,《音韵学研究》第 1 辑,中华书局。

龙果夫　1930　《八思巴字与古汉语》,唐虞译,科学出版社 1959。

罗常培　1959　《论龙果夫的〈八思巴字和古官话〉》,《中国语文》第 12 期。

麦　耘　1995　《〈蒙古字韵〉中的重纽及其他》,《音韵与方言研究》,广东人民出版社。

沈钟伟、王士元　1995　《吴语浊塞音的研究——统计上的分析和理论上的考虑》,徐云扬主编《吴语研究》,香港中文大学新亚书院。

潘悟云　1997　《喉音考》,《民族语文》第 5 期。

岩田礼等　1995　《苏州方言浊音发声的生理特性》,石锋编《汉语研究在海外》,北京语言学院出版社。

杨剑桥　1996　《汉语现代音韵学》,复旦大学出版社。

杨耐思　1984　《汉语影、幺、鱼、喻的八思巴字译音》,《中国民族古文字研究》,中国社会科学出版社。

杨耐思　1986　《近代汉语"京、经"等韵类分合考》,《音韵学研究》第 2 辑,中华书局。

杨耐思 1989 《〈韵会〉与〈七音〉〈蒙古字韵〉》,吕叔湘等著《语言文字学术论文集——庆祝王力先生学术活动五十周年》,知识出版社。

杨耐思 1994 《八思巴汉语的字母》,《语言研究》增刊。

远藤光晓 1984 《〈翻译老乞大·朴通事〉里的汉语声调》,《语言学论丛》第 13 辑。

张树铮 1994 《山东方言"日"母字研究》,《语言研究》增刊。

照那斯图、杨耐思 1984 《八思巴字研究》,《中国民族古文字研究》,中国社会科学出版社。

照那斯图、杨耐思 1987 《蒙古字韵校本》,民族出版社。

赵元任 1934 《音位标音法的多能性》,《史语所集刊》4 本 4 分;收入《赵元任语言学论文选》,中国社会科学出版社 1985。

周祖谟 1966 《问学集》,中华书局。

郑张尚芳 1964 《温州音系》,《中国语文》第 1 期。

郑张尚芳 1992 《汉语方言一些语音现象的历史解释三题》,第一届汉语语言学会议论文,新加坡大学。

郑张尚芳 1995 《赣闽粤语里古全浊声母今读浊音的方言》,《吴语和闽语的比较研究》,上海教育出版社。

郑张尚芳 1996 《汉语介音的来源分析》《语言研究》增刊。

八思巴字与《蒙古字韵》音系研究中的若干核心问题

——《〈蒙古字韵〉所代表的音系及八思巴字一些转写问题》导读

董建交

  《蒙古字韵》是反映近代早期北方汉语音系的重要文献,它首次用拼音文字——八思巴字系统地记录了近代汉语的语音,开创了一种新的韵书体式。《蒙古字韵》很早就受到学界重视,经过长期研究,八思巴字记录的汉语音系已经大致清楚,但还有许多未解的难题。郑张尚芳先生的《〈蒙古字韵〉所代表的音系及八思巴字一些转写问题》(1998)对八思巴字转写以及元代汉语音系拟测中涉及的一些疑难问题作了深入探讨,是研究八思巴字、《蒙古字韵》音系乃至近古汉语音韵的一篇重要论文。该文首发于《李新魁教授纪念文集》(1998),又收入《郑张尚芳语言学论文集》(2012)。

  本文结合学界的研究对郑张先生这篇论文进行梳理和导读,主要就郑张先生文中所论及的几个问题,介绍相关背景,分析主要观点和论证过程,指出其中可能存在争议的问题及学界的不同观点,并介绍其后的研究进展。

一、八思巴字和《蒙古字韵》

1.1　元世祖中统元年(1260),元朝国师八思巴奉忽必烈之命仿照藏文创制"蒙古新字",后来称为"八思巴字"。至元六年(1269)八思巴字作为"国书"颁行,在全国推广,用来"译写一切文字"(《元史·释老传》)。此后直到北元时期,产生了大量以八思巴字译写蒙古语、汉语及藏语、梵语、维吾尔语的文献。

译写汉语是八思巴字的重要用途之一,为了译写准确,就出现了八思巴字注音的汉语韵书。《蒙古字韵》大致作于元朝初期,具体年代和作者已不可考,其正文的体例是先分十五韵部,各韵部顺序大致按韵尾类聚:一东-ŋ,二庚-ŋ,三阳-ŋ,四支-ø,五鱼-ø,六佳-j,七真-n,八寒-n,九先-n,十萧-w,十一尤-w,十二覃-m,十三侵-m,十四歌-ø,十五麻-ø。每一韵又分为若干韵类(相当于《古今韵会举要》的"×字母韵"),每一韵类内按照声母顺序分列八思巴字字头。每个八思巴字字头下再按平、上、去、入四声分列汉字同音字组(入声配阴声支、鱼、佳、萧、歌、麻六韵),不加注释,只录韵字。如郑张先生文中指出的,从性质上说,《蒙古字韵》是首份系统的八思巴字标音的汉语古官话同音字表。

据前人研究,《蒙古字韵》是前有所承的。它的编纂程序可能是先在汉语韵书《韵略》上标注八思巴字,成为《蒙古韵略》,[①]这种《韵略》是在《新刊韵略》(即《平水韵》)的基础上改并重编而成的(宁忌浮1997:159),但其具体面貌现在已不得而知;然后再将八思巴字及其对应的汉字按元音字母和三十五声母顺序排列,删去注释,就成为

---

① 《蒙古韵略》早已亡佚,但明确见于记载。《古今韵会举要》三次提到《蒙古韵略》,分别见于支韵"宜"字下、麻韵"牙"字下和沃韵"不"字下按语,提到《蒙古韵》之处更多。明代朝鲜学者对《蒙古韵略》非常重视,崔世珍《四声通解》凡例一说:"《蒙古韵略》,元朝所撰也。胡元入主中国,乃以国字翻汉字之音,作韵书以教国人者也,其取音作字至精且切。《四声通考》所著俗音或同《蒙韵》者多矣。今撰《通解》必参以蒙音,以证其正俗音之异同。"

带有八思巴字注音的汉字同音字表《蒙古字韵》。《蒙古韵略》和《蒙古字韵》大致是繁简和编排方式不同但音系基本一致的两种韵书（沈钟伟 2015：11）。

元代熊忠根据黄公绍的《古今韵会》编成《古今韵会举要》（以下简称"《韵会》"）一书，于元大德元年（1297）刊行。《韵会》正文之前附有一份韵表，题名为《礼部韵略七音三十六母通考》（以下简称"《通考》"），《通考》标题后有阴梓注明"《蒙古字韵》音同"，这是最早提到《蒙古字韵》的文献。《通考》韵表前有一段文字说明："韵书起于江左，本是吴音。今以《七音韵母》通考韵字之序，惟以雅音求之，无不谐叶。"《通考》是在《礼部韵略》107 韵的框架之下，对每个小韵的读音进行重新审订，并用固定汉字代表的三十六字母和 217 字母韵作注音。《通考》附于《韵会》之前，大致是起索引作用的。《蒙古字韵》《通考》《韵会》三种音韵文献之间关系密切，音系大同小异。它们共同反映了从中古后期向近代过渡时期的音韵创新。

宁忌浮（1997：6）认为，《蒙古字韵》《通考》《韵会》都源于已经亡佚的韵图《七音韵》，就是《通考》所依据的《七音韵母》。郑张尚芳（2000）提出，《通考》所反映的《七音韵》具有八思巴字母正字法所造成的特点，如中古影、喻、匣母分为影-幺、鱼-喻、合-匣六母等，所以不可能是八思巴字以前的作品，它应该是为《蒙古韵略》编的索引。沈钟伟（2015：390）举出了《七音韵》中出现的与《蒙古字韵》八思巴字拼写有关的错误，更明确地指出"其出现一定在《蒙古字韵》之后"，"《七音韵》是按照《蒙古字韵》体例编排的结果"。如果《蒙古字韵》音系不源于《七音韵》，它的源头仍然是未解之谜。

1.2 现存孤本《蒙古字韵》是清抄本，藏于英国伦敦大英图书馆，此抄本根据的是元至大元年（1308）朱宗文作的校订增补本。卷首有"字母"表，列出 39 个声母字符和 7 个非声母字符。具体如下：

见　溪　群　疑　端　透　定　泥　知　彻　澄　娘

帮　滂　並　明　非　敷　奉　微　精　清　从　心

邪　照　穿　床　审　禅　晓　匣　影　喻　来　日

同上

此七字属喻母

"字母"表中"知彻澄"和"照穿床"所用符号相同,说明两组无别。"非""奉"所用的符号相同,与"敷"母不同:"非"ꡤ＝"奉"ꡤ≠"敷"ꡤ。但正文中"非""敷"二母字无别,列在同一个八思巴字头下,与"奉"母字对立:"非"ꡤ＝"敷"ꡤ≠"奉"ꡤ。正文与元代官话的实际情况相符。这样,《蒙古字韵》实际声母字符总数是35个,其中ꡯ、ꡰ、ꡡ、ꡌ、ꡮ也用作韵尾。另有7个非声母字符,没有相应的汉字标音,注"此七字属喻母"。这42(35+7)个字符就是译写汉语中用到的所有八思巴字符。[②]

1.3　在汉语韵书史上,《蒙古字韵》具有重要价值。由于汉字是一种意音文字,不能直接反映语音,传统韵书的反切、韵图等也只能提供音类信息,要了解古音音值,还需借助现代方言及其他外部材料进行构拟。相对而言,拼音文字八思巴字标音材料能够较为直接地反映音值及音段的细节,为研究早期官话提供了难得的精确标音材料。杨耐思(1990)称之为"历史上第一个汉语拼音方案"。

但是由于八思巴字是在藏文的基础上创制的,它的目的首先是记录蒙古语,在译写汉语时,八思巴字的拼写规则与实际音值之间存在龃龉。以《蒙古字韵》为代表的八思巴字汉语材料实际上是非汉人

---

② 八思巴字与藏文一样,元音 a 是零形式,不计在内。

所作的转写,桥本万太郎(Hashimoto 1967)认为这种转写是经过蒙古语音系的"过滤"的,沈钟伟(Shen 2008)提出,八思巴字的创制者八思巴喇嘛是藏族人,他所接受的汉语语音必然受其母语藏语的影响。对音人感知的汉语语音与实际语音之间难免会有差距。因此,要通过《蒙古字韵》来探究元代汉语的语音,还需对八思巴字本身的音值以及它所反映的汉语音值进行深入的考证。

基于以上因素,在八思巴字汉语语音研究中,对转写和拟音应该加以区分。麦耘(1995)提出,根据八思巴字拟测元代汉语音应该分两步走,一是从八思巴字标写形式复原出作为外族人的对音者所感觉到的音,这一步不是拟测,而是较深层次的转写;二是在这个基础上再复原出当时汉语的语音,这是正式的拟测。沈钟伟(Shen 2008)也强调,应区分四个不同层次的语音:单个八思巴字符字面的音值,八思巴字拼写反映出的译写者所感知的汉语语音,表层语音层次的汉语语音,底层音位层次的汉语语音。这样的研究路径无疑是科学的。郑张先生此文实际就是在前人(主要是照那斯图和杨耐思1984)转写的基础上,利用各种材料,并结合音理,来拟测八思巴字反映的元代汉语语音。郑张先生文中所谓"转写"实指八思巴字汉语音值的拟测。

二、清浊声母及其音值拟测

2.1 《蒙古字韵》中存在一套全浊声母,同时八思巴字与汉字音对应存在特殊的清浊交替(flip-flop)现象,即本来表示浊塞音塞擦音的八思巴字符用来拼写汉语相应的不送气清音,而本来表示清塞音塞擦音的八思巴字符用来拼写汉语相应的浊音,送气清塞音塞擦音八思巴字符仍对应汉语送气清音。这从八思巴字藏文原型音值对照中可以看得很清楚:

ꡂ	ꡁ	ꡀ	ꡊ	ꡘ	ꡩ	ꡎ	ꡍ	ꡌ	ꡱ	ꡛ	ꡜ	ꡒ	ꡑ	ꡤ
见	溪	群	端	透	定	帮	滂	並	知	彻	澄	精	清	从
k	kʰ	g	t	tʰ	d	p	pʰ	b	tʂ	tʂʰ	dʐ	ts	tsʰ	dz
ꡃ	ꡁ	ꡀ	ꡙ	ꡆ	ꡡ	ꡓ	ꡍ	ꡌ	꡷	ꡉ	ꡜ	ꡞ	—	—
g	kʰ	k	d	tʰ	t	b	pʰ	p	dʑ	tɕʰ	tɕ	—	—	—

ꡒ(精)、ꡑ(清)、ꡤ(从)这组八思巴字不是根据藏文创制的,但根据《书史会要》和《法书考》所录原始字母的顺序,这一组音和其他组一样存在清浊交替现象;另外,零声母ꡖ(影)和ꡝ(喻)也存在清浊交替关系(参 Shen 2008：103、112)。

2.2　这里涉及浊音的音类和音值两个问题。首先,元代汉语共同语是否还保存清浊对立,这还是有争议的问题。元代音韵材料存在存浊和浊音清化两个系统,前者以《韵会》《蒙古字韵》为代表,一直到明初《洪武正韵》还基本保持清浊对立;后者以《中原音韵》为代表,浊音清化,平声中清浊对立转变为声调阴阳之别,仄声中浊音字与清音字合流。两者时代相距不远,为何有如此分歧？是否都反映实际语言？

苏联汉学家龙果夫(1930)提出元代汉语共同语有两种读音系统的观点,来解释文献材料的矛盾。他认为,保留全浊声母的八思巴碑文、《洪武正韵》《切韵指南》等材料反映的是甲类方言,它在有些地方被当作标准官话,可是这些地方的口语是浊音清化的乙类方言。"这些碑文里所代表的'古官话'的声母系统绝不是靠古韵书的帮助臆造出来的,而是由实际的读音反映出来的"。罗常培(1959)对龙果夫的观点表示赞同,他说:"这两个系统一个是代表官话的,一个是代表方言的;也可以说一个是读书音,一个是说话音。"

这个解释得到了一些学者的支持,李新魁先生(1980)明确说:"汉语共同语的标准音实际上一直表现于两个方面,一个是书面共同语的标准音,一个是口语共同语的标准音。"他(1986)又指出,《洪武正韵》的存浊既不是复古,也不是反映南方音系,而是当时实际读书音的反映。杨耐思先生(1988)列举了几种元代记录声母系统的资料以及梵汉、藏汉、蒙汉对音材料,证明元代汉语共同语尚保存一套完整的浊声母,存浊与浊音清化两种音系应该都是当时实际存在的汉语"官话"的标准音,保存浊音的系统主要用于读书识字、官方文件的宣读、对外语言文字的音译等,这个系统可以称作教学语言,浊音清化系统主要应用于口头交际。

另一方面,也有学者对此提出质疑。宁忌浮先生(2003)对元代是否存在读书音与口语音的差异表示怀疑,他认为保存浊音和浊音清化两种声母系统差异巨大,不能同时共存于一个活的语音系统中。《蒙古字韵》乃至《洪武正韵》的存浊只是因袭旧韵书,不是共同语实际语音的反映。

郑张尚芳先生是主张《蒙古字韵》存浊声母系统代表当时共同语实际语音的。他根据昆曲闭口韵、京剧上口字、老国音标准及方言读书音的情况,对读书音和口语音的关系作了深入分析,认为两套语音可能同时存在,并对《蒙古字韵》保留浊音及入声是依傍韵书而非当时语音的观点作了反驳。

综合各种材料来看,从中古后期存浊的三十六字母系统到以《中原音韵》为代表的浊音清化声母系统,中间可能经过了知照两组声母合流但保存清浊对立的过渡期,声母为三十或三十一类。就《蒙古字韵》本身来说,存在清浊对立是确定无疑的。《蒙古字韵》是勇于创新的韵书,在很多方面反映了时音的变化,而表现出与传统韵书不同的特质,要说它唯独在保留全浊声母上刻意存古,因袭旧韵,恐怕难以令人信服。因此,我们倾向于认为《蒙古字韵》的存浊是有现实依据的,当时共同语读书音可能仍存在清浊音类的对立。

2.3 接下来的问题是,《蒙古字韵》中的浊声母是否是带音(voiced)的浊音,这就涉及塞音和塞擦音对应的清浊交替现象。从高本汉(1915－1926)开始,学者基本上是从外族对音人感知汉语的角度来解释清浊交替背后反映的汉语语音现象。

　　蒙古语中塞音塞擦音存在两向对立，如[p]-[b]、[t]-[d]、[k]-[g]，或认为是清-浊对立，或认为是紧-松对立。现代蒙古语[p]、[t]、[k]等实际是送气音，[b]、[d]、[g]在词首位置实际是清塞音。高本汉（1915 － 1926/1940：253 － 254）提出：蒙古语的清音[p]、[t]、[k]与[b]、[d]、[g]相比是强送气音，蒙古译音以清音代汉语的浊音，说明汉语的浊音是送气音，"汉语的 b'因为它的送气被蒙古人认为 p'，而汉语的弱清 p 因为没有送气就被蒙古人认为 b"。他认为蒙古人用清音代汉语的浊音，是基于它们共同具有的"送气"的特征，以此来证明古汉语的浊音是送气浊音。但这个观点已经被陆志韦、李荣等学者证明是不可靠的，所以他对清浊交替现象的解释也就没有了根据。

　　龙果夫（1930）比较了汉语和蒙古语塞音塞擦音的类型，他认为汉语的[p]、[t]、[k]等是"弱不送气清声"，写作[b̥]、[d̥]、[g̊]等，所以对音人拿表示浊不送气音[b]、[d]、[g]等的八思巴字符来对译。而汉语"古官话"的浊音是"半带音而送气的"，"像吴语和有些湖南方言"，所以对音人用略送气的清声[p]、[t]、[k]来对译。

　　郑张尚芳先生基本接受龙果夫（1930）对八思巴字汉语注音清浊交替现象的解释，在此基础上有所推进，结合现代语音学研究的成果，对这种现象背后的音理作了阐释。

　　首先，对于八思巴字以浊音对汉语全清音的现象，郑张尚芳先生认为，这是由于汉语的不送气清音是一种弱辅音，性质与浊音相近，所以译音人拿表示浊音的八思巴字符来对译汉语的不送气清音。郑张先生说："北京的清塞类音 t 等，实际是软的 d̥ 等。"这里说的"软"音就是指弱辅音而言。

　　语音学上有"弱辅音"（lenis consonant）的概念，指与强辅音相比，肌肉和呼吸相对较弱的辅音。汉语普通话的清塞音就是这种弱辅音。罗常培、王钧《普通语音学纲要》中指出,同是清音,也可以有强弱的不同:同一个"布"字,北京的声母是一个弱清辅音,像是个不带音的[b],有人用[b̥]来标写;上海话的声母却是个强辅音,只能用[p]来标写。林焘、王理嘉(1992)也指出:"典型的清塞音在发音时阻碍部位的肌肉都比较紧张,冲破阻碍的气流也比较强。普通话的塞音虽然都是清音,但发音时肌肉并不十分紧张,气流也不十分强,从肌肉的紧张程度和气流的强弱看,更接近于浊塞音,只是声带没有颤动,严格地讲,应该用[b̥]、[d̥]、[ɡ̊]等来描写,普通话的清塞擦音同样也有这种倾向。"

郑张先生认为,八思巴字用浊音对译汉语的不送气清音,是基于浊音与这种弱辅音的相似性。因此他主张把《蒙古字韵》声母系统中的不送气清塞音、塞擦音改拟为弱辅音,直接用国际音标[b̥]、[d̥]、[ɡ̊]等标写。

其次,对于八思巴字以清音对汉语浊音的现象,龙果夫(1930)指出,这是因为"古官话"的浊音是"半带音而送气的",所以对音人用略送气的清声[p]、[t]、[k]来对译。他把古官话"半带音而送气"的浊音与"吴语和有些湖南方言"的浊音相联系,已经触及问题的本质,但当时他对于这种"浊音"的性质还没有十分明确的认识。

经过长期探索,学界对现代吴语"浊音"的性质已经有比较清楚的认识。赵元任先生在20世纪20年代提出"清音浊流"的概念,描写吴语音节起首位置上的"浊音",指出大多数吴语中它并不是真正的浊音,而是清塞音后面跟浊送气音。后来曹建芬(1982)、石锋(1983)分别对吴语常阴沙话和苏州话浊塞音的声学特征作了研究,从浊音起始时间、后接元音的时长等方面探讨它们的性质。朱晓农(2010a)明确了"清音浊流"是一种"弛声"(slack voice)发声态,是清爆发音加气化元音,"气化"的实质是"弛声化",而不是"浊送气化"。他把"弛声类"发声态分为强、中、弱三小类,吴语的"清音浊流"是整个音节(声母和韵母)弛化的弛声。

郑张先生把现代语音学研究的成果运用于历史语音的构拟,指出八思巴字汉语注音以清对浊,反映出《蒙古字韵》音系浊辅音清化但其后接元音保留气化的特点,很像今日吴语的情形。吴语的浊流不是声母辅音本身或其所带气流的"带音"与否,而是后接元音的发声状态类型不同,元音不是正常嗓音而是气嗓音,或称为气化元音(breathy vowel),即 a 读[ʱa],tʱa 实为[tʱa]。这里[tʱa]中的ʱ 是元音气化的标记。

　　黄笑山(1995)曾根据 8 世纪日语汉音、佛经译音及汉字音注材料,认为中古后期"全浊"声母已经是一种类似吴方言"清音浊流"的音,记作 Cʱ(C 表示清辅音)。麦耘(1998)也认为中古后期的全浊声母就是"气声化音"。朱晓农(2010b)根据大量民族语和方言材料提出,中古汉语(甚至更早)的全浊声母就不是常态带声,而是听感浑浊的弛声,与今天吴语、湘语、赣语、桂北土话、老湖广话中的"浊音"相同。如果这个结论成立,那么从中古时期开始,汉语的浊音就不是带声浊音,而是弛声发声态。

　　弛声是整个音节的属性,郑张先生指出,这种情况在音系上可以有三种不同的处理方式:(1)合并清化声母于清音声母,而据后接元音气化与否、声带松紧,将所有韵母各区分出松紧两类元音音位。这是把区别放在元音上。(2)不区分声韵,只依声调分为两类,所有音节分为阴阳八调。这是把区别放在声调阴阳(调域高低)上。(3)沿袭历史,将区别放在声母上,依据后接元音气化及低调特征分出浊声母音位。郑张先生认为,既然八思巴字用清音对应汉语的浊音,表明它所记录的汉语浊声母本身已经清化,就不能再用浊音符号 b、d、g 等转写,而应拟测为 pʱ、tʱ、kʱ 等,而声调仍保持平、上、去、入四类。这种处理实际上增加了一个/ʱ/音段,与以上三种处理都不同。③ 这

---

③ 赵元任在《音位标音法的多能性》中认为,对于吴语的浊音,"唯一可行的方法是把浊音 h 看作一个音位,把元音符号写在它的后面,写成[ʱa][ʱe][ʱo]等等"。郑张先生的处理实际与此一致。

是照顾《蒙古字韵》本身声母对立,以清对浊,同时有平、上、去、入四个调类的格局。

在声调上,弛声和气化元音伴随低调域,常态清声伴随高调域,就形成了"四声八调"的声调格局。郑张先生引用9世纪日僧安然《悉昙藏》中记载的表、金、正、聪四家所传的汉语声调材料,论证近古中原汉语曾存在过四声八调格局,并拟测了调值。杜其容(1976)、王士元(Wang 1987)都曾提出,声母清浊必然影响声调高低,中古汉语平、上、去、入四声应按声母清浊各分阴阳两调,汉语声调的演变是由分而合的过程。潘悟云(1982)根据吴语的情况对此说作了进一步论证。

北宋邵雍的《声音唱和图》十二音图全浊仄声配不送气清音,全浊平声配送气清音。周祖谟先生(1943)据此认为:"盖全浊之仄声已读同全清,全浊之平声已读同次清矣。"但是李荣先生(1956)指出,《声音唱和图》浊声字仍标为"浊",并没有与全清和次清字混同,特别是去声入声中还存在清浊对立,如去声"帝"(端母去声)为清、"自"(从母去声)为浊,入声"百"(帮母入声)为清、"白"(並母入声)为浊。郑张先生认为《声音唱和图》浊音平声也许是 t'-ɦa,仄声是 t-ɦa,但音位不对立,这是全浊清化平声变送气清音、仄声变不送气清音的前奏。另外,《声音唱和图》中次浊声母(明、微、泥、来、日、疑母)分清浊两类,次浊上声("母马美米"等)为清类,其余(次浊平、去、入声,"日貌眉民"等)为浊类。这说明在上声次浊与清声母为类,而在平、去、入声,次浊与全浊声母为一类。如果把声母清浊看作声调对立,《声音唱和图》就是平、上、去、入各分阴阳,全浊上归阳去的七调系统。

2.4 对于八思巴字汉语材料中的清浊交替现象,也有学者从不同的角度进行解释。沈钟伟(Shen 2008)认为,八思巴字是率先用于译写蒙古语,然后才用于译写汉语的。蒙古语塞音塞擦音只存在两向对立,在译写蒙古语时,基于藏文送气清辅音而造的八思巴字符被用来表示蒙古语带强送气的紧音,基于藏文浊辅音而造的八思巴字符被用来表示蒙古语的松音,表示不送气清音的八思巴字符就没有用到。而蒙古语与汉语的对应已经确立:蒙古语紧音对应汉语的送气清音,松音对应汉语的不送气清音。对译蒙古语时已经使用的八思巴字符就被直接用来对译相应的汉语音,形成如下的对应关系(以舌根音为例):

八思巴字		蒙古语	汉语
丙	k^h	k^h(紧音)	k^h
司	g	k(ġ)(松音)	k
ꡀ	k	——	g

原来剩下没用到的表示不送气清音的八思巴字符(ꡀ等)只能用来对译汉语的浊音,就形成了八思巴字与汉语的清浊交替现象。这样的话,清浊交替现象就仅仅是塞音塞擦音二分和三分两个系统之间不能严密对应而导致的,并不能反映汉语的语音现象。沈钟伟先生的证据之一是《蒙古字韵》的清浊交替现象只存在于塞音和塞擦音中,如果清浊交替确实反映汉语的浊音清化为清音浊流,那么擦音也应当表现出同样的现象,但实际上擦音并不存在清浊交替。

总之,八思巴字汉语材料中的清浊交替是很特殊的现象,这个现象究竟是什么原因造成的?是否反映元代汉语的语音特征?要彻底回答这个问题,尚需更为深入的研究。

三、影-幺/鱼-喻/合-匣六母的分别

3.1 中古后期影、喻二母在《蒙古字韵》中都一分为二,分别构成ꡝ(影)-ꡗ(幺)、ꡀ(鱼)-ꡗ(喻)两组声母,部分中古疑母也参与进来,归入ꡀ(鱼)-ꡗ(喻)二母。另外,中古匣母也分为ꡖ(合)/ꡧ(匣)

二母。《蒙古字韵》"字母"表中ꡨ、ꡩ、ꡅ三母下注"同上",表明它们分别与ꡖ、ꡗ、ꡄ三母构成相应的三对声母。《通考》及《韵会》中也存在这个现象,《通考》分别称为影-幺、鱼-喻、合-匣,《韵会》则以七音清浊术语表示。这三种材料在三对声母分立上基本一致,大体对应如下(附上《书史会要》的字序编号及标音汉字,ꡅ、ꡨ二母没有标音汉字,用"—"表示):

《书史会要》	《蒙古字韵》	《通考》	《韵会》
23 阿	ꡖ	影	羽清音
45 —	ꡨ	幺	羽次清次音
30 哑	ꡗ	鱼	角次浊次音
24 耶	ꡗ	喻	羽次浊音
36 霞	ꡄ	合	羽次浊次音
44 —	ꡅ	匣	羽浊音

在少数小韵的归母上,《蒙古字韵》《通考》和《韵会》三种材料之间存在一些差异,具体可参看宁忌浮(1997:244－250)。

ꡗ(影)-ꡅ(幺)、ꡗ(鱼)-ꡅ(喻)、ꡄ(合)-ꡨ(匣)分立是《蒙古字韵》《通考》《韵会》一系韵书韵图的特点,它们究竟代表何种语音区别也是音系研究中的老问题。龙果夫(1930)、服部四郎(1946)、中野美代子(Nakano 1971)、杨耐思(1984b)、竺家宁(1986)、李添富(1991)、沈钟伟(Shen 2008)等学者都曾对此作过深入探讨。

3.2 ꡄ(合)-ꡨ(匣)的关系相对较简单,它们来自中古后期的匣母,从中古音来看,ꡨ(匣)母出现在四等韵及开口二等韵中,ꡄ(合)母出现在一等韵及合口二等韵中。在《蒙古字韵》中它们呈互补分布,不在同一韵母前出现。ꡄ(合)-ꡨ(匣)在各韵中分布情况如下:④

---

④ 第五栏转写采用沈钟伟(2015)的方案,略有调整。

韵			字	
东韵	□	四(合)	洪	ɦuŋ
庚韵	□	四(合)	恒	ɦiŋ
	□	反(匣)	雄	ɦyŋ
	□	反(匣)	行	ɦjiŋ
阳韵	□	四(合)	航	ɦaŋ
	□	反(匣)	降	ɦjaŋ
	□	四(合)	湟	ɦoŋ
支韵	□	反(匣)	奚	ɦji
	□	四(合)	迴	ɦuj
	□	反(匣)	攜	ɦyj
鱼韵	□	四(合)	胡	ɦu
佳韵	□	四(合)	孩	ɦaj
	□	四(合)	怀	ɦwaj
	□	反(匣)	膎	ɦjaj
	□	四(合)	劾	ɦij
真韵	□	四(合)	痕	ɦin
	□	四(合)	魂	ɦun
	□	反(匣)	礥	ɦjin
寒韵	□	四(合)	寒	ɦan
	□	四(合)	桓	ɦon
	□	四(合)	还	ɦwan
	□	反(匣)	闲	ɦjan
先韵	□	反(匣)	玄	ɦuɛn
	□	反(匣)	贤	ɦjen
萧韵	□	四(合)	豪	ɦaw
	□	反(匣)	皛	ɦjɛw
	□	四(合)	穫	ɦwaw
	□	反(匣)	肴	ɦjaw
尤韵	□	四(合)	侯	ɦiw

覃韵	ꡏ	ꡣ(合)	含	ɦam
	ꡗꡏ	ꡯ(匣)	咸	ɦjam
	ꡦꡏ	ꡯ(匣)	嫌	ɦjem
歌韵	ꡡ	ꡣ(合)	何	ɦo
	ꡧꡡ	ꡣ(合)	和	ɦwo
麻韵	ꡦ	ꡯ(匣)	纈	ɦjɛ
	ꡧ	ꡣ(合)	华	ɦwa
	ꡗ	ꡯ(匣)	遐	ɦja
	ꡧꡦ	ꡯ(匣)	穴	ɦɥɛ

可以看出,ꡯ(匣)只拼细音韵母,ꡣ(合)只拼洪音韵母。⑤ 前人已经认识到ꡣ(合)、ꡯ(匣)二母是同母洪细差异——ꡣ(合)洪、ꡯ(匣)细。郑张尚芳先生指出,旧式ꡣ转写为 ɣ、ꡯ转写为 ɦ 存在问题,而改为ꡣ(合)hɦ/xɦ、ꡯ(匣)hɦj/xɦj,与其他浊声母用"清音+ɦ"的方式一致。他认为此时中古匣母处在由 hɦ 向 xɦ 的过渡期,可能 hɦ/xɦ 互读,所以给出两种形式。其他学者的转写基本上也都是ꡣ(合)母为 ɦ 或 ɣ,ꡯ(匣)母在ꡣ(合)母上加 j,作 ɦj 或 ɣj,这个 j 表示ꡯ(匣)母是带腭化色彩的浊喉擦音或软腭擦音,由于它后接韵母已有腭介音,在转写整个音节时声母的 j 不必写出。

3.3　ꡝ(影)-ꡖ(幺)、ꡭ(鱼)-ꡗ(喻)四母的来源和分化比较复杂。杨耐思(1984b)以《切韵》为参照,详尽列出了四母出现的韵母条件,总结了各母分化的规律。引述如下:

影-幺　都来自中古影母:

(甲) 一等、二等合口、三等子类、三等丑类、三等寅 B 类(等韵排在三等格子里的)——影

(乙) 二等开口、三等寅 A 类(等韵排在四等格子里的)、四等——幺

---

⑤ ꡣ(合)拼ꡞ(i)的几个音节ꡣꡞꡃ"恒"、ꡣꡞꡜ"劾"、ꡣꡞꡋ"痕"、ꡣꡞꡓ"侯",下文再讨论。

鱼-喻 来自中古后期云母(喻三)、以母(喻四)和部分疑母:

(甲)云母,疑母一等(只有合口字)、二等合口、三等子类(只有合口字)、三等丑类、三等寅 B 类(等韵排在三等格的)——鱼

(乙)以母,疑母二等开口、三等寅 A 类(等韵排在四等格的)、四等(只有开口)——喻

沈钟伟(Shen 2008)指出,三、四等韵中凹(影)-彐(幺)的分化和卪(鱼)-彐(喻)的分化实际上完全是基于中古后期韵图的三等和四等之别,即韵图排在三等格的归凹(影)、卪(鱼)母,韵图排在四等格的归彐(幺)、彐(喻)母,而不是以《切韵》的等为条件。他总结了中古后期影、喻、疑部分、匣母到《蒙古字韵》凹(影)-彐(幺)、卪(鱼)-彐(喻)、凹(合)-氏(匣)三组声母的分化规律:

表 1 凹(影)-彐(幺)、卪(鱼)-彐(喻)、凹(合)-氏(匣)三组声母的分化规律

	一等		二等		三等		四等	
	开口	合口	开口	合口	开口	合口	开口	合口
类型	1	1	2	1	1	1	2	2
影	凹	凹	彐	凹	凹	凹	彐	彐
喻	/	/	/	/	卪[1]	卪	彐	彐
疑	(凵)	卪[2]	彐	卪	(凵)	卪	彐	/
匣	凹	凹	凹	氏	/	/	氏	氏

注: 1. 喻母三等"炎"小韵为彐(喻)母,例外。另有几个喻三声母字作凵(疑)母:"矣"凵、"濿"凵、"鸹"凵、"尤"凵,这些小韵按规律当作卪母。出现此种例外的原因不明,这样一来,疑母和云母开口三等实际就没有最小对立。这可能说明疑母开口三等已经不能保持鼻音 ŋ-,从而与喻三合流。

2. 疑母果合一"讹"氏、遇合一"吾"彐/臻合一"兀"彐、山合一"杬"氏这三个音节用元音字符上端加横线表示声母,作用同卪母。《韵会》和《通考》中这些音节为疑母("角次浊音")。

韵图四等和已经细音化的开口二等为彐(幺)/彐(喻)母,韵图三等为凹(影)/卪(鱼)母。这样,从《切韵》系统来看属于例外的情况,

都能用韵图的等来解释。如杨耐思(1984b)提到(甲)的例外有:影母三等清韵开口"婴、瘿"、清韵合口"萦"、幽韵"幽黝、幼"等小韵《蒙古字韵》归"ヨ(幺)"母,而《切韵》三等清韵和幽韵《韵镜》都置于四等格,《蒙古字韵》把这些小韵归"ヨ(幺)"母,符合韵图四等为"ヨ(幺)"母的规律。

　　杨耐思(1984b)认为凵(影)-ヨ(幺)、ひ(鱼)-ヨ(喻)都是零声母,两组之间是清浊之别,凵(影)、ヨ(幺)属清,ひ(鱼)、ヨ(喻)属浊;两组内部两个字母之间的区别是洪音和细音不同,凵(影)、ヨ(幺)分别表示清音洪细,ひ(鱼)、ヨ(喻)分别表示浊音洪细。照那斯图和杨耐思《蒙古字韵校本》(1987)转写为:

表2　凵(影)-ヨ(幺)、ひ(鱼)-ヨ(喻)四母转写

	洪		细	
清	臼 影	·	∪ 幺	j
浊	ひ 鱼	'	∪ 喻	j

郑张先生大体接受杨耐思(1984b)的意见,但对照那斯图和杨耐思(1987)的转写作了一些修改:

表3　凵(影)-ヨ(幺)、ひ(鱼)-ヨ(喻)四母转写

	洪		细	
清	臼 影	'	∪ 幺	'j
浊	ひ 鱼	'ɦ	∪ 喻	j

　　八思巴字符凵(#23)、ひ(#30)、ヨ(#24)是根据藏文造的,ヨ(#45)是为表示汉语"幺"母而在ヨ(#24)的基础上造的。这几个字符在标写汉语时的转写要参照它们的藏文原型的读音及转写而定。下面列出八思巴字符的藏文原型、现代拉萨语音、藏文转写(Wylie)进行说明:

表 4　ꡖ(影)-ꡭ(幺)、ꡝ(鱼)-ꡗ(喻)四母的藏文原型及其语音转写

藏文	拉萨音	藏文转写	八思巴字	《书史会要》	《通考》
འ	[ɦa^{13}]	’	ꡖ	23 阿	影
ཨ	[ˀa^{54}]	·	ꡝ	30 哑	鱼
——	——	——	ꡭ	45 —	幺
ཡ	[ja^{13}]	y	ꡗ	24 耶	喻

ꡖ(#23)的藏文原型是འ,现代拉萨藏语这个音记作[ɦa^{13}],实际上它只是用来表示零声母低调域,转写为“’”;ꡝ(#30)的藏文原型ཨ表示零声母高调域,带前喉塞音 ʔ-,一般用“·”转写。相应的八思巴字在拼写汉语时,ꡝ(#30)用来表示零声母低调域音节(鱼母),ꡖ(#23)用来表示零声母高调域音节(影母)。因此严格说来,ꡝ(#30)和ꡖ(#23)与其他塞音塞擦音一样,在拼写汉语时也存在清浊交替现象(Shen 2008: 112),转写八思巴字汉语音时就要调整为:影—ꡖ(#23)“·”/鱼—ꡝ(#30)“’”。龙果夫(1930/2004: 191)提到:藏文འ和ཨ的音值跟八思巴字汉语的音值正好相反。这实际上是清浊交替的反映。不论藏文还是拼写汉语的八思巴字符,“’”都是转写零声母低调域的符号,“·”才是转写零声母高调域的符号。只是由于清浊交替的缘故,它们在藏文中和译写汉语的八思巴字中对应的字符要互换。藏文“·”对应ཨ,“’”对应འ;八思巴字汉语“·”对应ꡖ(影),“’”对应ꡝ(鱼)。这同塞音塞擦音的清浊交替是一样的。⑥ 郑张先生提出用“’”表示零声母紧音(即喉塞音)的设想,把“影”母转写为“’”、“鱼”母转写为“’ɦ”,这与一般用“·”表示零声母紧音(喉塞音起头的零声母,高调域)、“’”表示零声母松音(元音起头的零声母,低调域)的习惯不符,他的转写要表达的是,ꡖ(影)表示汉语零声母清音,ꡝ(鱼)表

⑥ 照那斯图和杨耐思(1987)的转写方案,其他塞音塞擦音存在清浊交替,如ꡎ(帮)—b、ꡌ(並)—p,但是ꡖ(影)转写为“·”,ꡝ(影)转写为“’”,是经过调整的清浊对应的转写。

示汉语零声母浊音,ʒ(鱼)依例用清音+ɦ 表示;ʒ(幺)、ʒ(喻)都是细音,它们之间也是清浊关系。

3.4　下表列出有代表性的几家 ꗱ(影)-ʒ(幺)、ʒ(鱼)-ʒ(喻)的转写或拟测方案,以作进一步讨论:

表5　ꗱ(影)-ʒ(幺)、ʒ(鱼)-ʒ(喻)四母各家转写或拟音

		龙果夫	服部四郎	中野美代子	照那斯图、杨耐思	桥本万太郎	柯蔚南	沈钟伟
ꭷ	影	·[ʔ]	·[ʔ]	ʔ	·	ʔ	ʔ	0
ꭰ	幺	-	y[ʔj]	x	j	ʔj	ʔj	j
ꭱ	鱼	'[ɦ]	'	ɥ	'	Ø	ɦ	<u>0</u>
ꭲ	喻	j[j]	j[j]	j	j	Øj	j	<u>j</u>

　　ꗱ(影)-ʒ(幺)和ʒ(鱼)-ʒ(喻)两组字母之间是清浊之别,或认为是调域高低不同,声母清浊和调域高低是伴随特征。同其他声组的清浊对立一样,可以有不同的音位处理方式,传统的转写和拟音侧重于声母清浊,把ꗱ(影)和ʒ(鱼)、ʒ(幺)和ʒ(喻)解释为辅音清浊对立,零声母高调域音节常被转写为喉塞音ʔ声母,零声母低调域音节常被转写为浊喉擦音ɦ声母或直接以元音起头。沈钟伟(Shen 2008)认为,从音系上看,这两组字符实际只是标记高调域和低调域,并不代表真正的辅音音段区别,他把ꗱ(影)-ʒ(幺)母拟为 0 和 j、ʒ(鱼)-ʒ(喻)拟为 0 和 j,用下划线表示低调域的ʒ(鱼)、ʒ(喻)二母。

　　两组内部ꗱ(影)和ʒ(幺)、ʒ(鱼)和ʒ(喻)之间的区别较为复杂,多数学者,如服部四郎(1946)、李盖提(Ligeti 1956)、邓临尔(Denlinger 1963)、桥本万太郎(Hashimoto 1978)、照那斯图和杨耐思(1987)、柯蔚南(Coblin 1999)等,都解释为是否有腭介音之别,即ꗱ(影)、ʒ(鱼)不带腭介音,ʒ(幺)、ʒ(喻)带腭介音。中野美代子(Nakano 1971)则认为ʒ(喻)和ʒ(鱼)是开合口关系。竺家宁

（1986）也认为喻母和鱼母是开合之别：喻为开口，鱼为合口。

凹（影）洪-ヨ（幺）细、ㄣ（鱼）洪-ヨ（喻）细的解释在元音为隐含元音 a 的韵部中适用，如（表中所注的等是中古韵图的等，下同）：

	一等 影		二等 幺		二等 喻	
佳韵	哀 凹	0aj	矮 ヨ	jaj	崖 ヨ	jaj
萧韵	鏖 凹屮	0aw	坳 ヨ屮	jaw	聱 ヨ屮	jaw
寒韵	安 凹ㄈ	0an	殷 ヨㄈ	jan	颜 ヨㄈ	jan
覃韵	谙 凹ㄈ	0am	馣 ヨㄈ	jam	岩 ヨㄈ	jam
麻韵			鸦 ヨ	ja	牙 ヨ	ja

凹（影）和 ヨ（幺）出现在默认元音 a 之前时，反映中古开口一二等之别，前者是洪音，后者是细音。除麻韵外，其他韵部构成最小对立。ヨ（喻）出现在默认元音 a 前时，也代表腭滑音，必须转写为低调域的 j。只是一等无 ㄣ（鱼）母，不构成对立。

凹（影）-ヨ（幺）和 ㄣ（鱼）-ヨ（喻）出现在其他元音前时，作用是区别韵图的三四等。构成最小对立的音节有：

A 类韵（弇类元音，包括真、庚、支、尤、侵、东、鱼韵部）：

	三等 影		四等 幺		三等 鱼		四等 喻	
真韵	殷 凹ㄈ	0in	因 ヨㄈ	jin			寅 ヨㄈ	jin
庚韵	英 凹ㄇ	0iŋ	缨 ヨㄇ	jiŋ			盈 ヨㄇ	jiŋ
支韵	医 凹ㄈ	0i	伊 ヨ	ji			移 ヨ	ji
尤韵	忧 凹屮	0iw	幽 ヨ屮	jiw			猷 ヨ屮	jiw
侵韵	音 凹ㄈ	0im	愔 ヨㄈ	jim			淫 ヨㄈ	jim
东韵	雍 凹ㄇ	0yŋ	萦 ヨㄇ	jyŋ	颙 ㄇ	0yŋ	融 ㄇ	jyŋ
鱼韵	於 凹ㄇ	0y			鱼 ㄇ	0y	余 ㄇ	jy

凹（影）-ヨ（幺）在真、庚、支、尤、侵、东韵部都构成最小对立，韵图置于三等的为 凹（影）母，置于四等的为 ヨ（幺）母。ㄣ（鱼）-ヨ（喻）母只在 ㄇ（包括鱼韵ㄇ 和东韵ㄇ）前构成最小对立。

B 类韵（侈类元音，包括先、覃、萧、麻韵部）：

		三等 影			四等 幺	
先韵	焉	ꡠꡞ	0ɛn	烟	ꡦꡞ	jɛn
	鸳	ꡠꡟꡞ	0wɛn	渊	ꡦꡟꡞ	jwɛn
覃韵	淹	ꡠꡞ	0em	猒	ꡦꡞ	jɛm
萧韵	妖	ꡠꡟ	0ew	幺	ꡦꡟ	jɛw
麻韵	谒	ꡠ	0ɛ	噎	ꡦ	jɛ

先韵"焉"和"烟"、麻韵"谒"和"噎"韵母拼写相同，三等声母为ꡠ（影），四等声母为ꡦ（幺），构成最小对立；而覃韵和萧韵中的三等和四等不仅声母存在ꡠ（影）/ꡦ（幺）之别，韵母也不同（ꡞ≠ꡞ、ꡟ≠ꡟ）。

开口韵中ꡗ（鱼）母和ꡦ（喻）母不构成最小对立，中古盐韵喻三"炎"/喻四"盐"本应以ꡗ/ꡦ对立，但《蒙古字韵》"炎"归ꡦ母，[⑦]"炎"="盐"ꡦꡞ，这样，唯一可能的对立就不存在了。只在合口韵中有两组对立的例子：

		三等			四等	
先韵	袁	ꡗꡟꡞ	0wɛn	沿	ꡦꡟꡞ	jwɛn
麻韵	月	ꡗꡟ	0wɛ	悦	ꡦꡟ	jwɛ

只有在隐含元音 a 前，ꡠ（影）-ꡦ（幺）、ꡗ（鱼）-ꡦ（喻）才可以解释为洪细不同，在其他元音前ꡠ（影）-ꡦ（幺）之别和ꡗ（鱼）-ꡦ（喻）之别是韵图三四等的标记，不能用洪细之别或有无腭介音来解释。同时，ꡦ（喻）为开口、ꡗ（鱼）为合口的解释也不适用，因为它不能说明为什么中古喻四合口字，如"余""逾""融""容"等，不用ꡗ（鱼）而用ꡦ（喻）作声母。中古疑母软腭鼻音 ŋ-消失以后，开口二等和

---

⑦ 《集韵》"炎"有"以赡切"一音，声母为喻四，麦耘先生（1995）说《字韵》"炎"归ꡦ（喻）母，继承的是喻四的音。只是"以赡切"去声，《蒙古字韵》"炎"在平声，声调不合。

开口四等声母为 �(喻)，合口二等和合口三等声母为 ꝋ(鱼)，表面看来，中古疑母似乎是以开合为条件分化为 �(喻)、ꝋ(鱼)二母，但是中古疑母没有合口四等，无法判断合口四等是否符合这个规律。结合中古影、喻二母合口四等分别用 ꝝ(幺)母和 ꝝ(喻)母的表现，可以看出，它们的分化条件是韵图的等而非开合（Shen 2008：177）。

如沈钟伟先生（Shen 2008）所指出的，凵(影)–ꝝ(幺)分化、ꝋ(鱼)–ꝝ(喻)分化实际是把中古后期三四等介音区别转变为声母不同的重新分析。

软腭塞音声母后也存在三四等之别，与凵(影)–ꝝ(幺)之别、ꝋ(鱼)–ꝝ(喻)之别平行，例如：

三等		四等		三等		四等
谨 ꝋ凵Ꝡ	：	紧 ꝙ凵Ꝡ	＝	殷 凵Ꝡ	：	因 ꝝ凵Ꝡ
鞬 ꝙ凵Ꝡ	：	坚 ꝙ凵Ꝡ	＝	焉 凵Ꝡ	：	烟 ꝝ凵Ꝡ
检 ꝙ凵Ꝡ	：	兼 ꝙ凵Ꝡ	＝	淹 凵Ꝡ	：	猒 ꝝ凵Ꝡ

这两种现象反映的是同样的音韵区别，应当作出一致的解释。

这个问题的实质是中古重纽语音区别问题。目前学界对重纽语音区别的认识基本趋于一致：重纽两类的区别在于介音不同，它们都具有前腭介音，但重纽三等介音较开较松，重纽四等介音较闭较紧。以《韵镜》为代表的中古后期韵图三四等之别是重纽的进一步发展，普通三等韵与重纽三等合并，纯四等韵与重纽四等合并。两类腭介音的区别仍然存在，但辖字范围发生了变化。非 a 元音前的 凵(影)–ꝝ(幺)、ꝋ(鱼)–ꝝ(喻)两组声母完全是按照中古后期韵图构建的，是韵图三四等之别的标记。

沈钟伟（Shen 2008）认为，只有出现在 a 元音前时，凵(影)和 ꝝ(幺)、ꝋ(鱼)和 ꝝ(喻)才代表实际语音区别，零声母后三四等的对立是人为的正字法的区别，凵(影)和 ꝝ(幺)、ꝋ(鱼)和 ꝝ(喻)仅代表曾经存在过的音类区别,此时已经是没有实际语音意义的标记。

如果这个区别在《蒙古字韵》所依据的汉语中确实存在,它所反映的音值应当是韵图三等介音较开较松、四等介音较闭较紧,只是区别体现为声母不同。麦耘(1995)把这两类介音拟测为:开口 -ɪ-(三等)/-i-(四等)、合口 -ʏ-(三等)/-y-(四等)。下面以 ꡦ(影)-ꡥ(幺)母为例,列出麦耘(1995)的拟音方案:

	殷	因	焉	烟	雍	萦	鸳	渊
	ꡦꡞꡋ	ꡐꡞꡋ	ꡦꡞꡟꡋ	ꡐꡞꡠꡋ	ꡦꡟꡟꡃ	ꡐꡟꡟꡃ	ꡦꡟꡟꡋ	ꡐꡟꡠꡋ
转写	·in	jin	·ėan	jėan	·ėuŋ	jėuŋ	·yėan	juėan
拟音	[ɪn]	[jin]	[ɪæn]	[jiæn]	[yuŋ]	[jyuŋ]	[yæn]	[jyæn]

j 只出现在 -i-/-y-介音前,实际上只是零声母的条件变体,可以省略,上面的对立实际是介音 -ɪ-/-i-、-ʏ-/-y-的对立。在高元音韵中,主元音位置上的 -ɪ-/-i-实际代表介音。

这个问题涉及软腭音声母后三四等之别及 ꡦ、ꡥ、ꡂ 三个八思巴字符音值的拟测,下文相关部分再详细讨论。

四、知庄章组声母的拟音

在中古后期韵图中,庄、章两组声母已经合并为照组,《蒙古字韵》知组和照组用同一组字符转写,ꡄ 知照、ꡅ 彻穿、ꡆ 澄床、ꡚ 审、ꡞ 禅,表明知照组声母已经进一步合流。合流以后,它们与介音的拼合关系基本上是知二庄组为一类,知三章组为一类,知庄章组声母可以与前高元音 i(ꡞ)或介音 j(ꡦ)相拼。在同时具有知庄章三组声母的韵中,知二庄组字与知三章组字构成最小对立,例如:

表6 《蒙古字韵》知_庄组字与知_章组字的对立

东		支		庚		鱼		真		尤		侵	
崇	虫	师	诗	争	蒸	疏	书	臻	珍	搜	收	森	深
ꡄ	ꡄ	ꡟ	ꡛ	ꡤ	ꡖ	ꡟ	ꡝ	ꡤꡟ	ꡤꡟ	ꡟ	ꡖ	ꡤꡟ	ꡤꡖ

对于这组声母的音值，学者意见存在分歧，大致分为两派，一派认为是龈后音 tʃ-组，如杨耐思（1984a）；一派认为是卷舌音 tʂ-组，如中野美代子（Nakano 1971）、柯蔚南（Coblin 2006）、沈钟伟（Shen 2008）。郑张尚芳先生认为，知照组声母既已合为一套，写 tʃ-组或 tʂ-组并无太大关系，但从汉语史演变来说，拟为 tʃ-组更为适宜，并提出若干理由进行论证。

近代早期知庄章组声母合流，但在声介拼合关系上知_庄与知_章存在对立，知_章组仍能与 j 介音相拼，包括《中原音韵》在内很多材料都是如此。很多学者认为这时知庄章组合流后的音值不能拟为卷舌音 tʂ-组，一个重要的理由是卷舌音与腭介音 j 相拼发音不自然，两者的发音部位不相容，因此有的学者把它们的音值统一拟为 tʃ-组（杨耐思 1981）；有的学者认为它们不与腭介音 j 相拼时音值为 tʂ-组，与腭介音 j 相拼时音值为 tɕ-组（陆志韦 1946）或 tʃ-组（宁继福 1985）。

李新魁（1979）举出方言和京剧上口字的证据，证明汉语史上卷舌音声母 tʂ-组与 j 介音相拼并不发生问题。现代广东客家方言大埔话中存在 tʂi-、tʂʻi-、ʂi-这样的音，京剧上口字《中原音韵》齐微韵"知"念 tʂʐi，"日"念 zʐi 等，这是元明清以来照系声母实际读音的遗留。柯蔚南（Coblin 1997）也指出，卷舌音不与前高元音相拼这不是语言普遍规律。麦耘（1994）指出，知照组三等后来硬腭 j 介音消失，正是声母卷舌特征排斥硬腭特征的结果，不能因为卷舌声母与 j 介音相拼罕见就认为这种音不可能存在。由此看来，出于声介拼合关系考虑把合流后的知照组声母拟为 tʃ-组，理由并不充分。

八思巴字本身不能提供拟音的直接依据。这组字符的藏文原型表示硬腭音 tɕ-组，译写除汉语以外的其他语言（如蒙古语）时大致表示龈后音 tʃ-组，但由此直接认定它们译写的汉语音值也是 tʃ-组，尚嫌证据不足。此后的明代文献中对汉语这组声母的发音有过描述，朝鲜申叔舟《四声通考》（刊行于 1455 年）凡例第五条云："凡齿音，齿头则举舌点齿，故其声浅；整齿则卷舌点腭，故其声深。"他明确说明正齿音发音方法是"卷舌点腭"，而他的记音正齿音（知庄章组合并后的照组）是可以拼腭介音的。方以智《切韵声原》描述"知"的发音时也说："'知'以舌卷抵中腭。"由此看来，近代知庄章组声母合并以后音值拟为卷舌音 tʂ-组是没有问题的。

把这组声母拟为卷舌音能更简明地解释其历史演变，汉语语音史上，知庄章组声母合流的演变是一个简化的过程：

	《切韵》		《韵镜》		《中原音韵》		《等韵图经》
庄组二等	tʂ-	>	tʂ-	>	tʂ-	>	tʂ-
庄组三等	tʂj-	>	tʂ-	>	tʂ-	>	tʂ-
知组二等	t-	>	t-	>	tʂ-	>	tʂ-
知组三等	tj-	>	tj-	>	tʂj-	>	tʂ-
章组三等	tɕj-	>	tʂj-	>	tʂj-	>	tʂ-

从中古到近代知庄章组合流为卷舌音，明代后期知组三等和章组进一步失落 j 介音，完全合并为同类。从音系上说，这个过程中间不必经过 tʃ-组的阶段。另外，这一时期汉语中舌尖音韵母已经产生，《韵会》"赀字母韵"《蒙古字韵》用 ꡛꡜ 表示，包括止摄开口庄组字（"师"等），只有卷舌声母才会导致止摄开口庄组字韵母舌尖化。所以，现在看来，把译写汉语知照组的八思巴字 ꡆ、ꡅ、ꡄ、ꡇ、ꡑ 等的音值拟为卷舌音 tʂ-组证据可能更为充分。

与知照组发音部位相同的ꡘ（日）母应该也是卷舌音。八思巴字ꡘ的藏文原型是ཞ，代表藏语ʑ，本来应该用来对应汉语的浊擦音禅母，但实际用来对译日母，禅母在ꡚ（审）母的基础上另造字符ꡚ表示。ꡘ母和ꡚ母两者就产生了矛盾。杨耐思（1984a）把ꡘ转写为ž(ʒ)，ꡚ（禅）和ꡚ（审）只分别用š₁和š₂来标记，因为在八思巴字碑刻、印章及元刊八思巴字《百家姓》中二者不区分，几乎都只用一个ꡚ用来对译汉语的审禅二母，他认为，可能在当时的译音人听起来，汉语的审禅二母已经没有清浊之别，所以就用一个清辅音对译。朱晓农（1982、2007）提出普通话日母是近音而非浊擦音，记作ɻ。八思巴字ꡘ记录的汉语日母音值应该已经是ɻ，日母ɻ和来母l同属近音。

五、ꡜ和ꡟ的音值和功能

八思巴字研究中，字符ꡜ（#29）和ꡟ（#39）的音值和功能也是令学者长期困扰的问题。

5.1　先讨论字符ꡜ。ꡜ作声母时表示清擦音晓母，一般拟为h，与其藏文原型ཧ音值一致。ꡜ也作为韵母的一部分，用于声母辅音之后元音之前，出现在以下音节：

表7　《蒙古字韵》中含字符ꡜ的韵母

阳韵	支韵	庚韵	真韵	尤韵	侵韵	佳韵
庄疮床霜	师资慈涩	緪登争崩	根吞臻恩	钩偷邹讴	簪参岑森	刻德仄塞
ꡜꡝꡟ	ꡜꡞ	ꡜꡞꡟ	ꡜꡞꡋ	ꡜꡞꡓ	ꡜꡞꡏ	ꡜꡞꡛ
-haŋ	-hi	-hiŋ	-hin	-hiw	-him	-hij

除阳韵ꡜꡝꡟ为ꡜ+隐含元音a之外，其他各韵都是ꡜꡞ，一般转写为hi。

5.1.1　阳韵ꡜꡝꡟ韵只出现在ꡄ tʂ、ꡅ tʂʰ、ꡆ dʐ、ꡚ ʂ声母后，全部来自

中古阳韵庄组,《韵会》独立为"庄字母韵",它与阳韵 ꡃ(-aŋ)、ꡤꡃ(-waŋ) 韵母构成对立,例如:"庄"ꡰꡤꡃ/"张"ꡰꡃ/"椿"ꡰꡤꡃ。中古阳韵庄组字("庄"等)和江韵知庄组字("椿窗")由开口变为合口,这是发生在近代汉语时期的音变。江韵知庄组字变合口在前,阳韵庄组变合口在后。《四声等子》江韵知庄组字已列在合口,而阳韵庄组字仍在开口。《蒙古字韵》阳韵庄组字韵母 ꡰꡃ 既不同于阳韵知章组 ꡃ(-aŋ),也不同于江韵知庄组 ꡤꡃ(-waŋ)。这反映阳韵庄组字处在由开口向合口演变的中间阶段,到《中原音韵》这个过程最终完成,阳韵庄组字与江韵知庄组字合流为合口 -waŋ 韵。

对此中间阶段 ꡰꡃ 韵的音值有两种解释,一般认为这表明其介音正处在由 -i- 变 -w- 的过程中,有的学者拟为 -iaŋ,如桥本万太郎(Hashimoto 1987),有的学者拟为 -ïaŋ,如李新魁(1984)。郑张先生把 ꡰꡃ 韵母中的 ꡰ 拟为 -ɯ-,也是为了解释介音由 -i- 到 -w- 的变化,-ɯ- 介音很容易变合口介音。郑张先生主要从音理上来解释 ꡰ 代表的音值,认为 ꡰ 在作声母时表示 h-,用它来表示介音,应当是音值相近的半元音 ɰ,写作 -ɯ-。另有一派学者认为,这个中间阶段并不反映在介音上,而反映在元音上。沈钟伟(Shen 2008)认为字符 ꡰ 是一个变音标记,表示其后的元音后移一步,ꡰꡃ 韵母中 ꡰ 的作用是使其后的隐含元音 a 变为后元音[ɑ]或[ɒ]。ꡰꡃ 韵母应为 -ɑŋ 或 -ɒŋ,后来才变为合口 -waŋ。

5.1.2 带 ꡰꡦ(hi)的韵部可分为两类。支韵是一类(称为 A 类),为无尾韵,ꡰꡦ 只出现在呲音即 ꡰ tʂ、ꡲ tʂʰ、ꡮ dʐ、ꡐ ts、ꡑ tsʰ、ꡒ dz、ꡛ s、ꡏ z、ꡰꡗ ʂ 九个声母后;除支韵以外的庚、真、尤、侵、佳韵一类(称为 B 类),它们都是有尾韵,ꡰꡦ 前的声母不限于呲音,还可以出现在软腭音(k-组)、齿龈音(t-组)、双唇音(p-组)等声母后。[8]

---

[8] 侵韵 ꡰꡦꡗ 韵母只拼 ꡰ tʂ、ꡲ tʂʰ、ꡮ dʐ、ꡰꡗ ʂ 一组声母,不拼 k-组和 t-组声母,这是由于中古深摄没有一等韵。

A 类韵部和 B 类韵部的主元音在现代北京话中分别为舌尖元音[ꞯ]和央元音(schwa)[ə]。八思巴字都用ꞮꞬ(hi)表示,说明对音人是把它们处理为一个音位。郑张尚芳先生把 A 类韵部和 B 类韵部中的ꞮꞬ都拟为ɨ,并认为支韵中的ꞮꞬ ɨ 还不是舌尖元音。

现代北京话有尾韵中的元音在音系上只有两向对立(如"根"-"干"),与低元音/a/相对的元音音位处理为高元音或中元音都是可以的。有的音韵学家,如薛凤生(1986),主张把现代北京话有尾韵中与低元音相对的元音处理为高元音,与舌尖元音韵母[ꞯ]同音位,如"资"/tsɨ/和"根"/kɨn/中的元音音位都为高元音/ɨ/。这种处理与《蒙古字韵》的拼写方案一致。但这样处理的理由并不充分。据王志洁(1999)的研究,北京话底层音系中实际不存在独立的高元音音位。这样的话,有尾韵中与低元音/a/相对的元音音位还是处理为中元音为宜,高元音音位为/ɨ/("资"/tsɨ/),有尾韵中的中元音音位为/ə/("根"/kən/),低元音音位为/a/("干"/kan/)。

如此看来,《蒙古字韵》A 类韵部和 B 类韵部中的ꞮꞬ也应该分别拟为舌尖元音/ɨ/和中元音/ə/两类不同元音。那么为什么对音人会把它们都写作ꞮꞬ呢?沈钟伟先生(Shen 2008:227)认为,这是由于对音人并非汉语母语者,受其语言背景(可能是藏语)影响,而把相似的两个音ɨ和ə处理为一个音位,把i独立为一个音位,其关系可以表示如下:

表8 《蒙古字韵》对汉语高元音的处理

汉语语音	[i]	[ꞯ]	[ə]
汉语音系		/ɨ/	/ə/
对音感知	Ꞩ i		ꞮꞬ ɨ

要拟测八思巴字反映的汉语音系,就应当根据 A、B 两类韵部的不同,复原出两类不同的元音,即支韵中的ꞮꞬ代表/ɨ/,其他韵中的ꞮꞬ

代表/ə/。

下面讨论支韵的 ℕ5 /ɿ/是否代表舌尖元音的问题。ℕ5 韵只拼 ts-、tʂ-两类声母,韵字来自中古止摄开口庄组精组及深臻摄开口三等入声庄组,除部分入声字(如"瑟涩"等)以外,现代普通话全都读舌尖元音韵。普通话读[sɤ]的入声字"涩"在河北高阳、肃宁、深泽等地也读[ʂʅ](刘淑学 2000)。应该说支韵中读 ℕ5 韵的字其元音都已经是舌尖元音,音位化为/ɿ/。只是《蒙古字韵》与《中原音韵》舌尖元音韵的辖字范围不同,它们代表了近代互不衔接的两种舌尖化演变模式,具体可参考麦耘(2004)的论述。

沈钟伟(Shen 2008)对所有韵母中 ℕ 的作用作了统一解释。他认为 ℕ 是一个变音标记,表示其后的元音后移一步。ℕ +隐含元音 a 代表后元音 ɑ 或 ɒ;ℕ+ʒ(i)代表 ɿ。字符 ℕ 不是声母辅音,也不表示介音,而是表示元音变音的附加符号。

5.1.3 另外,还有一些与拼音 ℕ5 相关的问题。ℕ5 与 ʒ 大致是区别一三等的:一等洪音 ℕ5,三等细音 ʒ。[9] 但庚、真、尤、佳韵部中存在 ℕ(晓)、ⅷ(合)声母一等拼作三等的现象,如:

庚	真	尤	佳
恒 ℕʒⅡ ɦiŋ	痕 ⅷʒʒ ɦin	侯 ⅷʒⅷ ɦiw	劾 ⅷʒʒ ɦij
		吼 ℕʒⅷ hiw	黑 ℕʒʒ hij

郑张先生文中提到这个现象,并作了令人信服的解释。他认为加在元音之上的 ℕ 本来应该用浊音 ⅷ(#36),由于 ⅷ 字形复杂,不便于在词间连写,所以才用了 ℕ。清的 ℕ 和浊的 ⅷ 作用是一致的。八思巴字 ℕ+ʒ(i)和 ⅷ+ʒ(i)都表示 ɿ,所以它规定 ℕ(晓)、ⅷ(合)两个声母遇 ʒ(i)即读 ɿ。因为作为声母的 ℕ(晓)、ⅷ(合)已经起到了把元音 ʒ(i)调节为 ɿ 的作用,就不必再加元音调节符号 ℕ 了,即在 ℕ(晓)、

---

⑨ 中古内转摄的庄组三等字已经失去-i-介音,《蒙古字韵》也拼作一等。

ꡈ(合)二母后 ꡜꡠꡖ 要省作 ꡠ 。这样，表面上就出现了晓母 ꡜ 、合母 ꡤ 一等字拼作三等的现象。这是拼写法造成的混乱，都应当恢复其一等的本来读音，如"吼" ꡜꡠꡖꡓ 不能按其八思巴字拼音拟作 hiw，而应复原作 [hɨw]（/həw/）。

晓母 ꡜ 、合母 ꡤ 一等字拼作三等，并且占据了三等的位置，导致原来的晓母三等字必须改变拼法，八思巴字的处理是加 ꡞ 。含高元音 ꡡ(i)的韵部中的三等晓母字加 ꡞ ，韵母变同四等，如：

k-组	一等	钩		根		亘		——	
	三等	鸠		巾		京		金	
	四等	樛		紧		经		——	
h-组	三等	休		欣		兴		歆	

按规则，三等"休"应该拼作 ꡜꡞꡓ ，与 k-组三等字韵母一致，但 ꡜꡞꡓ 这个音节已经被一等"吼"占据，"休"只能改作 ꡜꡞꡞꡓ ，从而与四等韵母相同。如果四等有晓母，则三四等合并，如"兴" ꡜꡞꡞꡃ = "馨" ꡜꡞꡞꡃ 。《蒙古字韵》其他韵中晓、匣母的特殊拼法，如覃韵中晓母三等"枚"拼作 ꡜꡞꡏ ，不作 *ꡜꡏ ，也可以由此出发进行解释。

支韵 ꡡ(i)韵三等晓母的"希"作 ꡜꡞ ，不需回避作 ꡜꡞꡞ ，三等"希" ꡜꡞ ≠四等"醯" ꡜꡞꡞ 。郑张先生指出，这是因为喉牙音声母后无 ꡡ(i)/ ꡞ(ɨ)对立，意即支韵没有 *ꡂꡡ(*ki)、*ꡜꡡ(*hi)这样的音节，"希"拼作 ꡜꡞ 不会被误解为 *ꡜꡡ(*hi)。佳韵中 ꡠꡖ(-je)韵字全部来自曾摄一等入声德韵及三等职韵的庄组，入声 -k 尾变 -j 尾，一等合母"劾" ꡝꡠꡖ 、晓母"黑" ꡜꡠꡖ ，并不与归支韵的曾梗摄三等 ꡡ(i)韵冲突，所以曾梗摄三等"赩" ꡜꡞ 也不必作 ꡜꡞꡞ ，三等"赩" ꡜꡞ ≠四等"赥" ꡜꡞꡞ 。

5.2　下面讨论字符 ꡞ 以及相关的 ꡡ 、ꡗ 、ꡇ 的音值问题。先列出照那斯图和杨耐思（1984）的转写及郑张尚芳先生的改拟，以作对照：

	#31 伊	#41 耶轻呼	#33 翳	#39 也
	ꡁ	ꡖ	ꡦ	ꡠ
照那斯图、杨耐思	i	i̯	e	ė
郑张尚芳	i	j	e	i

5.2.1　字符꡶是单纯表示介音的字符，《蒙古字韵》中一般用在 ꡁ k、ꡀ kʰ、ꡜ h、ꡯ ɦ 四个喉咽音（guttural）声母后、隐含 a 元音前（佳、寒、萧、覃、麻韵），表示开口二等喉牙音字的介音。郑张先生指出꡶ 和 ꡒ j-声母一样都用于见系二等字，如：

表 9　《蒙古字韵》见系二等字中的꡶ 和 ꡒ

	佳	寒	萧	覃	麻
见母 -j-	街 ꡂ꡶ꡒ	艰 ꡂ꡶ꡋ	交 ꡂ꡶ꡓ	监 ꡂ꡶ꡏ	嘉 ꡂ꡶
疑母 j-	涯 ꡒꡒ	颜 ꡒꡋ	颴 ꡒꡓ	岩 ꡒꡏ	*牙 ꡒ[10]

可以看出，字符꡶是声母 ꡒ 在介音位置上的变体。需要说明的是，在《蒙古字韵》和其他一些八思巴字汉语材料中，常出现꡶ 和 ꡟ 的混淆。郑张先生已经指出《蒙古字韵》寒韵"艰" ꡂ꡶ꡋ 误作 ꡂꡟꡋ，导致二等"艰"与四等"坚"八思巴字注音相同。此外，麻韵"嘉" ꡂ꡶ 误作 ꡂꡟ，导致"嘉"="结" ꡂꡟ；萧韵"交" ꡂ꡶ꡓ 误作 ꡂꡟꡓ，导致"交"="骁" ꡂꡟꡓ。这都是传写之误，应当改正。而中古江韵和阳韵开口喉牙音字在《蒙古字韵》中合流，"江"="姜" ꡂ꡶ꡃ，八思巴字《百家姓》"姜""江"都作 ꡂ꡶ꡃ，这是相反ꡟ误作꡶ 的情况。

5.2.2　字符ꡟ的情况要复杂得多，其音值和作用是最具争议的焦点问题。它与另一元音字符 ꡟ 的关系密切。从龙果夫（1930）开始，很多学者把字符ꡟ解释为元音，但是对 ꡟ 和 ꡟ 的相对舌位高低意见不一致，龙果夫（1930）认为 ꡟ 是舌位相对较高的元音，服部四郎

---

⑩ 《蒙古字韵》此部分原缺，此据宁忌浮（1997）增补。下文加 * 号者同此。

（1946）认为Ⅱ是舌位相对较高的元音。照那斯图（1988）研究认为，在拼写蒙古语时，Ⅰ是更高的元音，而在拼写汉语时Ⅱ是更高的元音，从拼写蒙古语到拼写汉语，这两个字符代表的音值存在交替。转写符号ė代表比e舌位更高的元音。也有学者认为它代表介音，如蒲立本（1970）认为，从音系和语音上说，Ⅰ代表介音和主元音的融合体，Ⅱ代表一个介音，同时有使后接后元音腭化的作用，其音值应该是-ji-。

郑张先生指出，在《法书考》的原始字母表中，#39Ⅱ"也"与表示介音的#40Ⅶ"喦"、#41Ⅴ"耶轻呼"列在一起，而不与#31Ⅰ"伊"i、#32Ꙩ"邬"u、#33Ⅰ"翳"e、#34K"污"o等元音字符同列，说明Ⅱ不是元音，而是与Ⅴ相近的介音，Ⅴ是半元音性的-j-介音，Ⅱ应为相对的元音性的-i-介音。

根据声母和后接元音的类别，《蒙古字韵》中字符Ⅱ出现的环境大致可以分为以下几类：（1）后接隐含元音a，声母为喉咽音；（2）后接隐含元音a，声母为非喉咽音；（3）后接后元音u、o，声母为喉咽音；（4）后接后元音u、o，声母为非喉咽音；（5）后接前元音i、e，声母为喉咽音。在收-n的韵部中，这几类环境都具备。下面以收-n韵部为例列表展示：

表10 《蒙古字韵》收-n韵部含字符Ⅱ的音节

	隐含元音a	后元音u、o	前元音i、e
喉咽音声母	（1）ᠬᠢᠨ 坚	（3）ᠬᠢᠣᠨ 钧 ᠬᠢᠸᠠᠨ 卷	（5）ᠬᠢᠣᠨ 紧 ᠺᠢᠸᠠᠨ 贤
非喉咽音声母	（2）ᠱᠢᠨ 馑	（4）ᠱᠢᠣᠨ 屯 ᠲᠢᠸᠠᠨ 挛	

（一）后接隐含元音a

在先、覃、萧、麻四个韵部中，喉咽音声母后带Ⅰ与Ⅱ的音节形成最小对立，分别与中古韵图三等、四等相应，它们的分工很清楚，例如：

	三等			四等		
先韵	鞬	ꡁꡟꡞꡋ	ken	坚	ꡁꡟꡞꡋ	kɛn
	愆	ꡁꡟꡞꡋ	kʰen	牵	ꡁꡟꡞꡋ	kʰɛn
覃韵	检	ꡁꡟꡞꡏ	kem	兼	ꡁꡟꡞꡏ	kɛm
	欠	ꡁꡟꡞꡏ	kʰem	歉	ꡁꡟꡞꡏ	kʰɛm
萧韵	骄	ꡁꡟꡞꡧ	kew	骁	ꡁꡟꡞꡧ	kɛw
	趫	ꡁꡟꡞꡧ	kʰew	蹺	ꡁꡟꡞꡧ	kʰɛw
	乔	ꡂꡟꡞꡧ	gew	翘	ꡂꡟꡞꡧ	gɛw
	枵	ꡜꡟꡞꡧ	hew	哓	ꡜꡟꡞꡧ	hɛw
麻韵	许	*ꡁꡟ	ke	结	ꡁꡟ	kɛ
	朅	*ꡁꡟ	kʰe	挈	ꡁꡟ	kʰɛ
	厥	ꡁꡟꡧ	kwe	玦	ꡁꡟꡧ	kwɛ
	阙	ꡁꡟꡧ	kʰwe	阕	ꡁꡟꡧ	kʰwɛ

字符 Ꟙ 和 Ꝡ 在转写不同语言时其自身音值应是一致的,分别表示元音 e(Ꟙ)和 ε(Ꝡ)。Ꟙ 本身代表元音 e,Ꝡ 有使其后的隐含元音 a 高化（或曰窄化）的作用,Ꝡ+隐含元音(a)=ε。但是它们在拼写汉语时代表的音值与其自身音值并不完全相同。元代汉语不存在元音 e 和 ε 对立,Ꟙ 与 Ꝡ 代表的汉语元音无别;Ꟙ 和 Ꝡ 在拼写汉语时腭介音不标出,应当还原腭介音。那么 Ꟙ 与 Ꝡ 代表的汉语语音区别究竟何在?学界大致有两种观点,或认为在于介音不同,或认为在于声母不同。这里分别以麦耘(1995)和沈钟伟(Shen 2008)的拟测为例说明:

表 11　ꡁꡟꡞꡋ、ꡁꡟꡞꡋ 音节拟音

	建 ꡁꡟꡞꡋ	见 ꡁꡟꡞꡋ
麦　耘	/kɪɛn/	/kiɛn/[11]
沈钟伟	/kjɛn/	/cjɛn/

---

[11]　"见"麦耘先生原标作 kiæn,但他指出,照当时汉语的音系,[æ]与[ɛ]属同一音位。为清楚起见,这里直接改为 kiɛn。

麦耘先生认为,《蒙古字韵》中牙音开口字以及来自古影、喻、疑母的零声母字还保持重纽对立,这种对立保存着中古韵图三四等对立的基本特征,即三等介音较松,四等介音较紧,开口为-ɪ-(三等)/-i-(四等),合口为-ɣ-(三等)/-y-(四等)。从来源上说,重纽三等来自韵图时代的-ri-(=-rɪ-)介音,到元代失去了卷舌色彩,变为-ɪ-。郑张先生也持介音区别的观点,分别写作-ɪ-(三等)和-i-(四等)。沈钟伟先生把ꡟ看作同时作用于韵核元音和声母辅音的[+前]特征的符号,认为字符ꡟ使后面的隐含元音 a 前化为 ɛ,同时使前面的喉咽音声母(ꡢ k、ꡣ kʰ、ꡡ g、ꡜ h、ꡯ ɦ)腭化,但还未腭化为舌面前音,而是变为硬腭音:k>c,kʰ>cʰ,g>ɟ,h>ç,ɦ>j。喉咽音后字符ꡞ和ꡟ的对立不在于韵核元音不同,也不在于介音不同,而在于前面的喉咽音声母是否腭化。

这两种解释在音系上都可以成立,但沈钟伟先生把ꡤ(影)-ꓜ(幺)、ꡭ(鱼)-ꓤ(喻)母都看作零声母,零声母没有相应的腭化音,只能认为零声母后的ꡞ和ꡟ无别,如"妖"ꡤꡭꡞ/jew/="幺"ꓤꡭꡞ/jew/,进而认为零声母后三四等的对立是人为的正字法的区别。零声母和喉咽音声母后ꡞ和ꡟ的对立没有得到一致性解释。

在非喉咽音声母后,ꡞ 或 ꡟ 的出现较为随机。有些韵部中,它们的分布与声母的清浊有关。杨耐思(1986)已经指出,同系(或同组)的声类,A 型韵类(按即ꡞ e 类韵)往往拼"浊"音,B 型韵类(按即ꡟ ɛ 类韵)往往拼"清"音,但并不绝对。以先韵部中的四等(重纽四等+纯四等)非喉咽音字为例:

表 12 先韵部四等 ꡞꡦ、ꡟꡦ 韵母与非喉咽音声母的拼合

	端	透	定	泥	章	昌	船	书	禅	帮	滂	并	明	精	清	从	心	邪	来	日
	ꡊ	ꡑ	ꡈ	ꡊ	ꡐ	ꡒ	ꡓ	ꡛ	ꡚ	ꡌ	ꡍ	ꡎ	ꡏ	ꡕ	ꡑ	ꡗ	ꡛ	ꡚ	ꡙ	ꡄ
ꡞꡦ	颠	天	田	年	遭	—	缠	—	铤	—	—	蹁	绵	—	—	前	—	涎	莲	然
ꡟꡦ	—	—	—	—	馂	燀	—	羶	—	鞭	篇	—	—	笺	千	—	先	—	—	—

基本上清声母(包括全清次清)倾向于拼 �-ɛn 韵,浊声母(包括全浊、次浊)倾向于拼 no-en 韵,端组端母"颠"ⵙⵗⵝ ten、透母"天"ⵙⵗⵝ tʰen 属例外。其他韵中也存在这样的倾向,但例外很多。这种"清浊分韵"现象可能反映声母清浊对元音的影响,但其背后的音理尚待研究。

在非喉咽音声母后,ⵛ 与 ⵞ 有时也构成最小对立,但这种对立是随机造成的,并不反映实际语音区别,如:

	知组			章组	
仙韵	遭(知)	ⵛⵗⵝ	tʂen	饘(章)	ⵞⵗⵝ	tʂɛn
萧韵	超(彻)	ⵗⵝⵛ	tʂʰɜw	弨(昌)	ⵗⵝⵛ	tʂʰɛw

中古仙韵知母"遭"韵母与三等同类,章母"饘"韵母与四等同类;相反中古宵韵彻母"超"韵母与四等同类,昌母"弨"韵母与三等同类,并没有明显的规律。这也说明在非喉咽音声母(零声母除外)后 ⵛ 与 ⵞ 的音系对立实际已经消失。

另外,需要说明的是,阳韵 ⵞⵘ 韵母可以出现在喉咽音声母后,也可以出现在其他不同发音部位的声母后,如"江薑"ⵗⵞⵘ、"将"ⵗⵞⵘ,同韵没有 ⵗⵞⵘ 韵母、ⵝⵞⵘ 韵母与 ⵞⵘ 韵母对立,这时 ⵞⵘ 韵转写为-ɛŋ,但它代表的汉语音应为/-iaŋ/;阳韵合口 ⵝⵞⵘ("况")韵母代表的汉语语音同样也应解释为/-wiaŋ/(或/-yaŋ/)。就是说在隐含元音(a)+软腭鼻音韵尾 ⵘ(ŋ)前,ⵞ 只是表示单纯的腭介音。

(二)后接后元音 u、o

字符 ⵞ+元音 ⵙ(u)的组合出现在东、庚、支、鱼、真韵部,与不带 ⵞ 的拼写对立,可以出现在各类声母后。下面是喉咽音声母见母的例子:

东韵	公	ⵗⵙⵘ	kuŋ	弓	ⵗⵙⵞⵘ	kyŋ
庚韵				扃	ⵗⵙⵞⵘ	kyŋ
支韵	妫	ⵗⵙⵛ	kuj	规	ⵗⵙⵞⵛ	kyj
鱼韵	孤	ⵗⵙ	ku	居	ⵗⵞⵙ	ky
真韵	昆	ⵗⵙⵝ	kun	君	ⵗⵙⵞⵝ	kyn

东、庚、鱼、真韵部中 ꡠ 和 ꡡꡡ 分别是中古合口一等与合口三四等的标记。中古韵图梗摄合口三四等合并，"顷"（合三）="頍"（合四）ꡀꡦꡡꡃ（kʰyŋ）；臻摄合口三四等合并，"君"（合三）="均"（合四）ꡂꡦꡡꡃ（kyn）。支韵 ꡡꡞ 韵母包括中古蟹摄合口一等及蟹止摄合口重纽三等（含普通三等韵微韵合口），ꡡꡡꡞ 韵母包括中古蟹摄合口四等及止摄合口重纽四等，例如：

ꡡꡞ	ꡡꡞ	ꡡꡡꡞ	ꡡꡡꡞ
傀（蟹合一）＝	姽（止合重三）≠	规（止合重四）＝	圭（蟹合四）
盔（蟹合一）＝	亏（止合重三）≠	窥（止合重四）＝	奎（蟹合四）
愦（蟹合一）＝	愧（止合重三）≠	季（止合重四）＝	桂（蟹合四）

止摄合口重纽对立仍旧保持，不过合口重纽三等已经失去腭介音，与合口一等合流。

庚韵 ꡡꡡꡃ 与东韵 ꡡꡡꡃ 拼写相同，学者一般认为他们代表的音没有差别（照那斯图和杨耐思 1987、宁忌浮 1997），但沈钟伟（Shen 2008）提出，庚韵 ꡡꡡꡃ 实际表示汉语-ɥəŋ 韵，与东韵 ꡡꡡꡃ 表示的-juŋ 韵不同。八思巴字拼写法最多只能使用四个字符的限制导致无法拼写-ɥəŋ 这样的音，只能用近似的 ꡡꡡꡃ 来表示。

字符 ꡟ 与元音 ꡡ(o) 的拼合只有先韵的 ꡟꡠꡋ。它只出现在 ꡂ k、ꡁ kʰ、ꡙ l 三个声母后，与先韵 ꡧꡠꡋ 韵母的关系是韵图山摄合口三四等之别，三等 ꡟꡠꡋ，四等 ꡧꡠꡋ，存在开口 ꡠꡋ：ꡦꡠꡋ＝合口 ꡟꡠꡋ：ꡧꡠꡋ 的平行关系（参 Shen 2008：161），只是合口介音八思巴字表现为圆唇元音 ꡡ(o)。ꡟꡠꡋ 与 ꡧꡠꡋ 只在 ꡂ k、ꡁ kʰ 声母后形成对立，与零声母"鸳"ꡦꡧꡠꡋ／渊 ꡗꡧꡠꡋ 的对立相一致：

	合口三等			合口四等	
卷	ꡂꡟꡠꡋ	køn	畎	ꡂꡧꡠꡋ	kwɛn
绻	ꡁꡟꡠꡋ	kʰøn	犬	ꡁꡧꡠꡋ	kʰwɛn
鸳	ꡦꡧꡠꡋ	ʔwɛn	渊	ꡗꡧꡠꡋ	jwɛn

沈钟伟（Shen 2008）认为，二合字符 □□、□□ 实际表示单元音。
□ 的作用是改变后接元音的性质，后接后元音 □ u、□ o 时，字符 □ 的作
用也是使后面的元音前化，u 前化为 y，o 前化为 ø。如果声母为喉咽
音声母，□ 同时使声母腭化。

先韵合口 □□□、□□□ 两韵母所代表的汉语实际语音区别与开口
□□／□□ 对立平行。沈钟伟先生把 □□□、□□□ 所代表的汉语语音都拟
为／qɛn／，区别在声母上。按照另一派介音区别说的主张，□□□、□□□
反映合口三四等介音不同，"卷" □□□□／"畎" □□□□ 的对立可以构拟为
kʏɛn／kyɛn。

（三）后接前元音 i、e

庚、支、尤、真、侵韵部存在拼写组合 □□，□□ 只出现在喉咽音声母
后。□ 与 □□ 基本与中古韵图三等、四等相应（庚韵 □□□ 韵母含梗摄开
口二等喉牙音字），两者对立情况如下：

		三等			四等	
庚韵	京	□□□	kiŋ	经	□□□	kjiŋ
	卿	□□□	kʰiŋ	轻	□□□	kʰjiŋ
支韵	羁	□□	ki	鸡	□□	kji
	欺	□□	kʰi	溪	□□	kʰji
	奇	□□	gi	岐	□□	gji
	希	□□	hi	醯	□□	hji
尤韵	鸠	□□□	kiw	樛	□□□	kjiw
	裘	□□□	giw	觩	□□□	gjiw
真韵	谨	□□□	kin	紧	□□□	kjin

这里 □ 和 □□ 反映的是弇类韵韵图三四等的对立，与零声母 □（影）-
□（幺）、□（鱼）-□（喻）反映的三四等区别一致（谨 □□□：紧 □□□＝殷
□□□：因 □□□）。其语音差异也有两种解释，有的学者认为区别在于

196

介音,有的学者认为区别在于声母。以下仍以麦耘(1995)和沈钟伟(Shen 2008)的拟测为例说明:

表 13　ꡂꡠꡃ、ꡂꡠꡃ 音节拟音

	京 ꡂꡠꡃ	经 ꡂꡠꡃ
麦　耘	/kɪŋ/	/kiŋ/
沈钟伟	/kiŋ/	/ciŋ/

麦耘先生把三四等对立拟为 -ɪ-/-i-,三等具有较低较后的腭介音 -ɪ-,四等具有较高较前的腭介音 -i-。与先、覃、萧、麻韵部中喉咽音后 ꡡ 与 ꡧ 的对立一致,也与零声母音节中 ꡵(影)-ꡗ(幺)、ꡗ(鱼)-ꡗ(喻)的对立一致。《蒙古字韵》中保留的中古后期三四等区别得到统一解释。郑张尚芳先生用 i(三等)/iɪ(四等)来区分两类音,如"羁"ɡi/"鸡"ɡiɪ、"京"ɡiŋ/"经"ɡiɪŋ,他认为 i(ꡡ)实际音值为 ɪ,与四等 iɪ(ꡧ)为洪细关系。

沈钟伟先生认为,当字符 ꡧ 后接前元音 ꡡ(i)时,由于后面的元音已经是前元音,ꡧ 的作用就只是使其前面的喉咽音声母腭化,变为硬腭音,"京"ꡂꡠꡃ 和"经"ꡂꡠꡃ 的语音区别在于,前者声母未腭化,后者声母腭化。

字符 ꡧ 出现于元音 ꡠ(e)前见于先韵 ꡧꡠꡋ、覃韵 ꡧꡠꡏ,它们只与 ꡜ(晓)、ꡣ(匣)母相拼:

表 14　《蒙古字韵》中 ꡧ 与 ꡠ(e)相拼的音节

	三　等	四　等
先　韵	——	贤 ꡣꡧꡠꡋ
覃　韵	枕 ꡣꡧꡠꡏ	嫌 ꡣꡧꡠꡏ

先韵[八思巴字]仅与[八思巴字](匣)母相拼组成[八思巴字]("贤")小韵,韵字全部来自中古四等先韵匣母。覃韵[八思巴字]可以与[八思巴字](晓)、[八思巴字](匣)母相拼,[八思巴字]包含中古咸摄开口三等及重纽三等晓母字,[八思巴字]包含咸摄开口四等匣母字。[八思巴字]、[八思巴字]两韵只拼晓匣母,分别与[八思巴字]、[八思巴字]两韵互补,应当合并。

5.3　综上所述,如果《蒙古字韵》所依据的汉语确实存在三四等之别,并且区别在于介音不同的话,开合各类介音及与元音的拼合应当如下(以零韵尾和收-n韵尾的韵为例):

表15　《蒙古字韵》介音系统

开口			合口		
嘉 [八思巴字]	迦 [八思巴字]	结 [八思巴字]	瓜 [八思巴字]	厥 [八思巴字]	玦 [八思巴字]
kia	kɪɛ	kiɛ	kwa	kʏɛ	kyɛ
艰 [八思巴字]	鞬 [八思巴字]	坚 [八思巴字]	关 [八思巴字]	卷 [八思巴字]	畎 [八思巴字]
kian	kɪɛn	kiɛn	kwan	kʏɛn	kyɛn

开口介音-ɪ-/-i-的对立反映三四等的介音区别。二等介音与四等同类,但元音不同。元代汉语存在元音a/ɛ的音系对立——二等a/三四等ɛ,这种对立在《中原音韵》中也存在。字符[八思巴字]+隐含元音a,实际代表ɛ元音,与二等的[八思巴字]+隐含元音a不同。所以二等[八思巴字]("艰"[八思巴字])与四等[八思巴字]("坚"[八思巴字])的对立不在于介音,而在于元音a/ɛ不同。相应的合口-ʏ-/-y-两类介音与开口-ɪ-/-i-介音平行。如果认为此时撮口介音尚未形成,-ʏ-/-y-可以分别拟为-wɪ-/-wi-。这就是《蒙古字韵》八思巴字反映的汉语介音系统。

六、入声问题

入声问题包含入声韵和入声调两个方面的问题。《蒙古字韵》具

有平、上、去、入四个声调,支、鱼、佳、萧、歌、麻六个阴声韵部有入声相配,各韵有入声字的韵母如下:

支韵　ꡠꡜ i　　ꡞꡜ ɨ　　ꡟꡜ ji　　ꡡꡟꡂ uj　　ꡜꡡꡂ yj　　ꡠꡂ wi

鱼韵　ꡟ u　　ꡦꡟ y

佳韵　ꡄ aj　　ꡣꡖ jaj　　ꡣ waj　　ꡞꡠꡖ ij　　ꡠꡖ ij

萧韵　ꡤ aw　　ꡦꡤ jaw　　ꡤꡦ waw　　ꡦꡤ ew　　ꡦꡤ ɛw　　ꡦꡦꡤ wɛw

歌韵　ꡧ o　　ꡥ wo

麻韵　(　) a　　ꡩ ja　　ꡦ wa　　ꡇ e　　꡴ ɛ　　ꡤꡤ we　　ꡤꡦ wɛ

《蒙古字韵》入声字单列,花登正宏(1986)指出《七音三十六母通考》"入声字独自构成字母韵,而且没有一个入声字与阴声韵字同韵"。因此《蒙古字韵》存在入声是无疑的,但其入声的性质尚待研究。

中古带-p、-t、-k韵尾的入声音节在《蒙古字韵》的高元音韵中已经完全合并,例如:

	-p	-t	-k
ꡙꡜ li	立	栗	力
ꡁꡜ ki	急	讫	殛
ꡜꡜ 0i	邑	乙	翼

这类例子中,可以说中古入声的-p、-t、-k韵尾已经合流,可能为喉塞尾-ʔ。但是,中古-k尾入声韵字在《蒙古字韵》中有复元音化的现象,变为收-j或-w韵尾的复元音音节,主要是中古曾梗摄和宕江摄入声字。

（一）中古曾梗摄入声字《蒙古字韵》归支韵 ꡡꡟꡂ、ꡜꡡꡂ 韵和佳韵 ꡄ、ꡣꡖ、ꡣ、ꡞꡠꡖ、ꡠꡖ 韵,读复元音,韵尾为-j。具体如下:

表 16　中古曾梗摄入声字在《蒙古字韵》中的读音

中古音		例字	《韵会》	《蒙古字韵》	
曾开一德	帮组	北墨	国字母韵	ꡟꡭ	-uj
	其他	德/黑	克/黑字母韵	ꡜꡞꡭ/ꡞꡭ	-ij/-ij
曾开三职	帮组	逼愎	国字母韵	ꡟꡭ	-uj
	庄组	侧色	克字母韵	ꡞꡭ	-ij
曾合一德	全部	国或	国字母韵	ꡟꡭ	-uj
曾合三职	全部	域洫	国/洫字母韵	ꡟꡭ/ꡬꡭ	-uj/-yj
梗开二陌麦	见系	隔客	格字母韵	ꡗꡆ	-jaj
	其他	百摘	额字母韵	ꡆ	-aj
梗合二陌麦	全部	虢狐	虢字母韵	ꡗꡆ	-waj
梗开三陌	帮组	碧	国字母韵	ꡟꡭ	-uj
梗合四锡	全部	鶪阒	橘字母韵	ꡬꡭ	-yj

（二）中古宕江摄入声字《蒙古字韵》归萧韵ꡂ、ꡯ、ꡰ、ꡱ、ꡲ、ꡳ韵,读复元音,韵尾为-w。具体如下：

表 17　中古宕江摄入声字在《蒙古字韵》中的读音

中古音		例字	《韵会》	《蒙古字韵》	
宕开一铎	全部	博各	各字母韵	ꡲ	-aw
宕合一铎	全部	郭霍	郭字母韵	ꡱꡲ	-waw
宕开三药	精组	爵削	爵字母韵	ꡳꡲ	-ɛw
	其他	脚略	脚字母韵	ꡱꡲ	-ew
宕合三药	唇音	缚	郭字母韵	ꡲ	-aw
	见系	矍籰	矍字母韵	ꡱꡳꡲ	-wɛw

中古音		例字	《韵会》	《蒙古字韵》	
江开二觉	帮组	剥邈	各字母韵	ꡜꡧ	-aw
	见系	觉学	觉字母韵	ꡗꡜꡧ	-jaw
	其他	荦浊	郭字母韵	ꡦꡜꡧ	-waw

注:1. 宕开三药韵彻母"婼"小韵归ꡦꡜꡧ(-ɛw)韵,《韵会》也归"爵字母韵",例外。

　　另外,《蒙古字韵》通摄入声字一律归鱼韵,只有单元音形式 ꡟ u 和 ꡥ y。沈钟伟(2005)认为,这种单元音形式也是从复元音演变来的,通摄入声-k尾也经过了-w尾的阶段,通摄一等入声:uk>uw>u;通摄三等入声:yk>yw>y。单元音形式是"同位简化"的结果。

　　由于入声有收-j、-w尾的复元音的读音,《蒙古字韵》入声是否为带喉塞尾的短促音,就需要重新考虑。因为一方面,复元音韵中的-j、-w尾是中古-k尾变来的,-k尾既已变为-j、-w尾,就不可能再有另外的喉塞尾-ʔ的反映形式。另一方面,带-j、-w尾的复元音韵尾位置已经被-j、-w占据,不能再出现喉塞尾-ʔ。薛凤生(1986)指出:"塞音尾变为'收噫'和'收呜'时,它们的位置已经被这个新音段占据了,不可能再加一个塞音韵尾,那是违反中古以来汉语的音节构造的。"沈钟伟(2005)也指出:"复元音和喉塞韵尾在官话方言中不在一个音节中共存。一个方言的入声音节中有喉塞音就没有复元音,反之,有复元音的话,就没有喉塞音。"就是说官话中不存在-ajʔ、-əjʔ、-awʔ、-əwʔ这样的前响复元音+喉塞尾的音节。

　　《中原音韵》的情况也类似,归齐微、皆来、尤侯、萧豪等韵的入声字为复元音形式。如果上述理论成立的话,《中原音韵》应当也没有入声喉塞尾。有的学者提出,《中原音韵》收在萧豪、尤侯韵的入声字已变为舒声,而同一些字重见于歌戈、鱼模韵的就仍读入声。入声在前响复合元音韵中首先消变,而后才扩展到其他韵中。但是这种入声演变模式不见于现代方言。

结合现代方言的情况来看,《蒙古字韵》入声的性质只能是不带喉塞尾也非短调,而只保持一个独立的入声调位。杨耐思(1981)引述今河北赞皇、元氏方言入声的情况来证明《中原音韵》入声的性质,赞皇、元氏方言有平、上、去、入四声,平声不分阴阳,入声不带喉塞尾,也不短促,只是保持独立调位,调值都为升调。据刘淑学(2000)调查,元氏方言有些读复元音韵的入声字仍保持入声调,如"笔"pei、"北"pei、"色"pɛi、"郝"xɔu、"雀"tsʻuɛi、"脚"tɕiɔu 等。如果《蒙古字韵》所依据的基础方言确实存在独立入声的话,它的入声可能也是处于这个演变阶段。

七、《蒙古字韵》的音系性质问题

《蒙古字韵》的音系性质颇为复杂,学者们做了很多研究,提出各种观点,但迄今还没有定论。郑张尚芳先生认为《蒙古字韵》所记的"古官话"是以金末的中原读书音为准的,基本上属于宋金雅音系统。柯蔚南(Coblin 2002)提出,八思巴对音反映的是 13 世纪 50 到 60 年代追随忽必烈的汉族官员的语音,这种语音是从金代和南宋末通行的标准音发展而来的。李立成(2002)提出,《蒙古字韵》音系应当是根据蒙古旧都和林、上都及其周围地区(甚至也包括大都在内)所流行的汉语标准语为基础而制定的。

要研究《蒙古字韵》的性质,必须对它的编纂过程有所了解。上文提到,《蒙古字韵》是在已有汉语韵书的基础上,加注八思巴字音而编成的。这种汉语韵书已经提供了音系框架,《蒙古字韵》的编者所做的工作只是在已有音类上加注八思巴字音。据此,沈钟伟先生(Shen 2008)提出,《蒙古字韵》的音类和八思巴字的音值可能并不一致,而是代表两个不同的系统。它所依据的汉语韵书只提供音类信息,而八思巴字注音依据的应当是活的语言。所以《蒙古字韵》是一种语言的音类和另一种语言的音值的混合。这一点是理解《蒙古字韵》音系性质的关键。

从八思巴字注音看,《蒙古字韵》在很多方面表现出幽燕地区北方官话的特征。首先是宕江摄入声-k尾变-w尾,配萧韵。《中原音韵》的主体层次宕江摄入声字读萧豪韵,同时部分字又有歌戈韵的又音。一般认为萧豪韵读音是其基础方言的本地音,读歌戈韵是外来的读书音。宕江摄入声读-w尾的现象可以追溯到辽代。郑张先生提到,北宋邵雍《声音唱和图》声四以江摄"岳"配效摄"刀早孝"、以宕摄合口"霍"配效摄"毛宝报",显然"岳""霍"收-w尾。雅洪托夫(1986)认为这是不属于洛阳方言而属于北京方言的特点。邵雍祖籍范阳,约六岁时才随父迁河南,《声音唱和图》在这一点反映幽燕方音也是有可能的(侍建国2004)。沈钟伟(2006)考证发现,辽代契丹小字反映的汉语音宕摄一等入声字"洛"和三等入声字"药略"的元音已经复元音化,产生-w韵尾,与效摄读音相同,江摄入声觉韵也有类似表现,说明北方辽境汉语宕江摄入声字已经出现了复元音化。

据刘淑学(2000)调查,宕江摄入声读-w尾只存在于东北、河北及山东的一部分地区。在大河北方言中宕江摄入声白读形式即与效摄合流叠置的读音比北京话更多,更有系统性。而在中原官话和江淮官话中,宕江摄入声一般只有一读,或保持喉塞尾,或读零韵尾,与歌戈韵合流叠置,与北京话的文读层相当。刘勋宁(2003)引用贺巍(1986)的描写指出:到河北最南端的魏县话,宕江摄入声字还有-au的白读音,再往南就是中原官话的读音了,即只有零韵尾歌戈韵一读,入声调的地理界线也是在这里。

另外,《蒙古字韵》曾摄一等德韵(含职韵庄组)和梗摄二等陌麦韵都收-j韵尾,同时主元音存在对立,如:

北	𐑘𐑩𐑓	puj	≠	百	𐑘𐑓	paj
墨	𐑘𐑩𐑓	muj	≠	麦	𐑘𐑓	maj
刻	𐑘𐑩𐑓𐑣	kʰɨj	≠	客	𐑘𐑣	kʰjaj
测	𐑘𐑩𐑓𐑣	tṣʰɨj	≠	策	𐑘𐑣	tṣʰaj
国	𐑘𐑩𐑓	kuj	≠	掴	𐑘𐑣	kwaj

这反映的是汉语德韵/-əj/和陌₂麦韵/-aj/的对立，这也是北方幽燕地区方言的特征。现在河北境内的冀鲁官话多属此类型，与北京话白读层一致。

由此看来，《蒙古字韵》八思巴字注音所反映的方言应是幽燕地区的汉语方言，但是在某些音类上它又表现出南方官话的特征，典型的是止摄开口知庄章组字的归并。在止摄开口知庄章组字的归并上，《蒙古字韵》与《中原音韵》代表了两种不同的类型。《蒙古字韵》止摄开口庄组字为一类，韵母为𐑣(/ɿ/)；知章组字为一类，韵母为𐑓(/ʅ/)。《中原音韵》则基本上是庄章组为一类，归支思韵；知组（包括蟹摄祭韵开口知章组）为一类，归齐微韵。两者的不同可大致表示如下：

表18　《蒙古字韵》和《中原音韵》止摄开口知庄章组字音类归并的差异

《蒙古字韵》	知组	=	章组		庄组
《中原音韵》	知组		章组	=	庄组

由于两种文献止摄开口知庄章组字的归并类型不同，在以下最小对立组是否同音上表现出差异（"+"代表同音，"−"代表不同音）：

	支=知	眵=痴	齿=耻	志=智	试=世	师=诗	史=始	士=市
《蒙古字韵》	+	+	+	+	+	−		−
《中原音韵》	−	−	−		−	+	+	+

止摄开口知庄章组字的不同归并类型在现代官话方言中也有所表现，这反映了不同类型官话的深层差异。熊正辉（1990）把知庄章

组字在现代官话方言中的读音分为南京型、昌徐型和济南型三种类型。南京型和昌徐型止摄开口知庄章组字的归并分别与《蒙古字韵》和《中原音韵》一脉相承。这两种类型是区分南北官话的重要标准，南京型多分布在江淮官话、西南官话等南方官话中，而昌徐型在中原官话和晋语中常见，济南型则是从昌徐型发展而来的。

南宋时期南方标准语表现的是与《蒙古字韵》相同的类型。南宋毛居正《六经正误》说："正音'知'与'支'同。"朱熹的"叶音"反映止摄开口精、庄组变舌尖元音，而章组未变。而元明时期的北方官话是以《中原音韵》的止摄庄章合并、知组独立的类型为标准，明代潘耒《类音》"南北音论"说："北人哂南人'知'、'之'不分。""知""之"不分正是《蒙古字韵》型方言的特点。

为什么《蒙古字韵》在宕江摄入声韵和曾梗摄入声韵的八思巴字注音上表现出北方幽燕地区方言的特征，而在止摄开口知庄章组字的音类归并上反映的却是南方官话的特征？这可以用其成书过程的特殊性来解释：它所依据的汉语韵书可能是反映南方标准语的，而八思巴字注音所依据的方言是幽燕地区的北方官话。

参考文献

曹建芬　1982　《常阴沙话古全浊声母的发音特点》，《中国语文》第4期。

杜其容　1976　《论中古声调》，《中华文化复兴月刊》9卷3期，第22—30页。

高本汉　1940[1915—1926]　《中国音韵学研究》(赵元任、李方桂、罗常培译)，北京：商务印书馆。

贺　巍　1986　《冀鲁豫三省毗连地区的方言分界》，《方言》第1期。

花登正宏　1986　《〈礼部韵略七音三十六母通考〉韵母考》，中国音韵学研究会编《音韵学研究》第 2 辑,北京:中华书局。

黄笑山　1995　《〈切韵〉和中唐五代音位系统》,台北:文津出版社。

李立成　2002　《元代汉语音系的比较研究》,北京:外文出版社。

李　荣　1956　《切韵音系》,北京:科学出版社。

李添富　1991　《〈古今韵会举要〉疑、鱼、喻三母分合研究》,《声韵论丛》第 3 辑,台北:学生书局。

李新魁　1979　《论近代汉语照系声母的音值》,《学术研究》第 6 期。

李新魁　1980　《论近代汉语共同语的标准音》,《语文研究》第 1 期。

李新魁　1984　《近代汉语介音的发展》,中国音韵学研究会编《音韵学研究》第 1 辑,北京:中华书局。

李新魁　1986　《汉语音韵学》,北京:北京出版社。

林焘、王理嘉　1992　《语音学教程》,北京:北京大学出版社。

刘淑学　2000　《中古入声字在河北方言中的读音研究》,保定:河北大学出版社。

刘勋宁　2003　《文白异读与语音层次》,《语言教学与研究》第 4 期。

龙果夫　2004[1930]　《八思巴字和古官话》(罗常培译),罗常培、蔡美彪编著《八思巴字与元代汉语(增订本)》,北京:中国社会科学出版社。

陆志韦　1946　《释〈中原音韵〉》,《燕京学报》第 31 期;收入《陆志韦近代汉语音韵论集》,北京:商务印书馆,1988 年。

罗常培　1959　《论龙果夫的〈八思巴字和古官话〉》,《中国语文》第 12 期。

麦　耘　1994　《关于章组声母翘舌化的动因问题》,《古汉语研究》第 1 期;收入《音韵与方言研究》,广州:广东人民出版社,1995 年。

麦　耘　1995　《〈蒙古字韵〉中的重纽及其他》,《音韵与方言研究》,广州：广东人民出版社。

麦　耘　1998　《"浊音清化"分化的语音条件试释》,《语言研究》
增刊。

麦　耘　2004　《汉语语音史上的ï韵母》,《音韵论丛》,济南：齐鲁
书社。

宁继福　1985　《中原音韵表稿》,吉林：吉林文史出版社。

宁忌浮　1997　《古今韵会举要及相关韵书》,北京：中华书局。

宁忌浮　2003　《洪武正韵研究》,上海：上海辞书出版社。

潘悟云　1982　《关于汉语声调发展的几个问题——读王士元先生
的 A Note on Tone Development》,《中国语言学报》第 10 期。

石　锋　1983　《苏州话浊塞音的声学特征》,《语言研究》第 4 期。

侍建国　2004　《宋代北方官话与邵雍"天声地音"图》,《中国语言
学论丛》第 3 辑,北京：北京语言大学出版社。

沈钟伟　2005　《从〈蒙古字韵〉论入声音节的复元音化》,董琨、冯
蒸主编《音史新论——庆祝邵荣芬先生八十寿辰学术论文集》,北
京：学苑出版社。

沈钟伟　2006　《辽代北方汉语方言的语音特征》,《中国语文》第
6 期。

沈钟伟　2015　《蒙古字韵集校》,北京：商务印书馆。

薛凤生　1986　《北京音系解析》,北京：北京语言学院出版社。

杨耐思　1981　《中原音韵音系》,北京：中国社会科学出版社。

杨耐思　1984a　《汉语"知、章、庄、日"的八思巴字译音》,中国音韵
学研究会编《音韵学研究》第 1 辑,北京：中华书局。

杨耐思　1984b　《汉语影、幺、鱼、喻的八思巴字译音》,中国民族古
文字研究会编《中国民族古文字研究》,北京：中国社会科学出
版社。

杨耐思　1986　《近代汉语"京、经"等韵类分合考》,中国音韵学研
究会编《音韵学研究》第 2 辑,北京：中华书局。

杨耐思　1988　《元代汉语的浊声母》,《中国语言学报》第 3 期。

杨耐思　1990　《历史上第一个汉语拼音方案》,《普通话》第 1 期；收入《近代汉语音论》,北京：商务印书馆,2012 年。

雅洪托夫（Yakhontov S. E.）　1986[1959]　《十一世纪的北京音》（陈重业译）,雅洪托夫著,唐作藩、胡双宝选编《汉语史论集》,北京：北京大学出版社。

照那斯图、杨耐思　1984　《八思巴字研究》,中国民族古文字研究会编《中国民族古文字研究》,北京：中国社会科学出版社。

照那斯图、杨耐思　1987　《蒙古字韵校本》,北京：民族出版社。

郑张尚芳　2000　《〈七音韵母通考〉和〈蒙古字韵〉的关系》,第九届全国近代汉语学术研讨会论文,温州师范学院；收入《郑张尚芳语言学论文集》,北京：中华书局,2012 年。

周祖谟　1966[1943]　《宋代汴洛语音考》,《问学集》,北京：中华书局。

朱晓农　1982　《关于普通话日母的音值》,《中国语文通讯》第 3 期；收入《音韵研究》,北京：商务印书馆,2006 年。

朱晓农　2007　《近音——附论普通话日母》,《方言》第 1 期。

朱晓农　2010a　《语音学》,北京：商务印书馆。

朱晓农　2010b　《全浊弛声论》,《语言研究》第 3 期。

竺家宁　1986　《古今韵会举要的语音系统》,台北：学生书局。

Coblin, W. South　1997　Notes on the sound system of Late Ming Guanhua. *Monumenta Serica*, 45: 261－307.

Coblin, W. South　1999　Thoughts on the identity of the Chinese P'ags-pa dialect. *Journal of Chinese Linguistics* Monograph Series No.15: *Issues in Chinese Dialect Description and Classification*, Berkeley, 84－144.

Coblin, W. South　2002　Reflections on the study of Post-Medieval Chinese historical phonology. 何大安主编《南北是非：汉语方言的

差异与变化(第三届国际汉学会议论文集·语言组)》,台北:中央研究院语言研究所筹备处。

Coblin, W. South   2006   *A Handbook of 'Phags-pa Chinese.* University of Hawaii press.

Denlinger, P. B.   1963   Chinese in hP'ags-pa script. *Monumenta Serica*, 22.2: 407－433.

Hashimoto, M.   1967   The hP'ags-pa transcription of Chinese plosives. *Monumenta Serica*, 26.1: 149－174.

Hashimoto, M.   1978   *hP'ags-pa Chinese.* National Inter-University Research Institute of Asia and African Language and Culture.

Ligeti, L.   1956   Le Po kia singen ecriture P'ags-pa. *Acta Orientalia Academiae Scientiarum Hungaricae*, 6: 1－52.

Nakano   1971   A phonological study in the 'Phags-pa script and the Mong-ku Tzu-yun. Faculty of Asian Studies in association with Australian National University Press.

Wang, William Shi-yuan (王士元)   1987   A note on tone development. *Wang Li Memorial Volumes*, 435－443.

Shen, Zhongwei(沈钟伟)   2008   Studies on the Menggu Ziyun,《语言暨语言学》专刊甲种之十六,台北:"中研院"语言研究所。

服部四郎   1946   元朝秘史の蒙古語を表はす漢字の研究,東京:文求堂。

"蛮、夷、戎、狄"语源考[*]

根据《礼记·王制》的记载,古人对四裔各族习称东夷、南蛮、西戎、北狄。旧来以为这些都是华族对相邻各族的蔑称。有人拿字形或声训作为根据,如《礼记·王制》疏引《风俗通义·四夷》佚文:"夷者觝也……蛮者慢也……戎者凶也……狄者辟也。"又如《说文》:"蛮,南蛮,蛇种。""狄,赤狄,本犬种,狄之为言淫辟也。"王国维《鬼方昆夷猃狁考》(《观堂集林》卷十三)也认为:"戎与狄皆中国语,非外族之本名。戎者兵也……引申之则凡持兵器以侵盗者亦谓之戎。狄者远也,字本作'逷'……凡种族之本居远方而当驱除者,亦谓之狄。且其字从犬,中含贱恶之意,故《说文》有犬种之说。其非外族所自名而为中国人所加之名,甚为明白。"

不过声训之类并不甚可靠,"狄"之为"辟、逷"就难以肯定。"夷、戎"在字形上也无恶意。"蛮"在金文作"䜌",不一定从"虫"。就现在所知各兄弟民族族称对照来看,"蛮、夷、戎、狄"有可能都是当时各族自称的译音。译音的选字容有不当,但名称本身却不能说是含有轻蔑贱恶之意的。

"蛮"是苗瑶族群自称的译音,"夷"是侗台族群自称的译音,

---

* 原刊《扬州大学中国文化研究所集刊》第 1 辑,江苏古籍出版社 1998 年;据《郑张尚芳语言学论文集》(中华书局 2012 年)收入。

"戎"是羌彝族群自称的译音,"狄"是突厥族群自称的译音。

从我国少数民族语言的地理分布看,北疆历来是以阿尔泰语各族(东北方通古斯语族,北方蒙古语族,西北方突厥语族)为主的;西疆以汉藏语系的藏缅语族为主,而彝语支最近中原;中部迤南是苗瑶语族(古原以长沙、黔中、巴东为中心,西南迁为苗族,南迁为瑶族,东南迁为畲族);目前最南疆是侗台语族。从位于中原的华族的角度看,这和北方为狄、西方为戎、南方为蛮的历史记载都是相符合的,没有多大问题。但东方今无侗台语分布,这里有个历史变迁问题,因为古东夷人有的被同化,有的南迁了。

"蛮、夷、戎、狄"最初原都不含轻蔑侮辱成分。至于他时又拿"蛮、夷、戎、狄"来泛称异族,则属于字义的引申,跟语源考证是两码事了。

一、蛮

《魏书》《北史》之蛮传都说:"蛮之种类,盖盘瓠之后。"今瑶族、畲族仍保留盘瓠图腾崇拜,奉盘王为祖先;湘西及贵州松桃苗族也保留有盘瓠始祖传说。"蛮"人原来主要居住在荆州:

《诗·小雅·采芑》:"蠢尔蛮荆,大邦为雠。"

《左传·文公十六年》:"楚大饥……庸人帅群蛮以叛楚。"

《释名·释州国》释荆州:"荆,警也。南蛮数为寇逆,其民有道后服,无道先强,常警备之也。"

《宋书》及《南史》蛮传:"荆、雍州蛮,盘瓠之后也,种落布在诸郡县。宋时因晋,于荆州置南蛮、雍州置宁蛮校尉以领之。"东晋孝武置雍州于襄阳,宋齐梁因之。

《册府元龟·外臣部·国邑一》:"荆蛮,盘瓠之后也,其邑君长所居,皆深山重阻,人迹罕至,长沙、黔中五溪蛮皆是也。"

随着两湖的逐步开发,荆蛮各支也陆续南徙。苗族本支犹以湘西、黔东为主要居住地，瑶畲两支则迁得更南。大致上瑶向西南，畲向东南（唐宋以降，畲再北徙闽浙），其源则皆出于荆蛮：

《梁书·张缵传》："（湘州）州界零陵、衡阳等郡有莫徭蛮者，依山险为居，历政不宾服。"

檀萃《说蛮》（《小方壶斋舆地丛钞》第六帙）："蛮始五溪，出自盘瓠，蔓延于楚粤称瑶，当日以有功免其徭曰莫徭，后讹为徭。"

顾炎武《天下郡国利病书》："瑶为荆蛮，僮则旧越人。"

关于苗瑶同源于荆蛮，怀疑的人不多，但畲族颇有人怀疑。畲族不但祖先崇拜、姓氏与瑶族相同，而且所持"开山公据"（又名"抚徭券牒"）也跟瑶族的"过山榜"（又名"评皇券牒"）相合，畲民族谱也常自称"徭户、徭人、徭家"。广东博罗、增城、惠东、海丰一带的畲族仍说原来的畲语，接近瑶族布努语。或以其祖歌宗谱说祖居潮州海阳而疑其来源于越人，其实祖歌明说是迁至潮州的（以下畲族资料参见《畲族研究论文集》）：

浙江丽水畲民《高皇歌》说（46页）："走落潮州凤凰山，住在广东已多年。"

福建顺昌《盘王歌》和罗源《祖宗歌》都说（72页）："南京路上有祖坟，应出盘蓝雷子孙，京城人多难付〈讨〉食，送去潮州凤凰村。"赣东北畲民《盘瓠王歌》作"南京路上葬祖坟，进出蓝雷贤子孙，京内人多难罗食，多入潮州广东村"（177、283页）。

这跟湖南瑶族康熙五十三年重修的《拾二姓徭人过山图》所说的"一十二姓徭祖原于南京七宝山大洞居住"相同。据记载，畲族唐以前就已住在闽粤交界地区，祖歌所说南京自非今之南京——那是明洪武元年才起的名（五代至宋金虽也有"南京"，但分别指辽阳、北京、商丘、开封，都在北方）。泰国清迈瑶人文书《游梅山书》中也有《盘古歌》，唱云（25页）：

初世声：郎在湖南，妹在京州，郎在湖南松柏院，妹在桂州来听声。

……立有梅山学堂院……立有连州行平庙……流落广东潮州府。

瑶人文书多用同音字写地名,此京州当为荆州。它唱出了从湖南、荆州南徙的一些地点。依此,"南京"应作"南荆"。畲族《高皇歌》又云(216页):

二想三姓盘蓝雷,南京不住走出来……三想人凡三姓亲,都是元山一路人。

元山当指沅陵一带而言,荆南辰沅是荆蛮故居。

苗瑶各语中今修饰成分可后置,也可前置,而后置是固有的。"荆蛮"在《诗经》作"蛮荆","荆南"在祖歌作"南京(荆)":都符合苗瑶语的固有语法。

"蛮"字古音为元部合口二等字,拟音为 *mroon。苗瑶语各地自称都跟这个音相关。李长傅《禹贡释地》(87页)"三苗丕叙"下提出:"苗族自称 muong 或 mun,为'人'之意,此系苗、蛮之原音。"这一说法是有道理的,但 mun 是瑶语。具体情况如下面所录,其中苗瑶语是自称,瑶语畲语为自称中的"人":

苗语	毕节 小哨	贵阳 高坡	开阳 石头寨	福泉 乾坝	凯里 养蒿	威宁 石门坎
	hmong[1]	hm'ong[1]	hmlo[平]	hmjo[平]	hm'u[1]	hmau[1]

瑶语	麻栗坡 金门话	蒙山 标曼话	龙胜 勉话	连南 藻敏话	都安 布努话	博罗 畲语
	mun[2]	mon[2]	mjen[2]	min[2]	nu[2]	ne[2]

苗语据王辅世。

小哨原作先进,乾坝原作复员,现已更名(据鲜松奎引改);石头寨则据李永燧文加 hm 表示清化的 m。瑶语、畲语据民族出版社的《瑶语简志》与《畲语简志》。

王辅世所构拟的苗族自称古声母原为 *hm-,后又改拟为 *hmr-,与汉语古音"蛮" *mr- 相合。石头寨的 hml- 与乾坝的 hmj- 反映了复声母 *hmr- 的存在,布努语与畲语作 n- 母则表示 *hmr- 的另一种变化(王先生同篇文章中 *mr- 母的"听",高坡说 mlong[6],而小哨也变 n 母说 nong[6])。自称中大多元音为 o 与 u,也与"蛮"字拟音的元音相近,只是有些苗语及布努语、畲语脱落了鼻尾。

李永燧已经正确指出"汉语古蛮字是苗瑶语古自称的音译",并就语音对应作了较详细的论证。我这里只是略加补充,并将"蛮"字改拟为 *mroon。这一形式跟李先生所拟古苗族自称 *hmrong[1] 更为接近(李先生"蛮"字拟 *mlwan,那是 *mroon 稍晚的发展形式)。

"蛮"字今读 mɑn,音跟越南瑶话的自称 mǎn 相同。瑶族因而在越南被称为慢族。其实这是同一名称平行音变造成的有趣结果。

二、夷

夷是分布在古代中国沿海地区的民族。从渤海、黄海、东海直至南海,呈弧形分布。长江以南的又称越。吕思勉《先秦史·民族疆域》说:"此族在江以北者,古皆称夷,《禹贡》冀州、扬州之鸟夷、莱夷,徐州之淮夷是也。在江以南者则称越,今绍兴之於越,永嘉之瓯越,福建之闽越,两广越南之南越是也。"他的《中国民族史》也把夷、越同述于粤族章。这种夷越合流的观点从有关历史记载、考古、习俗、语言等方面看都是有相当根据的。以下分列一些材料:

（一）越属东夷的历史记载

《尔雅·释地》：“九夷八狄七戎六蛮谓之四海。”

《论衡·恢国篇》：“唐虞国界，吴为荒服，越在九夷。”

《墨子·节葬下》：“禹东教乎九夷，道死，葬会稽之山。”《墨子间诂》引毕氏云“《太平御览》引作‘教于越’者”，王氏云“钞本《北堂书钞》及《初学记》引此并作‘於越’”。

古本《竹书纪年》：“后芬发即位三年，九夷来御。”九夷，《后汉书·东夷列传》说是“夷有九种，曰：畎夷、于夷、方夷、黄夷、白夷、赤夷、玄夷、风夷、阳夷”。这是据《竹书纪年》夏时所命、征伐、来宾诸夷合计来的，未把殷周的“蓝夷、徐夷、淮夷”（依古音分别与“风夷、阳夷、玄夷”相近）计算在内。《竹书纪年》说后相“七年，于夷来宾”。“来宾”常用于远方来朝，所以此“于夷”有可能指的也是越。古“越、粤”字通，而“粤”本作“雩”，从“于”声（《楚世家》熊渠伐扬粤，索隐云“有本作扬雩”）。

《太平御览》卷三〇五引《竹书纪年》：“周穆王四十七年，伐纡，大起九师，东至于九江，比鼋以为梁。”《北堂书钞·武功部·征伐篇》“穆王伐大越”注则引作“穆王伐大越（一本作‘钺’），起九师，东至九江，驾鼋鼍以为梁也”。《文选·恨赋》注引作“周穆王三十七年，伐纣，大起九师，东至于九江，叱鼋鼍以为梁”，“纣”应为“纡”字误，《路史·国名记》引此作“纡”，并云“在江东矣”，江东为吴越地。《文选·江赋》注引则作“征伐”，竟无所征对象了。“伐”当为“戊”字之讹。王逸《离骚章句》亦云“似穆王之越海，比鼋鼍以为梁也”。可见古人知道“纡”（于）即是“越”（钺戊）。今本《竹书纪年》作“伐越，至于纡”，则是不明纡即越者所为，故误分纡、越为二。

《春秋·昭公五年》：“楚子、蔡侯、许男、顿子、沈子、徐人、越人伐吴。”《左传》作“楚子以诸侯及东夷伐吴”。诸侯指《春秋》称为“侯、子、男”的蔡、顿、沈、许诸国，东夷指徐人及越人。

《左传·哀公十九年》：“楚沈诸梁伐东夷，三夷男女及楚师盟于敖。"杨伯峻谓"敖,东夷地,今浙江滨海某地"。浙南滨海今有鳌江(江名,镇名),这里与盟的"三夷男女",应当是指尚无君主的越人部落。

《淮南子·缪称》:"艾陵之战也,夫差曰:夷声阳,句吴其庶乎。"许慎注:"夷谓吴,阳吉也。句吴,夷语不正,言吴加以'句'也。"

《榖梁传·定公五年》"於越入吴"范宁集解引旧说:"於越,夷言也,《春秋》即其所以称者书之。"

《韩非子·说林下》:"惠子曰:羿执鞅持扞,操弓关机,越人争为持的。弱子扞弓,慈母入室闭户。"羿为有穷后(也称后羿),有穷在今山东,古属东夷,故又称夷羿(《天问》"帝降夷羿",《吕氏春秋·勿躬》"夷羿作弓"),为之持的者当为夷人而惠子称作越人。

(二) 东夷、南夷关系及东夷徙江南

东夷是统称,因分别居住在中原的东方和南方,有时也分称东夷、南夷:

《宗周钟》铭:"南夷、东夷具见,廿又六邦。"

《诗·鲁颂·闷宫》:"至于海邦,淮夷蛮貊,及彼南夷,莫不率从。"

《史记·楚世家》记成王恽元年:"天子赐胙曰:镇尔南方夷越之乱,无侵中国。"

《墨子·兼爱中》:"南为江汉淮汝,东流之,注五湖之处,以利荆楚干越与南夷之民。"此处"干"指吴。

东夷、南夷休戚相关,常组成一个军事同盟体,共同行动:

《国语·齐语》:"(桓公)即位数年,东南多有淫乱者,莱、莒、徐夷、吴、越,一战帅服三十一国。"

噩、徐、吴、越都曾争夺这一同盟体的领导权,最后为楚、秦所服:

《禹鼎》铭:"用天降大丧于下国!亦唯噩侯驭方率淮夷、东夷广伐南国、东国,至于历、寒。"

《后汉书·东夷列传》:"后徐夷僭号,乃率九夷以伐宗周,西至河上。穆王畏其方炽,乃分东方诸侯,命徐偃王主之。偃王处潢池东,地方五百里,行仁义,陆地而朝者三十有六国。"

《左传·宣公八年》:"楚为众舒叛故,伐舒蓼灭之,楚子疆之,及滑汭,盟吴越而还。""舒"即甲骨文中的虎方,古音"舒"*hlja、"虎"*hlaa极近似。丁山《殷商氏族方国志》谓虎方即哀公四年《传》之夷虎,亦即群舒。舒属东南夷集团,故楚夺舒蓼需盟于吴越。然其后舒鸠等部仍屡叛楚从吴。

《说苑·君道》:"越王句践与吴人战,大败之,兼有九夷。"

《战国策·秦策三》:"齐有东国之地方千里,楚苞九夷又方千里。"

李斯《上秦始皇书》(《文选》卷三九):"南取汉中,包九夷、制鄢郢。"李善注:"九夷,属楚夷也。"

东夷遇难则南徙吴越。周初武庚乘管、蔡二叔跟周公矛盾,联合奄、徐、丰、薄姑等一批东夷国族,群起反周。周公平服之,并在奄国立鲁国、在薄姑立齐国,以守镇东夷。东夷各族纷纷南迁,直至江南:

《逸周书·作雒解》:"周公立,相天子,三叔及殷东徐奄及熊盈以略(畔),周公……征熊盈族十七国。"

《㠱鼎》铭:"惟周公于征伐东夷,丰伯、尃古咸戈。"尃古即薄姑。

《书序》:"成王东伐淮夷,遂践奄。"

《孟子·滕文公下》:"周公相武王,诛纣,伐奄,三年讨其君……灭国者五十。"

《左传·定公四年》:"因商奄之民,命以伯禽,而封于少皞之虚。"杜注:"少皞虚,曲阜也,在鲁城内。"

《路史·国名记己》"薄姑":"《青图经》云:'与四国作乱,成王灭之,以封太公。'"又《水经注·济水》引《地理书》曰:"吕尚封于齐郡薄姑,薄姑故城在临菑县西北五十里,近济水。"

践灭其国以封建后,原夷民或臣服或被逐南迁,向吴越地区行进:

《吕氏春秋·古乐》："成王立,殷民反,王命周公践伐之。商人服虐为虐于东夷,周公遂以师逐之,至于江南。"

《越绝书·外传记·吴地传》："蒲姑大冢,吴王不审名冢也,去县三十里……毗陵县南城,故古淹君地也。东南大冢,淹君子女冢也,去县十八里,吴所葬。"淹君即奄君,陈志良《奄城访古记》认为"奄城当为古代奄族南迁后的居留地"(顾颉刚《奄和蒲姑的南迁》,《文史》第31辑3页)。

东夷势力南下,许多原在齐鲁地区的地名也随族南迁,例如:

潍水南迁为淮水。见童书业、顾颉刚之说。

"封泰山、禅会稽"的会稽从泰山附近南移入越。钱穆、张公量、杨向奎等皆有考。

鲁之姑蔑移至越之龙游。《左传·隐公元年》"盟于蔑"注:"姑蔑,鲁地。"《路史·国名记乙》谓原在"兖之瑕丘"。《沈子簋》铭文记有鲁炀公之子灭蔑封沈事。

沂之诸暨亦南移浙东。诸暨本大彭之别封,《国语·郑语》:"彭姓彭祖、豕韦、诸暨,则商灭之矣。"《路史·国名记丙》以为诸暨即鄮县古暨国之派。

南迁之东夷,在吴越地区留下了古城、冢墓、宗庙、重器。除前引奄城、蒲姑冢外,浙江还有几处徐城。《史记·秦本纪》正义引《括地志》:"徐城在越州鄮县东南,入海二百里。《夏侯志》云:翁州上有徐城,传云昔周穆巡狩……伐之,偃王乃于此处立城以终。"《舆地纪胜》卷十二载台州有古城"故老云即徐偃王城",与宋陈耆卿《嘉定赤城志》"徐偃王故城在黄岩县东南大唐岭东(今属温岭县)"相同。龙游徐偃王庙有韩愈写的碑志(见《昌黎全集》),或曰:"偃王之逃战不之彭城,之越城之隅,弃玉几砚于会稽之水。"或又说吴执徐君"徐之公族子弟散之扬徐二州间,即其居立先王庙"。1982年绍兴306号大墓出土一组铜器,三件有铭,能辨者为"徐王炉、徐舒尹鼎",足见越都所在亦有徐贵族墓葬。郭沫若《殷周青铜器铭文研究·杂说林钟句鑃钲铎》曾推测"春秋初年之江浙殆犹徐土者,亦未可知也"。蒙文通在《越史丛考》之《史记·越世家》补正亦点出:"徐衰而吴越代兴……吴越之版图亦徐国之旧壤……岂徐戎固与越人同族类耶!"

《后汉书·东夷列传》云徐偃王北走彭城武原县徐山,注引《博物志》:"武原县东十里,见有徐山石室祠处。"可见以石室为祠,是东夷习俗。董楚平指出太湖地区有大批古代石室结构遗存,根据发掘结果,年代正在商周之交至战国间。依考古资料看来,石构建筑是从辽东、山东向太湖地区延伸,"应该是东部沿海地区夷人文化南迁的结果"。类似的石室建筑或石棚墓在连云港附近和浙南瑞安均有发现。

《史记·货殖列传》:"彭城以东,东海、吴、广陵,此东楚也,其俗类徐僮。""徐僮"之"僮"同壮族旧称。吴地后来虽并入楚国,列为东楚,但风俗民情还跟徐夷相同。

（三）夷越文化的共同点

东夷典型的古文化是山东大汶口文化,跟大汶口文化同性质的青莲冈文化向南直到浙北。有段石锛即起源于大汶口文化,而流行于苏、浙、赣、闽、粤,成为百越文化特征之一。大汶口文化的陶器、石器、装饰品跟太湖地区的崧泽文化特别是良渚文化时期同类器物惊人相似。大汶口文化典型陶器鬶,不仅在良渚文化,还在清江、马坝出土。起源于大汶口文化的摘齿习俗(依山东史前墓葬观察,施术年龄多在青春期),也流行为百越文化特征之一(《百越民族史论集》,中国社会科学出版社 1982)。

曾流配过钦州的唐张说在《广州都督岭南按察五府经略使宋公遗爱碑颂》中指出当时两广越俗有"文身、凿齿、被发、儋耳、面木、衣卉、巢山、馆水"十六字。这种异代越俗还大半同于东夷。

《禹贡》已说"鸟夷卉服"。《礼记·王制》:"东方曰夷,被发文身,有不火食者矣。"被发、文身、凿齿三者,历来被认为是越人的典型习俗特征。

（四）夷越语言相同

关于古夷人语言没有很直接的材料,但可由人名、地名求之。古氏族虽同化迁徙,地名氏姓仍能保存较久,现列数例:

《国语·吴语》:"越王许诺,乃命诸稽郢行成于吴。"《史记·越世家》"诸稽"作"柘稽",乃"诸稽"之异写。

在传世越王器中,前代著录及近年出土的"越王者旨于赐"器不少,有钟、矛、剑、戈等。"者旨"即诸稽。

江西靖安出土徐器有"徐令尹者旨刬"炉盘。"者旨刬"即"诸稽型",可见越徐贵族皆以诸稽为名氏。"稽"之取义,据《国语·吴语》"拱稽"注引唐尚书所云"桊戟也","诸、者"古音近泰文 cah(首长),"诸稽"应为主戟之义。但有另说:据《越世家》,柘稽(诸稽郢)为质于吴,当为质子而非大夫,实即句践太子。《左传·哀公二十四年》作"适郢",《越绝书·记地传》作"与夷",《越世家》又作"鼫与",索隐引《竹书纪年》作"鹿郢",乐资云"越语谓鹿郢为鼫与也"。故"鼫、适、诸、柘"皆为越语鹿之译音。闻宥谓此译音与今黎语、佤语称黑鹿者正相近。

《吴越春秋·越王无余外传》:"(少康)封其庶子于越,号曰无余,余始受封。"《水经注·渐江水》:"(秦望山)山南有嶕岘,岘里有大城,越王无余之旧都也……夏后少康封少子杼以奉禹祠,为越。"

无余,又单称"余"或"杼"。"无"字似为一可以游离的冠首成分,如吴越地名中有无锡、芜湖而齐鲁之有无棣、无盐。《左传·隐公二年》"公及戎盟于唐"注:"唐,鲁地,高平方与县有武唐亭。""武、无"声韵同,唐称武唐亦是此例。无之古音为*ma,泰文中冠 ma 为尊称,意为君、主子、老爷、先生。古越君名有无壬、无曎、无余之、无颛、无强等,皆冠"无"字,可能就是与此相当之尊称。隐公八年鲁卿无骇卒后才申请命氏,以字命为展氏,生前终其身只称无骇,《公羊》《穀梁》皆怪之以为"贬"。无骇贵为司空,执政为卿,何至贬而不氏？想来是因为"无"字已为尊称,沿夷语旧习即无须加氏。

《左传·哀公元年》"吴王夫差败越于夫椒"杜注:"夫椒,吴郡吴县西南太湖中椒山。"夫椒,宋《嘉泰会稽志》引《郡国志》作"夫湫"。此是吴越水军决战之处,在历史上享有盛名。

"夫"或读成"扶",而以为是无实义的发语词。但既然"夫椒"可对"椒山",则"夫"有可能是越语"山"之对译。参《古吴越地名中的侗台语成分》。

襄公五年《春秋》:"仲孙蔑、卫孙林父会吴于善道。"

善道即今江苏盱眙县。

参《古吴越地名中的侗台语成分》。

《越绝书·吴内传》:"习之于夷,夷,海也。宿之于莱,莱,野也。"此为古越语正式记录。

参《古吴越地名中的侗台语成分》。

山东颇多以"莱、夷"构成的地名,如晏平仲即"莱之夷维人",见《史记·管晏列传》。

此"夷"字与东夷之"夷"原来是否有关,也值得研究,但目前泰人自称为 thai<dai,与"海"le 不同音,则是可以肯定的。

以上五例可说明夷越语相通,至少属于同一语族。除此之外,其自称也可能相同。

九夷之先有九黎,郭沫若认为九黎就是九夷。《路史·国名记己》:"黎,夏诸侯。九黎,预云东夷国。"此乃据《左传·昭公四年》"商纣为黎之蒐,东夷叛之"杜预注:"黎,东夷国。"又《尚书·吕刑》"蚩尤惟始作乱",《释文》:"马云:少昊之末九黎君名。"《逸周书·尝麦解》:"命蚩尤宇于少昊。"少昊之虚即后之奄国、鲁国之地,九黎即九夷别译:古音"黎、夷"皆脂部字,"黎"读 *rii,"夷"读 *li,是极相近的两个读音。

今壮傣语支各族的自称,亦与"黎、夷"二音变化相似:

黎:hlai^1,tlai^1,daai^1,thai^1

泰：thai^2<dai

傣：tai^2

壮：dai^2（文山），jai^4

布依：'jai^4，'joi^4，'ji^4

此字之变化还可以参看上文"伊"字的变化：*li、*rii 的声母变 d，元音变 ai，亦与"伊"字相类。ai 这类复元音多来自上古单元音 i 的复化。也可能很早就复化了。《越绝书·地传》："麻林山，一名多山，句践欲伐吴，种麻以为弓弦，使齐人守之，越谓齐人'多'，故曰'麻林多'。"可见当时越国有齐人为使役。董楚平认为："所谓齐人，可能是齐国统治下的东夷人，因不堪压迫而南奔吴越。"这些人叫"多"，"多"古音歌部*ʔl'aai>taai。事实上，无论当时读 'laai 或 taai，都与今壮台自称（今壮语"多"说 laai^1）相同。此外可注意的是：黎语自称为阴平，泰、傣、壮语为阳调，古当读浊平，也与"夷、黎"相同。

三、戎

《书·禹贡》："浮于积石，至于龙门西河，会于渭汭。织皮昆仑、析支、渠、搜，西戎即叙。"孔传："织皮毛布，有此四国，在荒服之外，流沙之内。"孔颖达疏："传言织皮毛布有此四国：昆仑也，析支也，渠也，搜也。四国皆是戎狄也，末以西戎总之。"

这里说的是古西戎四个主要的代表族群，分布于从积石到龙门的广大地区。

昆仑，指河源所在。《尔雅·释水》《禹本纪》都说河出昆仑虚，《山海经·水经》说"河水出其东北陬"。《后汉书·郡国志·金城郡》："临羌有昆仑山。"《汉书·地理志》临羌"西有须抵池、弱水、昆仑山祠"。临羌在今西宁西，其西之山是日月山或青海南山，但均非河源，因为跟河关积石的方向和距离都不合。《地理志》："金城郡河关，积石山在西南羌中，河水行塞外，东北入塞内。"河所过积石山在河关(今临夏西,在西宁东南方)的西南,如果河源在西宁以西,东北流怎能流经积石?既知河水东北流入塞出积石,则河源自应在河关积石之西南方。《后汉书·西羌传》记羌之分布与此合:"河关之西南羌地是也,滨于赐支,至乎河首,绵地千里。赐支者,《禹贡》所谓析支者也。"《水经注·河水》引司马彪曰:"西羌者,自析支以西,滨于河首左右居也,河水屈而东北流,迳于析支之地,是为河曲矣。"析支为河曲,河首在其西南方千里处,当指玛沁雪山(阿尼玛卿山,译言黄河之祖),在黄河上游河曲(甘南与青东南交界处),旧所谓大积石。如此昆仑与析支皆羌人之种,昆仑戎原夹黄河上游左右而居,亦或东出天水,《汉书·杨恽传》云安定山谷之间亦昆戎旧壤,安定在平凉、泾川,即绲戎(《史记·匈奴传》)、畎戎(《汉书》),亦即《春秋》之犬戎(韦昭说)。上至殷周之鬼方也可能即此种。《文选·赵充国颂》注引《世本注》:"鬼方,于汉则先零戎是也。"古音"昆" *kuun 跟"鬼" *kul 极近,敌视之而对译为鬼亦合。

析支,即河曲。马长寿(11 页)说:"二十多年前,我曾往四川汶川、茂县等地调查羌语,今日羌人仍称河曲为赐支(sli-tsi),并言其远祖自赐支迁来。"此即河曲羌。可见河湟间的赐支河曲一直是羌人的主要根据地。"羌"是用来称河曲以西保持游牧生活的戎人族群的。

《说文》:"羌,西戎牧羊人也,从人从羊,羊亦声。"《太平御览》卷七九四引《风俗通义》:"羌本西戎卑贱者也,主牧羊,故羌字从羊人,因以为号。""羌"古音 *khlang,是"羊"古音 *lang 前加个辅音分化的。今日藏缅语族中称"羌"的已经比较少了(今羌族自称 rma,并非"羌"音),但景颇人被傣族、阿昌族、德昂族称为"尢"或"老尢",这"尢"(khang)正是"羌"的古音。又景颇人被缅人称为"克钦"(ka-khjang),这个缅文 khjang 今虽念成"钦"音,但文字表明原来是读"羌"音的(缅甸另一钦族也是"羌")。此外,羌语支一些小族群的自称——如四川甘孜藏族自治州康定县鱼通区的"贵琼"gu-tshjong(鼻化韵)，该州雅江、新龙、理塘三县交界的"却域"（tshjo-y）——从它们与藏文的同源词看，"贵琼"的"琼"、"却域"的"却"，声母相当于藏文的khj-，韵母则相当于藏文的-ang韵，因此也都应为"羌"字（"贵琼"相当于"九羌"，"却域"相当于"羌域"）。

古羌人从甘南南下的或称氐，进入内地学会农耕的一般都叫戎，羌也改为姜戎了。故《西羌传》云："及平王之末，周遂陵迟，戎逼诸夏，自陇山以东，及乎伊洛，往往有戎。"列了十来种戎，皆不称羌，而羌是早见于甲文的。

《左传·襄公十四年》："将执戎子驹支，范宣子亲数诸朝曰：来，姜戎氏！昔秦人迫逐乃祖吾离于瓜州，乃祖吾离被苫盖蒙荆棘以来归我先君，我先君惠公有不腆之田，与女剖分而食之。"这姜氏之戎就是从陇西入晋改牧为耕的羌人。

渠是戎中古老又强大的一支。《史记·五帝本纪》记舜时即曾安抚"西戎析枝、渠廀氏羌"。春秋时曾建立义渠国（国都在今甘肃宁县北故城川附近），称王。

《后汉书·西羌传》："是时义渠、大荔最强，筑城数十，皆自称王。"至周贞王八年后，秦、赵、韩、魏灭大荔及内地诸戎，"其遗脱者皆逃走，西逾汧陇。自是中国无戎寇。唯余义渠种焉"。此后一百五十来年，秦与义渠屡有争战。"及昭王立，义渠王朝秦，遂与昭王母宣太后通，生二子。至王报四十三年，宣太后诱杀义渠王于甘泉宫，因起兵灭之，始置陇西、北地、上郡焉"。

这里的上郡（今陕北及内蒙伊克昭盟鄂尔多斯），据《史记·匈奴列传》，虽主要是取自魏国的，但义渠至少也控制北地陇西二郡并一度控制属西河郡的徒泾二十五城，即今宁夏、甘东、青东地区及内蒙、陕北一部的戎族地区。可见义渠确是西戎大国。义渠虽见灭于秦，汉代还有义渠王部下在张掖汉军中服役，《汉书·匈奴传》昭帝元凤二年张掖"属国千长义渠王骑士射杀（匈奴）犁汙王，赐黄金二百斤,马二百匹,因封为犁汙王",则义渠似于汉兴后复国并役属于汉。

知河套及陇以西皆渠国之地,则我们就能理解《墨子·兼爱》中这段前人认为难以理解的话:

> 古者禹治天下,西为西河、渔窦(孙诒让疑"渔"即"渭"之讹),以泄渠孙皇之水。北为防原、泒……凿为龙门,以利燕、代、胡、貉,与西河之民。东方漏之陆,……以楗东土之水,以利冀州之民。南为江汉淮汝,……以利荆楚、干越与南夷之民。

北、东、南三方皆兼说导水之措施及所利之国族地区,独西方未云所利国族。今知渠为西方一大国族,则"以泄渠孙皇之水"当即谓"以泄渠国之孙水、湟水"。吴毓江校注云:"'皇'者,'湟'之省文。""孙"乃"鲜"的假借,"鲜水"即青海古名,《汉书·王莽传》称为鲜水海。

《禹贡》疏引郑玄注,云"郑并渠搜为一……衣皮之民居此昆仑、析支、渠搜三山之野者皆西戎也"。郑氏以此为三个山名这是错的:析支指河曲,或称赐支河,根本不是山名。可见他不了解羌地情况,所注为臆度之辞。陆德明《释文》则引"《汉书·地理志》'朔方郡有渠搜县'"当之。此县系武帝慕唐虞"北发、渠、搜、氐、羌徕服"(元光元年五月诏语)而新立的,故置于朔方郡。但朔方所在鄂尔多斯亦属义渠边区,也可能有义渠遗民,但那只是大渠国的一部分而已。

比较藏文,"义渠"之义也可得而解了。"义"古音 *ngal,相当于藏文 ngar"强大、威猛"之意。"渠"古音 *ga>gja,相当于藏文 rgja,意为大、汉族。大一义与汉语"渠巨"相同,而 rgja 不但用以称汉族,也用以称农区藏族。例如阿坝藏族自治州嘉戎语地区被称为"嘉戎"rgja-rong,意为汉民的谷地农区,亦即被视如汉人。这可能便是古渠国名之遗迹,犹如今天契丹早已没有了,俄语犹称中国为"契丹"kitaj那样。

渠不但在春秋战国时是西戎大国，而且自殷商时起已然。从甲骨文考察，殷对外用兵时间最长次数最多的是对付🝈方，见于四百余片龟甲。此字古文字家隶定作"吾"，乃"工"字繁体，亦即"巨"字，比较"區"字：甲骨文作"🝈"，金文作"🝈"。"工、巨"皆矩的象形。《说文》："工，象人有规榘也。""巨，规巨也，从工象手持之。巨或从木矢作榘。"字今作"矩"。"榘、矩"古音同，只调异，自可相通。故"吾方"当作"巨方"。巨方经常侵伐商之西部边境，甲骨呼伐巨方，登人少则三千多则五千，并且多次卜"王往伐巨方"，要武丁亲征，可见巨方是商西方一大敌国。"巨"后作"渠"，《竹书纪年》记武乙三十年"伐义渠，乃获其君以归"。这是后世对商巨战争的追记。

义渠俗行火葬，跟其他羌戎族相同：

《墨子·节葬》下："秦之西有仪渠之国者，其亲戚死，聚柴薪而焚之，燻上，谓之登遐。"仪渠即义渠。夏周之源亦起于戎，故帝王死古亦称"登霞、登假"。

《太平御览》卷七九四引《庄子》："羌人死，燔而扬其灰。"

《吕氏春秋·义赏》："氏羌之民，其虏也，不忧其系累，而忧其死不焚也。"

据甘肃南部考古发现，寺洼文化有火葬遗迹。夏鼐曾指出："洮河流域在古代适在氏羌的区域中，并且由文献方面我们知道由春秋直至唐代，氏羌中有些部族确曾行过火葬制的。"事实上这一葬俗在今云南藏缅语族诸族中，如怒族、拉祜族、纳西族、彝族和哈尼族中，同样流行。这也说明了这些藏缅语民族与羌戎的族源关系。

搜，《汉书·地理志》作"叟"，指以蜀地为中心的羌戎。他们分布于甘南、川西及相邻的云贵地区。晋常璩《华阳国志》有蜀叟、氐叟、青叟、越嶲叟等。

《尚书·牧誓》："嗟我友邦冢君，御事、司徒、司马、司空、亚旅、师氏、千夫长、百夫长，及庸、蜀、羌、髳、微、卢、彭、濮人，称尔戈，比尔干，立尔矛！予其誓！"传："八国皆蛮、夷、戎、狄属文王者。羌在西。

蜀,叟。"

《华阳国志·南中志》:"夷人大种曰昆,小种曰叟,皆曲头木耳,环铁裹结,无大侯王如汶山、汉嘉夷也。"《太平寰宇记》嶲州(今西昌):"木耳夷死,积薪烧之。"可见这种木耳夷人实为羌戎之种。

同书晋宁郡:"汉武帝元封二年,叟反,遣将军郭昌讨平之,治滇池上,号曰益州。"

《后汉书·刘焉传》"焉遣叟兵五千助之"注:"汉世谓蜀为叟。"1963年云南昭通发掘晋代南夷校尉霍承嗣墓,壁画叟兵皆彝装。

同书《西南夷传》记越嶲太守巴郡张翕在郡十七年卒,"苏祁叟二百余人,赍牛羊送丧至翕本县"。

叟,古音*suu,跟缅文 su"人"同。现今这一带的彝族自称诺苏no-su,怒族自称怒苏 nu-su,傈僳自称 li-su,其中的 su 原意都是人。同时彝、怒、傈僳、拉祜、基诺各族又称别人、人家为 su。他们都是说藏缅语族彝缅语支语言的族群。

"彝、夷"二字古亦通用,与"戎"并称。《隶释》卷十载东汉《凉州刺史魏元丕碑》:"西羌放动,余类未辑,訕咨群寮,惟德是与,拜凉州刺史……彝戎宾服,干戈戢藏。"为使羌戎支的西南夷与东夷的夷区分开来,故后世"彝"遂专用于彝族了。

"彝"也可能是彝族古称 ni 的汉译。据凉山、贵州及云南(撒尼)彝文文献记载,彝族古称为 ni,但此字在不同方言中又读成 ne、no 等音,类似哈尼在有的方言中称峨努——"尼"nji 变成"努"nju 那样。其实这就是"戎"字(古音*njung)。由于彝语支语言中的鼻音韵尾大都要脱落,所以*njung 脱去-ng 尾就变成 nju。表现得最清楚的是同支的怒族:碧江怒族自称怒苏 nu-su,福贡怒族自称阿侬 a-nung,说明怒 nu 正是从侬 nung 变过来的(丢了鼻尾)。也就是说,"侬"nung 跟"戎"的古音*njung 音最近。

njung 的意义有可能是人民,因为土家族也称人为 no,哈尼称别人为 a-nu。还有一个可能是称对华夏而言的"少数民族",因为缅文称"少数民族"为 lu-nanj：-tsu（lu 意为人，nanj：意为少数。音标末之：为缅文调号），这跟《后汉书·西南夷传》所载《白狼歌》中自称"蛮夷"的对音"偻让"音很相近，藏文 njung 也是少数之意，不知此三者是否有关。

据马学良、戴庆厦，《白狼歌》与今缅彝语最接近，尤其与缅、阿昌、纳西等语接近，如"食"说"阻"＊tsa，"肉"说"苏"＊sa，"深"说"诺"＊nak，皆同缅文。拙作《上古缅歌》，亦证明白狼语为古缅语。事实上，叟人语也是如此：

《水经注·存水》："益州大姓雍闿反，结垒于山，系马柳柱，柱生成林，今夷人名曰雍无梁林，梁、夷言马也。"《太平御览》卷三五九引《华阳国志》作"无梁，夷言马也"。无梁，古音＊marang，跟缅文 mrang（：调）、阿昌语 hmrang、载瓦语 mjang 皆相近。《缅甸馆杂字》"马"的对音"麦浪"跟 marang 更近（参闻宥《语源丛考》，载《中华文史论丛》第 16 辑）。

氐语与羌语同。《三国志》注引《魏略》："氐语不与中国同，及羌、杂胡同。"古代所记羌戎语词，好些仍跟藏文相同：

《后汉书·西羌传》："羌无弋爰剑者，秦厉公时为秦所拘执，以为奴隶，不知爰剑何戎之别也。后得亡归……羌人谓奴为'无弋'，以爰剑尝为奴隶，故因名之。"无弋，古音＊ma-luɯg，跟藏文"仆人"mi-lag 音近。

《广韵》东韵职戎切："絘，簇。絘，戎人呼之。"此字古音＊tjung，跟藏文"背篮"drong-mo 词干音近。

《集韵》末韵北末切："妭，羌人谓妇曰妭。"此字古音＊pod，跟藏文"妇女"bud-med 主音节音近。

这是因为藏族先民跟羌人同源：

《西羌传》："忍季父卬畏秦之威，将其种人附落而南，出赐支河曲西数千里,与众羌绝远,不复交通……发羌、唐旄等绝远,未尝往来,犛牛、白马羌在蜀汉。"和帝永和十三年,护羌校尉周鲔战败烧当羌迷唐,"降者六千余口……其种众不满千人,远逾赐支河首,依发羌居"。说明发羌为比河首更远的种落。

《新唐书·吐蕃传》:"吐蕃本西羌属,盖百有五十种,散处河湟江岷间。有发羌、唐旄等,然未始与中国通,居析支水西……'蕃、发'声近,故其子孙曰吐蕃。"

"发"古音*pod,与藏族自称 bod 音近。但"蕃",《广韵》在元韵附袁切,与 bod 韵异。牙含章曾以"番"读补过切对之。但唐时补过切为 pa(敦煌汉藏对音写本中"波"注音也是 pa),不像后世读 po,音仍不近。藏族《本教史·四州之源》认为西藏称 bod 之前称"本康",即"本教之域"。"本教"藏文为 bon,与"蕃"中古音相近,则"吐蕃"可对 tho-bon,本教之界。

四、狄

狄为古代分布在北方的游牧民族,不仅在塞北,在今陕西、山西、河北至山东也有分布。游牧迁徙本无定处,因戎和狄的游牧地区交错,故常见戎、狄并称,《史记》且并入《匈奴列传》中。虽然戎与狄视强弱之势互有役属,但他们是不同的族群,语言尤异。

《太平御览》卷八〇〇引《晋中兴书》:"北狄,其地南接燕赵,北沙漠,东渐九夷,西界六戎,世世自相君臣,不禀中国正朔。"

《书·仲虺之诰》说汤:"初征自葛,东征西夷怨,南征北狄怨,曰:奚独后予?"

《墨子·节葬》:"昔者尧北教乎八狄,舜西教乎七戎……禹东教乎九夷。"《尔雅·释地》:"九夷八狄七戎六蛮谓之四海。"但李巡据《风俗通义》引《尔雅》作"九夷八蛮六戎五狄",并云五狄为月支、秽貊、匈奴、单于、白屋。

戎狄相混,一起于《春秋》称部分狄人为"山戎",二起于汉人混猃狁、荤粥为一族。荤粥为狄,猃狁为戎,并非一族。

《小雅·出车》:"赫赫南仲,薄伐西戎……执讯获丑,薄言旋归。赫赫南仲,猃狁于夷!"

《小雅·六月》:"薄伐猃狁,至于太原。"《后汉书·西羌传》记夷王宣王皆伐太原戎。可见猃狁为戎。

此太原,顾炎武与胡渭皆云在原州(在甘东),当为猃狁之边地。猃狁应即指允姓之戎:

《左传·昭公九年》:"先王居梼杌于四裔,以御螭魅,故允姓之奸,居于瓜州。伯父惠公归自秦而诱以来。"杜注:"允姓,阴戎之祖……僖十五年晋惠公自秦归,二十二年秦晋始迁陆浑之戎于伊川。"《西羌传》所云"陆浑戎自瓜州迁于伊川,允姓戎迁于渭汭,东及镮辕,在河南山北者号曰阴戎,阴戎之种遂以滋广"者是。

"猃、玁"古音皆为 *hngam,相当藏文 ngam"险恶可畏"。故猃允者,可畏之允戎之意。此二字与"荤、獯"(古音 *hun)声韵母皆异。有些学者以后世同为晓母字疑其相通,乃昧于古音而有此误。

《孟子·梁惠王下》:"昔者太王居邠,狄人侵之,去之岐山之下居焉……文王事昆夷……太王事獯鬻。"赵注:"獯鬻,北狄强者,今匈奴也。太王去邠避獯鬻。"这里说的明白,狄人即獯鬻,太王避狄南下岐山,才与昆夷相邻,《大雅·绵》也说来岐开发后赶跑了混夷(《说文》口部引作"犬夷呬矣"),可见当时獯鬻比犬夷要厉害,獯鬻与匈奴是一族。《史记·匈奴列传》索隐引《风俗通》:"殷时曰獯粥,改曰匈奴。"《史记》本文则作"荤粥"。

由于有"匈奴相邦印"在(见《观堂集林》),"匈奴"也是自称。"匈奴"古音 hong-naa。汉武帝战败匈奴,匈奴西迁,西方文献亦有其名,其音可对比。印度记录为 huna,希腊史记录为 hunner,皆近"匈奴"之古音,尤其 hunner 更近原名(参卫聚贤《古史研究》三《中国民族的来源》)。从今阿尔泰语看,hun 当是人的意思。人,至今蒙语尚称为 xun,东乡、土族、东裕固语皆称为 kun,保安语为 kung(各语之 k 一般送气,其他清塞音同);8 世纪突厥鲁尼文碑文中"百姓"作 kün。而突厥语言名词复数尾为 -lar/-ler,词干如为鼻尾,则改为 -nar/-ner(例如塔塔尔语)。根据元音和谐律,词干为后元音加 ar,前元音加 er。故"人们、百姓们"应作 hunnar,与西史所记音合。

"荤粥、獯鬻"下字皆音"育",《史记·五帝本纪》记黄帝"北逐荤粥,合符釜山",索隐:"匈奴别名也。"正义:"荤音薰,粥音育。""薰"古音为 *hun,与西史 hun 合;"育"是 *lug,与蒙语 uruq"家族、宗族",哈萨克语 ruw、柯尔克孜语 uruu"部落"音皆近。

"狄"古音 *deg,或作"翟",古音 *dreug。此与突厥文献中的 türk 相近。虽然"狄"声母是浊母,但中古"突厥"的"突",西北也读浊音 dur,藏文称"突厥"为 drug-gu(这跟"翟"字古音还很相近),称"突骑施"种 türgis 为 du-rgjus,都读浊声。可能古狄语自称是浊母。但此字后在"丁灵、丁令、敕勒、铁勒"中都已译成清音,只有"狄历"为浊音,可见它清化的时代很早。

北狄、匈奴后又称胡。《太平御览》卷七九九引《晋中兴书》:"胡,北狄之总名也。"最初胡狄并称见《赵策》,赵武灵王欲"计胡狄之利……启胡狄之乡……吾将胡服骑射以教百姓……胡地、中山吾必有之"。

《史记·赵世家》:"变服骑射,以备燕三胡秦韩之边。"索隐:"林胡、楼烦、东胡是三胡也。"又云:"西略胡地至榆中,林胡王献马。"

那么原先胡是指林胡、楼烦、东胡等的,后来则取代"狄"成为通称,至汉犹然。

《史记·李牧列传》:"大破杀匈奴十余万骑,灭襜褴,破东胡,降林胡,单于奔走。"

《说苑·君道》:"燕昭王问于郭隗曰:寡人地狭民寡,齐人取蓟八城,匈奴驱驰楼烦之下。"

可见楼烦、林胡、东胡三胡皆属匈奴。而秦始皇则讳言北胡,而称大夏。秦始皇《琅玡台刻石》:"六合之内,皇帝之土,西涉流沙,南尽北户,东有东海,北过大夏,人迹所至,无不臣者!"《逸周书·王会解》"伊尹四方令":"正北空同、大夏、莎车、姑他、旦(且)略、豹胡、代翟、匈奴、楼烦、月氏、孅犁、其龙、东胡。"孔晁注:"十二者北狄之别名也。"此"大夏"为北狄之别名,与西戎之大夏异,实即"胡"之别译。单于遗汉书云:"南有大汉,北有强胡,胡者天之骄子。"可见"胡"亦匈奴自称之词。"胡"古音*gaa/glaa与"夏"*graa音极近,都有大义,当皆音义两译突厥语qara。此词今有黑义(比较汉语"黔首"),在突厥鲁尼文文献中又为人们以及大、伟大、强大、有力、首要义。布里雅特音xara,蒙古语xar,音皆相近;哈萨克语"群众"亦为buqara。古代波斯语词有kaara(军队、人们),而kaar指人们,又特指异乡人、敌对人民,不知是否曾与"胡"相敌而受其影响。好些西方学者见东亚语有与西亚合者,每指之为西方借词,而未考虑东亚之匈奴胡人对西方的强大影响。如"酒"哈萨克语araq、蒙语erx、赫哲语arki,高本汉指出是从匈奴语汉译"酪"*rag来的。乳酪作酒在游牧民族本为常事(《四体文鉴》此条汉语作"奶子酒"),但好多学者却认为来自阿拉伯语"树汁、汗"araq,因为那里是以树汁酿酒的!

古狄语的记录虽不多,但可考见属阿尔泰语。现先录《春秋》所记两条:

《昭公元年》:"晋荀吴率师败狄于大卤。"《公羊传》地名作"大原",云:"此大卤也,曷为谓之大原? 地物从中国,邑人名从主人。"《穀梁传》则说:"中国曰大原,夷狄曰大卤,号从中国,名从主人。"此*daal-raa(大卤、大原)与阿尔泰语合,尤其合于突厥各语:

鞑靼	哈萨克	西裕固	鄂温克	蒙古
dala 草原	talaa 原野	tala 草滩	talaxa 平原	tal 草原

《昭公五年》："叔弓帅师败莒师于蚡泉。"《穀梁传》作"贲泉"："狄人谓贲泉'失台'。"《襄公五年》疏引作"矢胎"。"矢台"古音 hlji-lɯ，跟满语"泉水"sheri、撒拉语"波浪"siləx 都很接近，《公羊传》解渍泉为涌泉。

匈奴语"撑犁"（天）*thraang-rii 对突厥文 tangri，"蒲类"（泽名，今译巴里坤湖，"坤"即"湖"kol 之译音）*baa-ruds 对突厥文"老虎"bars 等，都有人提过了。还有"单于"*djan-Hwa/Ga 对察哈台语 darga "首领"、回鹘蒙古文 darka-chi"制裁者"，达鲁花赤，"赤"为后加成分，都可以证明匈奴、狄人都说阿尔泰语，而跟其中的突厥语音更为接近。

附记：

本文所用各族语言据民族出版社《中国少数民族语言简志丛书》。古突厥文据阔南诺夫《7－9 世纪突厥鲁尼文字文献语言语法》（《突厥语通讯》总 36 期、37 期译文）。同时参考了吕思勉《读史札记》《中国民族史》、蒙文通《周秦少数民族研究》、胡厚宣《甲骨文与殷商史》二辑。

为印刷方便，以'表示喉塞音，H 表示喉浊擦音 ɦ，nj 表示舌面鼻音，tsj 表示舌面塞擦音；元音位置上的 ɯ 表示不圆唇的后元音。

参考文献

施联朱　1987　《畲族研究论文集》，民族出版社。

李长傅　1983　《禹贡释地》，中州书画社。

闻　宥　1979　《黑鹿释名》，《民族语文》创刊号。

王辅世　1988　《苗语古音构拟问题》,《民族语文》第 2 期。

李永燧　1983　《关于苗瑶族的自称——兼说蛮》,《民族语文》第 6 期。

董楚平　1988　《吴越文化新探》,浙江人民出版社。

马长寿　1984　《氐与羌》,上海人民出版社。

马学良、戴庆厦　1982　《〈白狼歌〉研究》,《民族语文》第 5 期。

韦　刚　1982　《藏族族源探索》,《西藏研究》第 3 期。

牙含章　1980　《关于"吐蕃"、"朵甘"、"乌斯藏"和"西藏"的语源考证》,《民族研究》第 4 期。

从"对音比勘"到"语史互证"

——《"蛮、夷、戎、狄"语源考》导读

王弘治

引　言

上古汉语的研究,除却作为汉语史之一部,究竟还能发挥其他什么作用呢? 郑张尚芳先生在《上古音系》一书的绪言中如此说道:

> (上古汉语……)对于涉及汉语古文献典籍的古典文学、哲学、考古学、古史地研究、中外交通史、民族史、古民族语研究,古译名学、古地名学研究等等方面来说,也都是少不了的。①

这样的见解,其实在前代学者的研究中,都已经获得过实践。清代乾嘉学者在古典文献研究上的突破,同样借重于古音学的昌明发达。胡适在《清代学者的治学方法》一文中盛赞清代戴震利用古音通训诂,解释《尚书·尧典》中"光被四表"一句中伪孔传的义训。② 戴震通过对比音韵关系,认为"光"当释为"横",这样才符合孔安国传

① 郑张尚芳:《上古音系(第二版)》,上海:上海教育出版社,2013 年,第 2 页。
② 胡适:《胡适文存》第二卷,上海:亚东图书馆,1921 年,第 241－246 页。

中"光,充也"的训释。戴震甚至逆论,《尧典》的古本一定有"横被四海"的写法。后来钱大昕、姚鼐、段玉裁等著名学者,纷纷找到历代古文献上的引例,支持戴震,遂使戴说成为《尚书》研究的不刊之论。这就是古音学得到实践应用的著名例子之一。

借助于自己在古音学方面的研究突破,郑张先生利用历史语言学的知识,在文史研究领域中也取得了独树一帜的成就。本书所选的《"蛮、夷、戎、狄"语源考》一文,便是相当能够体现郑张先生"语史互证"研究特色的一篇论文。本文原刊于《扬州大学中国文化研究所集刊》第一辑(江苏古籍出版社,1998年),时下不易访得。此次特选作精读名篇之一,并由笔者执笔续貂,为读者略作疏解。

一、背景:历史学与语言学"联姻"的内外因素

历史学和语言学虽然是两门不同的学科,但两者之间研究领域的重叠,乃是中国现代学术史鸿蒙开辟之时就定下的基调。傅斯年创设的中国近现代最具影响的学术机构之一——"中研院"历史语言研究所即秉持同时高举历史学和语言学两面旗帜的宗旨。

这一学科"联姻"的学术背景,首先是学科进化的一种内在需求,而这种内在需求乃是始于历史研究"文献不足征"的困境。以《"蛮、夷、戎、狄"语源考》一文所涉及的上古民族历史领域为例,许多学者的研究往往会陷入"夏礼吾能言之"式的材料窘境之中。文献之不足,不仅仅反映在越为上古保存至今的有关文献越为稀见,更反映在不同性质、不同民族、不同语言之间历史资料数量的不平衡上。文献的根本是文字记录,而文字更是一种特殊的文明产物,在上古史的时间范围之内,能够创造文字的民族本来已是寥若晨星,在东亚范围内,竟以汉字为特久,其后创制的其他民族文字如藏文、日文等,皆晚于汉字问世千年以上,以致东亚中古以上号称信史的文献百中九九皆为汉语文献;而汉语文献中,所记殊方异域之风,寄象鞮译之俗,皆

因非我族类,大多史实难征。王国维《鬼方昆夷猃狁考》是关于古代族源研究的一篇具有开辟性意义的论文,但王国维在文首开宗明义指出:"此族(匈奴)春秋以降之事,载籍稍具。而远古之事,则颇茫然,学者但知其名而已。"③

为解决这种困境,王国维总结了古史研究的"二重证据法",他如此说道:

> 吾辈生于今日,幸于纸上之材料外,更得地下之新材料。由此种材料,我辈固得据以补正纸上之材料,亦得证明古书之某部分全为实录,即百家不雅驯之言,亦不无表示一面之事实。此"二重证据法",惟在今日始得为之。虽古书之未得证明者,不能加以否定;而其已得证明者,不能不加以肯定,可断言也。④

王国维的"二重证据法"是上古史学研究一长足之进步。王国维在《鬼方昆夷猃狁考》中利用古器物与古文字上的新发现,将匈奴的历史与甲骨文和金文中出现的中原之外的古族相联系,开辟出了新的思路。而后世学人在王国维"二重证据法"的基础之上,加以往复讨论。如李济提出王氏之"二重证据",从实质来讲,仍囿于文字证据的范围内,考古出土的上古文物,无文字者居多,而考古学自身之理论解释,也自足于历史研究。兹后中国考古学渐为大国,是为窥探上古史研究的又一扇新窗口。继而,与现代考古学相伴传入中国的文化人类学,令国人了解当代民族志研究在探求上古社会历史发展中的类比证用。探求古史的孔道,已不局限于传世书面文献及有字史料,诸多有形物质遗存业已成为古史探索的新路,而语言学也同样是古史研究所可依赖的众多新工具之一。

---

③ 王国维:《观堂集林》卷十三,北京:中华书局,1959年, 第584页。
④ 王国维:《古史新证》,北京:清华大学出版社,1999年,第2页。

古史研究疆场的开辟,正如傅斯年在《历史语言研究所工作之旨趣》中形容:"上穷碧落下黄泉,动手动脚找东西。"傅斯年在这一篇宏文中,尤其提到了历史学与语言学相互比鉴的影响,这又是在上述有形物质遗存之外的另一类研究理路。傅斯年所属意者,是欧洲学者,特别是法国汉学家利用欧洲传统的语文学(philology)和19世纪以来新兴的比较语言学(comparative linguistics)方法通校汉文史籍与中国周边史地文献的卓著成果,而这正是现代历史学与语言学联姻的外部刺激。傅斯年在文中着重提到:

> 我们中国人多是不会解决史籍上的四裔问题的,丁谦君的《诸史外国传考证》,远不如沙万君(Édouard Émmannuel Chavannes)之译外国传,玉连(Stanislas Aignan Julien)之解《大唐西域记》,高几耶(Henri Cordier)之注《马哥博罗游记》,米勒(Friedrich W. K. Müller)之发读回纥文书,这都不是中国人现在已经办到的。⑤

这些欧洲学者,包括傅文未提及的法国学者伯希和、马伯乐等,都精通数种东方古典语文,兼能利用不同语言词形比勘的方法,把多种语言材料中相互对应的史料一一勾沉抉源。语言的比勘研究,将原本不相系属的文献史料相互打通,以文明交流的视野重新解读旧有历史记载,使古史研究的面貌随之焕然一新。我们可以略举几个例子,简要说明西方学者是如何利用语言学在历史研究中发挥作用的。

在众多欧洲学者的中外交通史研究中,伯希和的《支那名称之起源》⑥一文具有重要的学术影响。伯氏此文本来是与劳费尔(B.

---

⑤ 傅斯年:《历史语言研究所工作之旨趣》,《历史语言研究所集刊》1本1分,1928年,第5页。
⑥ 冯承钧译:《西域南海史地考证译丛》,上海:商务印书馆,1932年,第36—48页。

Laufer)讨论内亚文献中将中国称为 cina 之起源。伯希和反驳劳费尔"支那"一词为马来语源的说法,坚持 cina 为"秦"之对音。这一说法在世界范围内广为接受。一词的名义,即牵涉到中国这一古来文明影响传播的路径与时代。伯希和与劳费尔的争鸣,将中国历史的研究拓展到世界史的广阔舞台上来,而讨论之枢纽竟全系于一个词的转读声音,可谓牵一发而动全身。

又如对于"敦煌"名义的理解。汉武帝讨伐匈奴,原来盘踞河西走廊的匈奴右翼向汉朝投降,汉武帝在走廊内陆续设立河西四郡,敦煌为四郡之一。有关"敦煌"得名的来源,最流行的传统说法来自《史记·大宛列传》的注解中引用东汉应劭的解释"敦者,大也;煌者,盛也",这种释义完全是基于汉字字面的意义。但是英国学者 H. W. Bailey 通过对于阗语为代表的塞人的研究,认为"敦煌"是于阗语 druvāna 或 druva-pān 的对音转写,原意为"坚固的堡垒"。⑦ 如此,则"敦煌"一词纯粹属于汉代人借用当地原有的地理名称的读音。通过这一个地名词汇的意义考证,就可以改变对敦煌这座重要城市早期历史的一些固有认识。

再如在中西交通史的一些史料中,常常提到一个转写为 Sarag 的中国城市。比如斯坦因在敦煌附近烽燧遗址中发现的八封粟特文古文书,其中编为第 2 号的书信涉及西晋永嘉之乱的历史背景,信中就提到 Sarag 这个城市。此外,著名的《大秦景教流行中国碑》上的古叙利亚文题刻里也有这个城市的名称。伯希和在《景教碑中叙利亚文之长安洛阳》⑧这篇短文中,利用了唐代义净《梵文千字文》中一个直接译名:洛,娑啰誐,辨认出在多种不同古代语言文献中都提到的 Sarag,实为汉地最重要的城市之一——洛阳。这一释读,可谓发千

---

⑦ Bailey, H. W., "The Culture of the Iranian Kingdom of Ancient Khotan in Chinese Turkestan. The Expansion of Early Indian Influence into Northern Asia," *Mem. Toyo Bunko* 29(1971): 16－29.

⑧ 冯承钧译:《西域南海史地考证译丛》,第36－48页。

载之覆,使得各种相关史料中的一些历史问题都得以迎刃而解。

这样的研究,其旨趣不仅仅在于满足学究对古书当中某一个地名、专名的繁琐考证。在傅斯年看来,新学术对中国历史研究的示范作用是显而易见的。欧洲学者的擅场,在于跨多语种资料的淹博,早期的中国学者也认识到自身传统研究的缺陷,因此如傅斯年、陈寅恪皆身体力行并大力推动"语史互证"的研究方法。但是,中国域外语言的比较研究只是此类史地研究中的一面,如果缺少对汉语史的准确认识,也会导致结论的偏差。下面我们将转入正题,具体讨论历史语言学在"语史互证"研究中的作用。

二、破题:历史语言学应当如何
在史地研究中发挥作用

上文提到欧洲汉学家的语史互证研究,主要是一种译音比勘的工作。所谓"译音比勘",就是把两种或多种不同语言中具有联系(主要是语音联系)的史地词汇进行词汇音形的比较研究,确定这些词汇之间的严密对应。译音比勘要做到成功,有几项必须达到的基本要求:

其一,要确定对应词汇的可靠性。举例来说,上揭伯希和以Sarag 为洛阳之译名,首先借助于唐代《梵语千字文》中的明确记录,才在一定程度上得以规避译音比勘时音形的龃龉。又比如,南亚大国"印度"的译名,在中外文献当中都有不同的写法。在唐代以前印度有"身毒""天竺""贤豆"等译名,直到唐代玄奘《大唐西域记》才批谬旧说,立"印度"为正名。一般认为"印度"之名源自印度河的古名,印度河梵文名称的拉丁转写为 Sindhu,古波斯语名 Hinduka,古希腊语名 Indos。而玄奘以为印度并非源自于大河之名,而是从梵文"月亮"Indu 一词得名。即便我们已经知道汉语与其他语言间关于"印度"一词的所指是一致的,但是究竟应该如何在这些不同词形间

进行配对,将直接影响译音比勘的准确性,也会进一步影响到译名背后更深刻的历史文化信息。

再举一个史地对音研究中争讼已久的问题,从中可以一窥确定对应词形绝非易事。古代中东及西方旅行记录中提到一个中国城市的名字 Khumdan,关于这个词形究竟地望何属,其研究史可参考高田时雄(2010)的回顾总结。根据高田先生衰集的资料,可知有 Khumdan 为南京、于阗、河东、长安等多种结论。认为 Khumdan 为长安的说法,浸成主流,伯希和根据《景教碑》中古叙利亚文记录将 Khoumdan 与 Sarag(洛阳)并举为景教两大教区,认为 Khoumdan 与 Khumdan 实为一源,此地当指唐代都城长安无疑。伯希和更引唐代僧人利言《梵语杂名》中的译名证成己说。《梵语杂名》中"京师"一词,梵语译为"矩亩娜曩 Kumudana"。这些证据足称铁证,然而 Khumdan 为什么是长安,却始终令人费解。夏德(Friedrich Hirth)以为 Khumdan 为"宫殿"之译音,哈特曼(Martin Hartmann)以为是"汗堂",岑仲勉则以为是"金殿",此皆以为 Khumdan 译指长安乃是一种借代用法。高田时雄先生文中介绍目前海外汉学界最广泛接受的一种说法是由美国学者卜弼德(Peter A. Boodberg)早在 1938 年就提出的"咸阳"说,之后夏伦(Gustav Haloun)也独立提出相同观点,夏伦的观点经亨宁(W. B. Henning)的引用和推广,遂在学界广为人知。然而卜弼德对自己的结论仍存在怀疑,问题就出在他认为 Khumdan 对应的是"咸阳"的上古音形式,而这个词目前所知的最早出处都无法追溯到相当于上古汉语时期。现在一般认为斯坦因在敦煌附近烽燧发现的粟特文古文书第 2 号中出现的 'xwmt'n 一词是 Khumdan 的最早形式。这封文书的年代原有争论,但目前流行的观点一般认为是出自西晋永嘉末年。[9] 以上古音来解释西晋末的译音,卜弼德自己

---

⑨ Sims-Williams, N. and Frantz Grenet, "The Historical Context of the Sogdian Ancient Letters," *Transition Periods in Iranian History. Actes du symposium de Fribourg-en-Brisgau.* 1987, pp.101 − 119.

也觉得时代上略显牵强。除却历史时代的龃龉，我们下文还会指出相关语音史的一些具体问题。

其二，要求明确不同语言词汇的具体语音形式。汉字表音性不强，汉字的古今语音差别巨大，如果不具备古代汉语构拟的基本知识，古代史地的对音比勘工作就只能是盲人骑瞎马。例如在讨论古代民族匈奴的族源问题时，一些学者如冯家升、白鸟库吉、齐思和等都表达过一种观点，即认为古代文献中的"匈奴""荤粥""混夷""胡"等族称皆始于同一个语源。这种推论，多是受清代乾嘉末学"一声之转"的影响，只要声母接近，即可将词汇判为同源。郑张尚芳先生在《"蛮、夷、戎、狄"语源考》中也已指出，"匈奴"与"胡"在上古汉语中的语音形式相差甚远，无法轻易断为出自同源。相形之下王国维在《鬼方昆夷猃狁考》中探讨古史中北方古民族的关系，绝不轻下一语将古族名称以一声之转相勾连，实为审慎之举。

汉字的音形解读自有其特殊之处，下节还将适当地介绍展开。反观译音比勘的另一方，如果一种语言使用的是记音字母，则需确定字母与实际语音之间的基本转写规则。字母文字虽然主要是记录语音，但文字往往并非直接反映实际语音，拼音文字的音值也不是不言自明的。

举例来说，如上揭粟特文古文书第 2 号中的 'xwmt'n 一词，在转写上就存在争论。古粟特文源自古安息王朝阿拉美文的草书形式，目前的拉丁转写中，代表元音的字母有 3 个：'、y、w，其音值对应大致为：'>a, ā;y>i, ī, e;u>u, ū, o。另有 19 个辅音字母。粟特文与阿拉美文的书写中，一般只标辅音字母，元音符号只起辅助作用，因此在具体音值对应上就有不确定性，并会进一步影响译音比勘的结果。

根据林梅村（1986）的介绍，对于粟特文古文书第 2 号中的 'xwmt'n，亨宁读解为 Khumdan，匈牙利学者哈玛尔塔（J. Harmatta）读解为 humtum，两者大相径庭。林梅村不同意前人将 'xwmt'n 指为长安、咸阳的说法，认为 'xwmt'n 实为"河东"，这个解读基本认同了哈玛尔塔对元音符号的转写读解。由咸阳而河东,转写研究上的一字之差,实有千里之别。

其三,要深入了解比勘语言的语音发展史。这一点尤为关键。在中外译音比勘的研究中,经常会遇到一种过度简化的研究方法,汉语的古音构拟形式主要通过查阅前人编著的古音字表,非汉语材料的译音仅通过转写来确定。这种简单处理会引发的问题,我们就以上揭《梵语杂名》中"矩亩娜曩 Kumudana"为例略加分析。

《梵语杂名》作者利言法师,据考证卒年约在公元 795 年前后。《梵语杂名》是一本供僧人学习和翻译梵文的词汇手册,此书唐代即已流传到日本,后在中国失传,今收入《大正藏》第 54 册。[⑩]

"矩亩娜曩 Kumudana"是对汉语"京师"一词的梵文翻译及汉字注音,四个汉字对应四个音节,整齐清晰,然而若查检通行的几家中古音构拟方案,则会发现四个汉字的对音都存在一些不一致的地方。

表 1　中古音诸家构拟

字例	中古音韵地位	高本汉	王力	李荣	郑张尚芳
矩	见母虞韵合口三等上声	kǐu	kǐu	kio	kɨo
亩	明母侯韵开口一等上声	mə̯u	məu	mu	məu
娜	泥母歌韵开口一等去声	nɑ	nɑ	nɑ	nɑ
曩	泥母唐韵开口一等上声	nɑŋ	nɑŋ	nɑŋ	nɑŋ

为使非汉语史背景的读者更容易明白,译音比勘中的问题用文字表述如下:

中古汉语的三等音节构拟一般都带有介音。表 1 中的四家中古音构拟,虽然具体音值的标示各有不同,但都为"矩"字构拟了 -i- 一

⑩　陈明:《〈梵语杂名〉作者利言事迹补考——纪念印度学者师觉月逝世五十二周年》,《清华大学学报(哲学社会科学版)》2008 年第 6 期,第 103 - 110 页。

类的介音,而在《梵语杂名》的译音当中,三等字"矩"对 ku 音,与一等字"亩"对 mu 音一样,梵文的对音转写中都不出现介音。介音的有无,可以说是中古一等音节和三等音节的根本差别之一,而在梵文对音中,乍一看却全无区别。

"亩"为中古侯韵一等字,四家构拟中惟有李荣构拟为单元音 u,其余三家的侯韵都构拟为复元音形式。这个差别,似乎相对容易理解。明母侯韵字,在今天仍有单元音和复元音的异读或方言差别,与"亩"同音的"母""牡",在今标准语中都读为单元音 u,但我们是否暂且可以假设,唐代的语音中,明母侯韵字已经出现类似今天这样的语音形式,这还需要作进一步的讨论。

"娜"为中古泥母字,其声母四家无一例外构拟为齿鼻音 n,但是梵文对音中却对应齿塞音 d。而同为中古泥母字的"曩",其声母梵文对音却仍是鼻塞音 n。为什么两个中古声母相同的汉字,却同时对应两个不同的梵文辅音?

"曩"为中古唐韵字,四家构拟中都带有后鼻音韵尾。然而其梵文对音形式却是一个开音节,则"曩"字的鼻音韵尾竟于何方安措?

对以上的译音比勘问题,我们尝试从梵汉语言语音史的角度一一分析解读。

从表面上看,三等字"矩"和一等字"亩"的韵母都用梵文的 u 对音,没有出现介音。但是实际上从更多的唐代译经材料中能够看得出来,梵文音节 ku 与 mu 的元音存在着比较显著的差别。施向东(1983)整理初唐玄奘译经材料时指出,玄奘在译 K 组辅音开头的音节时从不用一等牙音字,而只用三等字(少数四等字)。利言使用三等字"矩"来对 ku 这个音节,与玄奘的对音择字是一致的。梵文中 K 组辅音开头音节的这种对音特点,反映了梵文语言语音的历史发展,是牙喉音发音位置前移导致的腭化的音变。在佛教悉昙家的记录中,记录有五天竺方音在 ka 这个音节上的发音差别。日僧净严的《悉昙三秘抄》中云:南天竺音力(ka),中天竺音キャ。玄奘在印度求学的那烂陀寺,即位于中天竺摩揭陀国。汉传佛教,多由印度西北犍陀罗经西域路线,"犍陀罗"一词的梵文拉丁转写 Gandhāra,gan 这个音节对应三等字"犍";或有别译作"乾陀罗","乾"也是三等字。由此一斑也可窥见佛教经籍东传时所附之语言,当多同中天竺音。由是亦可知,《梵语杂名》"京师"一词中的 ku 音节,实际音值当接近 kyu,如此则与"矩"字带三等介音的语音形式极为密合。

侯韵一等上声字"亩"是否真与今天的普通话读音类似,因而才与梵文转写音节 mu 对音呢? 在中古以降韵书记录中,已经能看到明母侯韵字产生异读的过程。"亩"在《广韵》和多种《切韵》残卷中均只有"莫厚切"一个反切注音,属于侯韵上声。元代的《中原音韵》中,"亩"字以及中古同音韵地位的"母某牡"都归入"鱼模"韵。不过,这可能并不代表"亩"字的异读直到元代才产生。在北宋编纂的《集韵》当中,"亩"的同音字"牡",已经分别有侯韵上声和模韵上声两种不同的反切,前者仍是"莫厚切",后者为"满补切",只不过《集韵》"满补切"下还未收"亩"字。

韵书所收或有不备,但在唐诗押韵中,"亩"字已经确实有入平水韵"七虞"的例子。如白居易《夏旱》"午亩黍苦睹圃所雨"为韵;元结《农臣怨》"主雨苦吐亩取"为韵;张籍《野老歌》"亩土"为韵;姚合《庄居野行》"户贾苦府亩土"为韵;皮日休《茶坞》"坞亩缕雨"为韵;陆龟蒙《刈获》"雨亩拄堵语鼠"为韵。以上唐代诸家都把"亩"字与《广韵》中属于模韵、虞韵上声的一批字相通押。

但另一方面,唐诗中"亩"仍然有与侯韵、尤韵上声押韵的例子。如王维《新晴野望》"垢口后亩"为韵,白居易《泛春池》"口有右亩牖垢叟擞酒偶后柳首否受久手"为韵。这些押韵证据充分证明"亩"在唐代的确已经存在侯韵上声和模韵上声两种不同读法。

早期译经中,中古模韵字可以用来对梵语带 a 元音的音节,著名的例子如"浮屠"对梵语 Buddha,"屠"是中古模韵一等字,这是因为这类译音的时代较早,是后汉时期翻译为汉语的佛经中就使用的译法,此时还属于汉语语音史的上古音阶段,中古模韵原属于上古鱼部,自汪荣宝《歌戈鱼虞模古读考》之后,上古音鱼部的主元音一般都公认构拟为*a。之后进入中古时期,上古鱼部元音*a在没有介音和韵尾影响的条件下逐渐发生舌位后高化音变,向元音o演变,推动原来占据o元音位置的上古侯部进一步高化向元音u演变,从而形成推链音变。这一阶段的译音例子如"菩提萨埵"对梵语bodhisattva、"贤豆"对古波斯语的印度古称Hinduka,"菩"属中古模韵一等,"豆"属中古侯韵一等去声。再晚至初唐时期,中古模韵主元音又从o继续高化到u,表现在玄奘《大唐西域记》中将旧译以尤侯韵字对梵语u的旧译形式俱斥为讹,而一律改以模韵字对译(施向东1983):

asura	阿素洛旧曰阿修罗……皆讹也
Upadeśa	邬波第铄论旧曰优波提舍论,讹也
Vasubandu	伐苏畔度旧曰婆薮盘豆……讹谬也
Sindū	信度河旧曰辛头河,讹也

玄奘指出的这些讹谬实际是语音发展的结果。李荣在《切韵音系》中虽然将模韵构拟为o,将侯韵构拟为u,但他也注意到了玄奘译音中的变化,明确指出从《切韵》音系到唐代,《切韵》的模韵和侯韵分别发生了[o]>[u]、[u]>[əu]的音变。因此表1中所列出的"亩"字的各家构拟,并不存在根本性的差异,单元音和复元音的差别是比较接近的时代间的先后差异而已。

回到本小节最开始引用的韵书反切资料,"亩"字读入模韵,现在可知是一种相对后起的现象。《梵语杂字》据考证编著于盛唐、中唐之际,这也正符合"亩"字新读在诗韵中出现的时代。"亩"的读音,初见会觉得是一个简单的问题,但要釐清语音的时代变化,做到译音比勘的密合,却少不了一番唇舌。

中古泥母字"娜"对音梵语的 da 音节,也不符合一般古音手册查询的结果,但作为中古汉语语音的常识,唐五代西北方音中鼻音声母发生塞化音变,已广为专业学者所知(罗常培 1933,高田时雄 1988)。在初唐的玄奘和义净译音当中,还未出现[m]>[mb]、[n]>[nd]、[ŋ]>[ŋg]的音变现象,中古汉语的鼻音声母基本都对应梵文对音中的鼻音,但是过了一百年之后,在盛唐开元三大士善无畏、金刚智和不空的梵汉译音中,就出现了汉语鼻音对应梵语浊塞音的现象。李荣《切韵音系》附录一、附录二中的梵文《圆明字轮译文表》和《根本字译文表》,8 世纪以后善无畏、一行、不空、慧琳等僧侣的梵汉对音中都使用"娜"来对译梵语的 da 音节,与《梵语杂名》的译音杂字完全一致。

除去梵汉对音资料以外,在日本汉字音的"汉音"当中,也同样留有中古汉语鼻音塞化的痕迹。所谓"汉音",基本是 8 世纪中大和朝廷刻意授命日本遣唐使学习的当时的长安方音(沼本克明 1986)。汉音传入的高潮年代,一般可以认为是从 737 年袁晋卿从遣唐使归日本,到 895 年遣唐使政策终止的一百多年间。而《梵语杂名》的编著年代正在其间。当时的长安音与河西地区的方言一样,都经历了鼻音塞化的音变。

表 2　日语吴汉音中的中古鼻音声母字

字　例	吴　音	汉　音
马	me	ba
男	nan<namu	dan<damu
那	na	da

李荣《切韵音系》附录一、附录二中的梵文《圆明字轮译文表》和《根本字译文表》中,盛唐后诸僧侣如善无畏、一行、不空、慧琳及日僧空海皆以"曩"对应梵文的 na 音节,与利言《梵语杂名》一致。以上

几位僧侣的行迹，都与西京长安有密切关系。李荣表中所列另一位中唐僧侣智广，约为唐德宗时人，撰《悉昙字记》，题号山阴沙门。此处山阴为山西朔州辖县。智广以"那"对 na，并注音补释云："捺下反，音近那可反。余国有音音曩。"

从智广的注音来看，梵文的 na 的读音当在麻韵和歌韵之间，都与"音曩"相别。慧琳在《一切经音义·大般涅槃经音义》音注中，在"曩"字下注音"那朗反"，则"曩"实际应从中古汉语带鼻音的阳声韵读法。不仅如此，对梵文 ma 的"莽"字，慧琳注"莫朗反"；对梵文 ṇa 的"儜"字，慧琳注"女耕反"，都是阳声韵的读法。不空译《瑜珈顶经释字母品》和《文殊问经字母品》中，梵文字母 ḍa、ṇa 均使用汉字"拏"来对音，在 na 音下另行注明"尼爽反，鼻呼"，以示与 ḍa 注音的区别。由此可见，kumudana 中的"曩"的对音音值，绝非开音节类型，不过这类所谓"鼻呼"也不尽然就是直接等于同中古汉语的阳声韵。因为在《圆明字轮译文表》中不空对音中还注明梵文字母 ma 的对音"莽"为"轻呼"。如果梵音 ma 与中古汉语阳声韵无别，那就没有必要再特别说明"轻呼"了。从"轻呼"这个表述来看，善无畏、不空、慧琳一系的鼻音声母音节更接近于元音鼻化，与中古汉语的阳声韵不完全一致。

那么智广译音与善无畏、不空、慧琳等僧侣译音之间的差别，究竟是长安与朔州之间的汉语方言差别，还是另有来源呢？罗常培等学者通过研究唐五代的对音和音注材料，认为唐五代西北方言中已出现鼻音脱落的现象，长安音出现的鼻音声母塞化现象与河西地区方言一致，那么鼻音韵尾的脱落似乎也像是相同区域内的共同音变。但是，实际的情况可能并非如此。

智广在《悉昙字记》自序中说：

　　　顷尝诵陀罗尼，访求音旨，多所差舛。会南天竺沙门般若菩提赍陀罗尼梵夹自南海而谒五台。寓于山房，因从受焉。与唐书旧翻兼详中天音韵不无差反。

从这段话可知,智广所从的梵音传自南天竺。上文中已经提到日僧净严《悉昙三秘抄》中记述梵文辅音 k 开头的音节读法,中天竺音与南天竺音不同,而此处 na 的不同对音,也是印度语言的内部差异造成的。不过值得一提的是,在"唐书旧翻"当中,贞观中玄应《一切音义·大般涅槃经卷八文字品》里梵文 na 对应的汉字是"那",玄应注音"奴贺反",并非阳声韵。玄应身入玄奘译场中,其译音规范多从玄奘,而玄奘梵音又是传自摩揭陀国的中天竺音。玄应译音与智广基本一致。不仅如此,李荣《根本字译文表》中引用的南北朝僧侣法显、昙无谶所传译音,也都是中天竺音,他们用来对音 na 的汉字也是"那"。这说明,若非中天竺音在 7 世纪以后,发生过鼻音影响后续元音的鼻化音变,则是中天竺内部方音的差别(善无畏本为摩揭陀国以南乌荼国人,即今加尔各答西南奥里沙邦;而不空为南天竺师子国人,即今斯里兰卡),再或者可能与佛教宗派差别在咒音上的不同处理有关(善无畏所传为密宗教法),目前本文尚无法析言之。

关于"矩盲娜曩"的对音问题已经拉拉杂杂写了偌许,通过比较深入地解剖一只麻雀,借以略微领略译音比勘工作绝非简单地利用转写拼音来"拉郎配",而是一项非常细致地对不同语言历史音系进行抽丝剥茧的研究。虽然从内容上讲,此小节与《"蛮、夷、戎、狄"语源考》所讨论的具体研究对象并不一致,但我们希望读者可以通过了解译音比勘的基本研究方法,来把握郑张尚芳先生此文的研究思路。

三、进阶:几点重要的上古汉语构拟 对译音比勘研究的推动

上一小节,主要围绕中古汉语的材料来介绍译音比勘。《"蛮、

夷、戎、狄"语源考》主要涉及先秦两汉史地问题,在汉语史领域主要对应上古音的研究。相比于中古汉语,上古汉语的构拟工作更为复杂,推理性的成分更强。相关学术史、理论背景以及郑张尚芳—潘悟云古音构拟体系的详细介绍,读者可以参考本书所收《上古韵母系统和四等、介音、声调的发源问题》一文以及郑伟先生的导读。本文不再作面面俱到的介绍,这里主要选择一些上古音构拟的要点问题,辅以史地译音比勘研究的一些实例,用以展示 20 世纪中叶以来,以郑张尚芳为重要代表之一的新上古音构拟是如何更好地在史地研究中发挥作用的。以下我们就从上古汉语韵母、声母构拟这两方面来分别例述。

(一) 韵母部分

1. 唇化元音构拟

雅洪托夫(Yakhontov 1960)提出的"唇化元音说",是上古汉语"六元音"构拟的基础假说之一。用非常简化的语言来概括"唇化元音说"的结论即:上古汉语中不存在中古汉语式的韵母开合对立,中古汉语的开合口除去来自上古普通喉牙音 K- 与唇化喉牙音 Kʷ- 的对立外,其余主要来自于上古唇化元音 *u 和 *o 与其他非唇化元音的对立。

雅洪托夫的"唇化元音说"始于他对中古音诸韵开合的不均匀分布的观察。比如中古的阳声韵各韵中,收 ŋ 韵尾的宕江曾梗通五摄中,要么是不分开合口的独韵,要么是开合对立只出现在喉牙音声母之后。因为唇音声母本来是有唇化的效果,中古唇音基本不分开合是一般常识,然而为何在这五个摄当中,舌齿音声母后的韵母却不存在开合对立呢?⑪ 相比之下,收 n 韵尾的山、臻两摄,舌齿音的开合对

---

⑪ 江韵的知庄组声母字和阳韵的庄组声母字今读韵母为 uang,是受声母"撮势"影响产生的后起音变,与中古的开合对立无关。

立在多个韵中都存在。

　　这种中古诸韵开合不均匀分布的另一面,则又反映出上古韵部到中古韵离合关系的不对称。收 ŋ/k 韵尾的中古诸韵,可以对应于传统《诗经》韵部的阳铎、耕锡、蒸职、终觉、东屋诸部,如果再算上受前高元音 i 影响而并入真质部的那一部分上古韵部,上古六元音系统已经清晰地映射在中古收 ŋ 诸韵当中了。可是再反观上古传统收 n/t 韵部的归部——元月(祭)、真质、文物,分部就不如收 ŋ/k 那么细了。

　　雅洪托夫的“唇化元音说”最重要的假设,就是认为中古山、臻两摄中舌齿音的开合实际有不同的上古来源,用雅洪托夫文中的公式来简示的话,就是 TEN(开口)/TWEN(合口)<TON。按照这个假设,传统的元部和月部,就应该再细分成 EN/ON 和 ET/OT 两类。

　　郑张尚芳古音研究吸收了雅洪托夫的“唇化元音说”,完善了上古汉语六元音系统的构拟。那么这一构拟上的改进,对于史地研究中的译音比勘又会产生什么样的影响呢?我们以《史记》《汉书》中提及的重要古族“月氏”一名为例略加说明。

　　月氏事迹虽然始明于《史记·大宛列传》,但晚清学者何秋涛在其《王会篇笺释》中已指出《逸周书》中的“禺氏”一名在地望上与汉代月氏相应。“禺氏”之名,又多次见于《管子》一书,《管子·轻重乙》云:

　　　　玉出于禺氏之旁山,此皆距周七千八百余里,其涂远,其至厄。

　　《逸周书》和《管子》都未具体指明“禺氏”所在的方位。汲冢竹书《穆天子传》中提到周穆王西征经过一个叫“禺知”的地方:

己亥至于焉居禺知之平。郭璞注：疑皆国名。

王国维在《月氏未西徙大夏时故地考》中据此认为禺知、禺氏皆属西北，与《史记》里的"月氏"同指一个民族，这几个不同古书中的名称实为"一声之转"。⑫

"一声之转"是一个极为粗疏的总结。如果用黄侃的古本声十九纽和古本韵二十八部来衡量的话，"氏"与"知"同属端纽支部，论作音近问题不大。但是"禺"是疑母侯部，"月"是疑母月部，韵部不一致，按照章黄通转理论属于"旁对转"，得拐上两道通转的弯，才能得出"禺""月"音近的结论，也难怪王国维只强调"禺""月"是一声之转。

如果族名的读音并不相近，那关于"禺氏"与"月氏"之间联系的证据，就更加薄弱了。但是，如果从"唇化元音说"的构拟出发，就容易看出"禺氏"与"月氏"之间的语音联系。我们以列表的形式比较一下几家不同的上古音体系所构拟的"禺"与"月"的读音，从中也可以一窥"唇化元音说"在构拟上的差异。

表3　上古音诸家构拟

字例	高本汉	李方桂	王力	郑张尚芳
禺	$^*\eta iu$	$^*ngjug$	$^*\eta\breve{\imath}w\mathfrak{o}$	$^*\eta o$
月	$^*\eta\breve{\imath}w\ddot{a}t$	$^*ngwjat$	$^*\eta\breve{\imath}wat$	$^*\eta od$

"月"是中古疑母月韵合口字，上古音归传统月部，高本汉、李方桂、王力上古音系统中的月部主元音都是 $^*a$，利用介音 *-w- 来标示"月"字中古合口的来源，这样的构拟都无法做到与侯部字元音之间的密合。然而在郑张尚芳六元音系统构拟当中，中古合口字的"月"

---

⑫　王国维：《观堂别集》卷一，北京：中华书局，1956年。

服从"唇化元音说"假设,主元音被构拟为与侯部一致的 *o。如此"月"和"禺"两个字音的差别主要就是塞音韵尾之有无了。考虑到"禺氏""月氏"是外族族名的音译多音节语素,"氏"的齿音声母与"月"的齿音韵尾可能是音译词词形中的骑墙成分,如此"禺氏"与"月氏"的读音按郑张系统的构拟几乎相同:

禺氏　　 *ŋo- djeʔ

月氏　　 *ŋod-djeʔ[⑬]

先秦汉语文献中"月氏"的异文写法,进一步证明了唇化元音构拟在上古音研究中的合理性。在此基础上,我们再来检视一个与月氏有关的域外对音问题。

月氏这个民族的人种族属和活动地域,是一直受到历史学家关注的问题。有学者认为月氏属于亚洲内陆草原塞种斯基泰人的一支。波兰裔美国历史学家 Bohdan Philip Lozinski 提出月氏人可能就是希罗多德《历史》提到的中亚地区的马萨革泰人(Massagetae)。[⑭]据希罗多德的记载,马萨革泰人是生活在伊朗北部接近高加索地区阿拉斯河流域一带的斯基泰人。公元前 530 年,马萨革泰人女王托米利斯(Tomyris)击败了阿黑门尼德王朝的居鲁士大帝,并割下居鲁

---

⑬ "氏"字的构拟在郑张尚芳《上古音系》中原为 *gjeʔ。这主要是因为以"氏"作声符的"祇"的中古声母是牙音群母,在郑张古音系统中,有一类照三声母是由喉牙音腭化变来的,所以根据这条规则,"氏"的上古音声母也被构拟为喉牙一类。但是在战国文字通假中"氏"与同属禅母的"是"频繁通假。《说文》"祇"下注"提出万物者也",以"提"为"祇"作声训。这说明上古音中"氏""是"极为音近,而"是"的上古声母郑张尚芳构拟为齿音声母。蒲立本(Pulleyblank 1962)早就讨论过"月氏"的读音问题,他指出"氏"字在此词形中的声母应当是一个齿音。后世文献中的"月支"中的"支"是由喉牙音腭化来的照三字,但"月氏"是早期的写法,"月支"的写法较晚。(笔者按:《史记》只有"月氏"的写法,成书于东汉的《汉书》在大多数情况下都写作"月氏","月支"的写法只一见于《地理志》中。自东汉末始文献中"月支"的写法才越来越普遍。)综合以上材料,本处以郑张尚芳《上古音系》中构拟的"是"的读音代替原来的"氏"的拟音。"祇"的群母读法或另有来源,本文暂不展开。

⑭ Philip B. Lozinski, *The original homeland of the Parthians*, Gravenhage：Mouton, 1959, p.26.

士的人头,放在盛满鲜血的皮囊中,以此嘲笑对手嗜血的本质。这是西方古典历史上的著名典故。Lozinski 认为 Massagetae 一词中的 Massa 是古波斯语中表示"伟大""强壮"义的前缀,而 getae 一词可以与"月氏"的古音相对应,Massa-getae 相组合,恰好就是《史记·大宛列传》中西迁中亚的"大月氏"。

这个说法虽然有巧思,但是 Massagetae 无论从年代上,还是对音上,都无法与汉语文献上的"月氏"或"禹氏"相合,也近乎是一种"一声之转"的对应。

2. 上古 B 类音节的介音问题

中古三等音节带 -j-介音,这是从高本汉以来汉语音韵学的常识。高本汉的上古音体系中同样为中古三等字构拟了 *-j-介音,认为这个介音在汉语史上是一脉相承的。在表 3 中,我们也可以看到,李方桂和王力的上古音构拟中,也都为中古三等字保留了腭介音。在中古韵书中,三等字几乎占到将近一半的数量,而且三等字所使用的中古声母也自成一套。有识者很容易会觉得中古三等字似乎是与一、二、四等字相对立的一套系统。蒲立本(Pulleyblank 1962)首先从对音角度出发,提出三等的腭介音可能是后起的,他举出"焉耆 ~ *Ārgi""奄蔡 ~ 希腊文 Aopsae""央匮 ~ 吐火罗语 B aṅkwaṣ"等例子,指出相对应的中亚和西方词形中都没有腭介音 j 的存在。对此蒲立本的解释是假设上古音有长短两种音节,长音节发生了腭化,产生了腭介音,形成了中古的三等音节。为了避免中古三等和上古音之间的表达混淆,蒲立本又把中古三等字的上古来源称为 B 类音节(Type-B),中古一二四等字的上古来源称为 A 类音节(Type-A)。

早期对音资料中的 B 类音节没有腭介音的这一发现,后来得到许多音韵学家的赞同。上古汉语六元音构拟诸家,都逐渐取消为 B 类音节构拟腭介音。至于上古汉语中 A 类音节与 B 类音节对立的实际语音基础是什么,目前存在不同的说法,读者可以参考郑伟先生导读第三章中的相关部分。[15]

取消 B 类音节中的腭介音,对于译音比勘研究的影响是相当直观的。俞敏先生在《后汉三国梵汉对音谱》开篇就说:

> 作这个研究的动机是这么引起的:我怀疑切韵音系里的三等 i 介音,陆志韦陆先生写成 I 的,里头至少有一部分是后起的,不该有的。学点儿现代方言,这感觉就更深了。就说"弗"字吧。后汉人用它对梵文 put,所以 Śāriputra 就写成"舍利弗"。闽南方言"弗"字也念[put],这挺顺溜。一翻音韵学著作,比方高本汉的《上中古汉语音略》吧!糟了!原来切韵音是 piuət。再说"无"字。后汉人用它对梵文 mo,所以 namas 的变体 namo 就写成"南无"。到今天北京和尚还这么念。闽北方言句终疑词"也无"也念 mo。一翻《音略》,又糟了!原来"无"字不敢露面,同音的"舞"是 miu。目连僧在中国是无人不知的。他的名字在梵文是 maudgalyāyana,巴利 moggallāna,目字代表 mog。支谦译《持句经》有"目佉",梵文 mukha,目代表 muk。现代广州客家音[muk]。一翻《音略》,又糟了!原来是 miuk。是汉族人的语言演变爱用拉锯式呢?还是这些讲中间一段的学者偏爱花腔儿呢?[16]

上古音腭介音在早期佛经中的梵汉对音材料中得不到支持。最典型的例子,就是"佛"的对音。季羡林先生(1948,1990)特别提出

---

[15] 需要一提的是,郑张先生的上古音构拟也是用长短来区别 A、B 两类音节的,不过与蒲立本的说法相反。在郑张体系中,中古三等来源于上古的短元音音节,由于历史上的长短音节的韵律特征消失,受时代代偿作用影响,短元音前增生出的滑音发展成为中古的腭介音。另外郑张体系中仍然为由喉牙音转来的中古章组字的上古形式保留了声母后的 j,作为后来腭化的条件。这主要是由于像"车"这类有见母和昌母两读的例子中,后接元音并非前高元音 i 或 e,无法从主元音说明腭化条件,因而才在声母部分保留腭化成分 j。必须注意,郑张系统中这个腭介音 j 是作为复辅音的垫音出现的,不是韵母中的介音成分。

[16] 俞敏:《俞敏语言学论文集》,北京:商务印书馆,1999 年,第 1 页。

要重视对音中原始佛经的语言问题,但在他所列举的多种西域语言材料,如犍陀罗文、焉耆文、龟兹文、波斯文、粟特文、回鹘文等,无一例外,代表"佛"的音节中都不出现腭介音。面对这样丰富的对音证据,就更没有理由为汉语词形"浮屠""佛陀"中的"浮""佛"这两个三等字去构拟一个腭介音了。

在《"蛮、夷、戎、狄"语源考》中,有一个例子提到"匈奴"的语源。按照中古音的音韵地位,"匈"也是三等字。但据郑张文中引用卫聚贤《古史研究》中征引的域外史地名称,印度文献中称匈奴 huna,希腊文献中称之为 hunner,也都不见词形中有腭介音。不过,匈奴在域外史籍中的名称,有时也被质疑是否确实为汉朝边患的匈奴。如被欧洲人称为"上帝之鞭"的阿提拉所率领的"匈人",其与中国史籍中匈奴关系至今无法确证。不过,另有史料可以提供"匈奴"族名的对音证据。

斯坦因发掘出土的粟特文古文书第 2 号中,记叙了永嘉末洛阳、邺城陷落被焚的惨状。永嘉之乱中攻陷洛阳的是由匈奴人建立的汉赵政权。虽然这封古文书多有残破,但在文书第 18 行中,明确地标示了匈奴的族名,亨宁转写为 xwn,其拉丁转写形式即为 hun。[17] 粟特文文书此词所指,与欧洲匈人毫无关系,确指中国境内匈奴,同样在词形中也不存在腭介音的成分。郑张先生以为,从今天的阿尔泰语来看,hun 当是人的意思。又,突厥语言名词的复数尾为 -lar 或 -ler,词干如为鼻音尾,复数尾则改为 -nar 或 -ner。再根据元音和谐律,词干元音为后元音时,加 ar。以此推断,汉语文献中的"匈奴"一词,即代表阿尔泰语中"人们""百姓们"之义。

(二) 声母部分

1. 以母上古为流音声母 *l-

中古以母(喻母)的上古构拟形式是 20 世纪上古汉语研究中的

---

[17] Henning, W. B., "The Date of the Sogdian Ancient Letters," *Bulletin of the School of Oriental and African Studies* 12(1948): 601－615.

一个比较核心的问题。曾运乾曾根据谐声、异文等汉语内部证据提出了著名的"喻四归定"说。近一百年过去了，至今仍有信从者。如果把中古以母（喻四）和定母字在上古合为一类，首先直接暴露的一个问题就是三等字中澄母和以母的对立。按照钱大昕"古无舌上音""舌上归舌头"的说法，上古定母、澄母为一类。定母出现在中古一四等韵中，澄母出现在中古二三等韵中，出现位置互补。如果把以母（喻四）又与定母归成古为一类，以母同样可以作三等字声母，并且谐声中以母与澄母谐声的数量又比较多，如此，怎么来解释上古定组在中古三等韵中分化为澄母和以母的条件呢？

高本汉注意到了这个问题，采取了为上古汉语多构拟一套送气浊声母的方法，把以母构拟为 *d-，把定母构拟为 *dh-，以此解释中古声母不同的变化结果。20 世纪 50 年代的王力《汉语史稿》也采用了高本汉的说法。但是，这个构拟并不经济，齿音当中构拟出浊送气和浊不送气两套声母，从音系系统性角度出发，在唇喉牙音中也应该做相应构拟。但在齿音以外，多构拟一套浊送气，实在没有太多必要。60 年代以后，各家体系逐渐接受了以母的流音构拟方案。以母上古音构拟的学术史，请参本书郑伟先生导读的 1.2.2 部分。

以母的上古流音构拟，在对音材料中得到了比较充分的证明。蒲立本（Pulleyblank 1962）就明确反对高本汉浊送气声母的构拟。他注意到《汉书》中记录的中亚"乌弋山离"国实际就是希腊化的地名 Alexandria，[18]中古以母字"弋"代表译音中的 l。另外，稍晚的《后汉书》中提到的"栗弋"，也就是后来更为人知晓的"粟特"（"栗"当属形讹），对应的转写形式是 Soɣðik。粟特文字母转写中，t 与 ð 有别。t 代表齿音声母>/t,d/，ð 代表舌齿擦音>/ð,θ/。蒲立本当时认为以

---

⑱ 此地名不是今天尼罗河入海口处埃及城市，而是公元前 329 年亚力山大大帝远征时在中亚药杀水南岸建立的殖民城邦，又称 Alexandria Eskhata。John Prevas, *Envy of the Gods: Alexander the Great's Ill-Fated Journey across Asia*, Cambridge, MA: Da Capo Press, 2004, p.121.

母最合适的构拟是 ð,因为舌齿擦音在音色上正好界于流音 l 和舌齿塞音 d 之间。

但是如果我们把《汉书》和《后汉书》中相关时代的差距考虑在内,"乌弋山离"的"弋"对 l,应该还是能够代表较早西汉时期的读法;《后汉书》虽然成书于南北朝,但资料来源应该更早,"弋"对 ð 可能反映的是东汉时期的读法。两汉时期,以母的上古音正在经历流音擦化的音变过程。王力后期的构拟系统中,把以母的上古音构拟为与 ɖ 同部位的 ʎ、ʎ 的摩擦性再继续弱化就可以变为中古的/j/。以梵汉译音证之,东汉时期译经中的以母字多用来对译梵文的 ś/ɕ/、j/dʒ/,例如"阿育王"(aśoka)的"育"、"阎浮"(jambu)的"阎"。西班牙语中双 l 的读法,实际是经历了与以母从上古到中古相仿的音变路线,在不同的西班牙语的变体中,ll 的拼法有摩擦较强的 ʎ 和摩擦较弱的 j 两种读法。

我们作如上的推断,是因为从音系上来看,如果南北朝以后的文献中可以用定母字"特"来对粟特文中的 ð,为什么在上古汉语阶段就不可以同样用 d 来对,而非要选择一个中古以母字"弋"呢? 另一方面,如果东汉时期"弋"的声母仍然还是流音 l,既然早期可以用汉语的流音 l 来对粟特文中的 ð,为什么到了南北朝时代就不用中古的来母 l 来对音,而偏偏选择定母字"特"呢?⑲ 这只能说明,在东汉的上古音系中"弋"的声母读音虽与 ð 近似,但却绝不是 l,且这个读音不见于后来的中古音系中,以至于在中古汉语中不得不换用新的对音字。当然,逻辑上还存在另一种可能性,那就是译音比勘的另一方粟特语的音位系统中发生了音变,不过目前还没有看到这方面的证明资料。

讨论完"粟弋"和"粟特"的问题,我们再回头谈一谈本文第二章

---

⑲ 到了更晚的时代,初唐玄奘在《大唐西域记》中采用"窣利"这种新译法来代替传统的"粟特"。

中提到的 'xwmt'n 的对音问题。卜弼德和夏伦认为 'xwmt'n 是"咸阳"的对音。粟特文的 n 韵尾可以和汉语的软腭音韵尾 ŋ 对应,这有其他对音例子的先例,因此问题不大。粟特文转写字母 t 也可以代表浊音 d 的音值,卜弼德的想法跟曾运乾"喻四归定"说一样,认为中古以母字"阳"的上古声母可以归入定纽 *d-。高田时雄在评论卜弼德的主张时,认为即便信从李方桂把以母构拟为 *r- 的方案,*d- 和 *r-仍然可以看成是相去不远。李方桂系统中的 *r 和郑张系统中的 *l,看起来音值有别,但从构拟思想的实质来看,可以处理为符号的差异。我们认为,无论是卜弼德的想法,还是高田先生的评论,都非尽善。卜氏的问题,其实与上文评论曾运乾"喻四归定"说的问题一致;高田先生认为流音声母和塞音声母在"阳"字上古音构拟上差别不大,我们认为可能并不符合粟特文转写音系的特点。在粟特文转写中存在表示流音的 l 和 r 两个字母,完全可以使用这两个字母来与上古汉语的流音声母作对音,大可不必舍近求远,用字母 t 来作对音。因此,根据以母上古音的新构拟和粟特文本身的转写特点两方面的证据,'xwmt'n 都不应该是代表"咸阳"上古音的对音。

流音声母从上古到中古的音变在"粟特"一词的变迁上充分体现了译音比勘工作的细致性和逻辑性。中古以母的流音构拟,译音材料只是提供了一部分论证佐证,但相反地,通过其他资料和方法得到的流音构拟方案,却极大地推动了史地译音的研究。

2. 复辅音声母的构拟

上古汉语复辅音声母的构拟是一个相当复杂的问题。有关学术史背景,请读者主要参阅本书郑伟先生导读的 1.2.1 部分,在郑文的其他章节中还分别提到过不同复辅音构拟方案的相关问题。本文这一小节,主要讨论上古汉语中带流音垫音的复辅音例子。

复辅音的构拟,主要依赖的材料是汉字谐声、汉语词族、同源词比较以及域外对音等。蒲立本在 The Roman Empire as Known to

Han China 一文中举出一个精彩绝伦的对音例子,充分展示了新的上古音构拟成果对历史研究的启迪作用。蒲立本这篇文章发表于 1999 年《美国东方学会集刊》(JAOS)第 119 卷第 1 分上,原是对 1996 年出版的 The Roman Empire in Chinese Sources 一书的书评。书评中简短地涉及了在《史记》《汉书》和《后汉书》中提到的西域国家"条支"的地望考证。蒲立本(Pulleyblank 1962)原来把"条支"的上古读音构拟为 *ðeufi kēfi。[20] 蒲立本当时信从 Herrmann 和藤田丰八的说法,认为"条支"可能是指今伊朗境内 Bushire 地区一个叫 Taoke 的港城。藤田丰八也注意到了日语中"壹支"中的"支"读 ki 的这一现象,而"条"作为上古定纽幽部字,无论声、韵两方面都跟 Tao 这个音节对应度颇高。

　　蒲立本原来把以母的上古音构拟为 *ð,但后来也同意改为 *l。"条"的声符是"攸",这两个字一为中古定母,一为中古以母。上古 *l 在 B 类音节中一部变为以母,在 A 类音节中一部变为定母。一旦定下"条"的上古声母是流音,那它的词形就跟 Taoke 的读音有些不太一致了。蒲立本进一步从谐声关系入手,注意到用"攸"作声符的还有心母字"修",于是他提出假设,"条"的上古声母更可能是 *sl- 一类的复辅音。至此,"条支"一词的上古音构拟就可以修改为 *sleufi kēfi。[21] 根据这个词形,蒲立本认为汉代文献中的"条支"实际指的就是在亚里山大远征后建立的横跨近东到两河流域的古国塞琉古 Seleukia。《史记》等汉代史籍皆云条支在安息以西,正与西方历史记载的安息帝国崛起于塞琉古帝国的东方的史实相合。蒲立本对"条

---

[20] -fi 在蒲立本构拟系统中表示上古的平声调。"支"的声母 *k-后来受到前元音 e 的腭化影响变为中古章母。"支"同谐声系列中有"伎"这样的牙音字,《三国志》倭人传中提到的"壹支"岛,在日语中至今读为 Ikki,综合这些证据,蒲立本把"支"的上古声母构拟为 *k-。也正是因为这个原因,"月氏"和"月支"两种写法不能够完全混为一谈。

[21] 蒲立本当时对上古复辅音的认识还没有细分前缀和前置弱化音节的区别,还无法回答"条"和"修"中古声母区别的来源这一问题。作为一篇书评,此处对复辅音的表述较为简化。

支"一词的对音研究,令人有发覆之感,而这一了不起的发现,是建立在上古音构拟方案不断完善的基础之上的。

本章主要选取20世纪以来对于史地研究影响比较大的四条上古音构拟新方案,结合一些学术史上较为人熟知的例证,来说明上古音研究作为一门研究工具所能发挥的积极意义。分析这些例证,是为了方便读者加深了解郑张尚芳先生"语、史互证"研究风格的知识背景。我们希望读者首先明确的一点是:史地译音比勘必须摆脱"一声之转"的不良学风,以语音史发展的眼光,综合多方面的证据,持清论证的逻辑思路。若不遵循上古音研究的规范,对音比勘研究便容易堕入到"无所不通、无所不至"的混沌境界中去了。

四、本论:推陈出新,为学梯梁

在介绍完一系列方法论和实例分析的背景以后,我们正式切入到正题,对《"蛮、夷、戎、狄"语源考》中的重要内容作疏解导读。这篇论文的主要观点是"蛮、夷、戎、狄"这些传统被视为鄙称的用字,最早可能来自于对周边民族族名自称的忠实记录,其实本来并不带有贬义,只是在后代汉语文献"尊华夏、黜蛮夷"的意识形态中被逐渐歪曲的。为了破除歧视的迷雾,就必须找到语言上联系的证据,一个民族基本是不可能采取异族对自己的鄙称来称呼自己的。根据这个前提,郑张先生将古书中"南蛮、东夷、西戎、北狄"中这些与方位匹配的传统说法,分别对应于中国目前境内的四大民族语言支系:苗瑶、壮侗、藏缅语族和阿尔泰语系,选取了相应语言中的对音证据,作为探索古族族源的新资料。

除了这篇文章以外,郑张先生在20世纪90年代利用上古音构拟的新成果,还发表了一系列解读古文献中民族语的文章,如《古吴越地名中的侗台语成分》《〈越人歌〉解读》《句践〈维甲令〉中之古越语的解读》《古越语地名人名解义》《上古缅歌》,这五篇文章与《"蛮、夷、戎、狄"语源考》被一同收录进中华书局整理出版的《郑张尚芳语言学论文集》。通过这组系列文章,可以看出郑张先生当时对上古民族的研究有一个相当整体化的视野。这主要是因为上古汉语的新构拟方案,使得汉语上古音和其他语言之间的对应关系变得更加清晰。再配合郑张先生素有积累的古文献基础,在古族研究领域初试牛刀,便洋洋洒洒,佳作连连。下面我们分别对原文中四大族名的译音比勘作一些必要的疏解和补充。

1. 蛮

表4　苗瑶语各方言点民族自称

苗语	毕节小哨	贵阳高坡	开阳石头寨	福泉乾坝	凯里养蒿	威宁石门坎
	hmong¹	hm'ong¹	hmlo⁼	hmjo⁼	hm'u¹	hmau¹

瑶语	麻栗坡金门话	蒙山标曼话	龙胜勉话	连南藻敏话	都安布努话	博罗畲语
	mun²	mon²	mjen²	min²	nu²	ne²

表4是苗瑶语中自称"人"的不同说法,为便于读者掌握阅读背景,特从郑张尚芳先生原文中迻录过来。李永燧构拟的古苗族自称为 hmrong,李先生为"蛮"字构拟的上古音是 *mlwan,郑张尚芳先生构拟的"蛮"的上古音是 *mroon。两位先生古音构拟的最人区别在于是否接受"唇化元音说"。从韵母部分来看,郑张先生主张的"蛮"字的构拟,与苗瑶语内部的构拟形式之间非常贴合,不过在声母方面,苗语的 hm- 型声母实际标写的是声带不振动的清鼻音,而郑张先生的古音系统中也有一套清鼻音存在,可是目前构拟的"蛮"字却并非清鼻音声母,这里似乎存在一些疑问。

这里我们可以补充一些上古谐声、通假方面的例子来解释苗瑶语清鼻音和上古汉语之间的对音问题。"蛮"从"絲"得声,在"絲"的谐声系列中,最常见的是来母字,上古的来母在郑张系统中构拟为 *r,"蛮"作为中古二等字,在上古带 *-r-介音。明母"蛮"从"䜌"得声,就是上古复辅音分化的结果。除了构拟上的形式对应,有一条古文字和文献的相关证据可加注意。

出土青铜器有名为"宋公䜌戈""宋公䜌簠"者。"宋公䜌"即春秋时的宋景公,《左传》称其名"栾",《汉书·古今人表》中又称他为"兜栾",但是在《史记》当中,宋景公却被称为"头曼"。此处"曼"读中古明母桓韵一等,上古音可拟为 *moon。宋景公名字的这一种异文关系,恰与"䜌"谐声系列中同时出现明母和来母的情况相平行。"曼"与"蛮"古音极近。西汉以前,"曼"字上从"宀",后来讹变为"冃"("帽"之初文)。在西周金文中,"曼"有加"冕"为声的写法。㉒秦始皇陵铜车马当卢刻文中有"𨍵"字,即《说文》中释为"引车"的"輓"字。"免"声与"曼""蛮"亦近。"免"字属中古明母仙韵重纽三等字,上古音可拟为 *mron?。

接下来我们再分别检视"蛮""曼""免"这三个字所从谐声系列中的各种声母类型,{曼}的谐声系列中,中古基本都是明母字,无甚特别。但在{䜌}、{免}的谐声系列中,有"孿"和"娩"这样的滂母字。如果谐声系列当中出现同部位的鼻音和送气清塞音,这往往是构拟清鼻音的一条重要依据。比如"滩"是中古透母字,从泥母字"难"得声,郑张先生将"滩"构拟为 *nhaan。

清鼻音在上古汉语中的形成机制,目前还存在较多的争论,读者可参考本书郑伟先生导读中的相关章节。前置复辅音对后接普通鼻音的影响,是产生清鼻音的可能机制之一。由此再提一下春秋宋公栾在《史记》《汉书》中名字的异文,变成了双音节的"头曼""兜栾",从形式上看,"头""兜"很像是一种前置附加音节成分,或许这正是可以引发清鼻音产生的条件。清鼻音也可以演化为鼻音,从表4的

㉒ 季旭昇:《说文新证》,台北:艺文印书馆,2004 年,第 203 页。

苗瑶语内部材料来看,苗语还基本保留了清鼻音,而瑶语中都是普通鼻音。瑶语中的鼻音应该原为两套,一套与苗语的普通鼻音相对应,是从原始苗瑶语的普通鼻音分化来的;另一套与苗语的清鼻音相对应,应是从原始苗瑶语的清鼻音分化而来的。如不作以上假设,就无法解释苗语中清鼻音的来源。换言之,瑶语中的一部分普通鼻音是由从前的清鼻音变化而来的。我们简单釐析一下瑶语鼻音的发展过程,是为了说明中古汉语中的鼻音字,也存在从早期的清鼻音变化来的可能。根据这种可能性,再来看"蛮"字的上古音构拟,就与原始苗瑶语内部构拟的形式更加接近了。

2. 夷

表5　侗台语各族自称

黎	泰	傣	壮	布依
hlai、tlai、daai、thai	thai<dai	tai	dai(文山)、jai	'jai、'joi、'ji

表5为壮侗语族各族自称,迻录自郑张先生原文。郑张先生认为这些族称形式,应该对应上古汉语中的"黎"*rii 和"夷"*li。

郑张先生在侗台语研究方面有很重要的建树。比如他的《〈越人歌〉解读》一文,就是一篇利用古代语言比较材料对古汉语文献进行重新解读的重要文章,后由法国语言学家沙加尔(L. Sagart)译为英语,发表在法国《东亚语言学报》第20卷第2分册。在《"蛮、夷、戎、狄"语源考》一文中,东夷部分占据的篇幅最多,也反映出郑张先生平时在侗台语言学研究上用力最勤。壮侗语族语言与汉语在历史上有长期且深刻的接触关系,在语言类型上又有许多重要的相似性。比如壮侗语的声调调类与汉语的声调调类之间有比较严整的对应关系;壮侗语言单音节语素发达,和汉语一样;壮侗语定中结构中定语后置,这种现象也常见于汉语南方方言。而现在汉语南方方言主要分布于东南沿海地带,即历史文献所记载的"百越之地",又是壮侗先民曾经的居所家园。郑张尚芳先生在《古吴越地名中的侗台语成分》一文中,已择要考释过。本文不准备就这些历史方面的考证再作深入讨论,我们还是把关注点继续放在译音比勘的问题上。

"黎"与"夷"虽音近,但在声母方面仍有区别。上古汉语的 *r 与 *l 有别。*r 是中古汉语来母 l 的基本来源,*r>l。而 *l 则根据不同的韵母环境变入定母、以母等,变化较 *r 复杂许多。这其中可能反映壮侗语的内部语音发展。李方桂先生将以母(喻四)构拟为 *r 的一条重要原因是,原始壮侗语自汉语借去的地支"酉"的声母是 *r-,古泰文中"酉"作 ra$?^8$ ka^1。

郑张先生提到汉语古籍中"九黎"和"九夷"的关系,他从郭沫若等多家说,认为"九黎"与"九夷"实为一族。"九黎"这个名称,最早出处应是《国语·楚语》"及少昊之衰也,九黎乱德,民神杂糅,不可方物"。其后诸书所提到的"九黎"皆本乎此。"九黎"之史迹出自上古五帝,而"九夷"之名从文献排比,较早的见于《逸周书·王会篇》伊尹受命,令行于"九夷十蛮"。"九黎"和"九夷"的称呼似乎有出现时代的先后差异。

此外,郑张先生引《越绝书·地传》中"越谓齐人'多'"一语,从董楚平说此"齐人"是从齐国南奔吴越的东夷人。"多"字属上古歌部,从"多"得声的有以母字"移",因此"多"字的上古声母也应是从流音声母变化而来的。歌部字,根据郑张先生构拟,早期带 *-l 韵尾,至汉代 *-l>*-i,与王力先生构拟的上古歌部韵尾一致。《越绝书》大约是东汉时作品,因此其中称齐人为"多",此名即可构拟为 $^*?$l'aai,与表 5 中列引的壮侗语的韵母形式近似。由"夷"而"多",这种命名差异,同样也反映了壮侗语内部变化的过程。

3. 戎、狄

上古戎、狄并称,其中的关系从文献上颇难离析。虽然传统上有西戎、北狄之名。然而,西方古族除了戎,还有羌。戎、羌是什么样的关系?春秋时的山戎活跃在燕、齐之间,似乎已经侵入到北狄的地理范围中来了。郑张先生的假设是所谓西戎,主要是古代藏缅民族的先民,而北狄则主要是阿尔泰民族的先民。古史上的人口远距离迁徙并非罕见,如关中的秦人原属于东夷,古瓜州的陆浑戎迁徙到东周洛阳附近,到南北朝时还有吐谷浑部落从东北辽河迁徙到甘肃青海。而要分辨戎、狄,除了现代的分子人类学手段,语言比较也可以提供有用的信息,尤其是藏缅语言和阿尔泰语言分属不同语族,如果能够把古代汉语文献中的相关词汇进行还原比勘,或许就比较容易从词源上判断民族系属。有关北狄的族名"匈奴"前文已叙,兹不赘述。以下从郑张先生原文中选取"羌""戎"二例略作解读。

A. 羌

"羌"人见于甲骨文。商人祭祀用羌,多至数十上百。由此也可了解羌人部落人口比较繁盛,是西方大族。今天中国五十六民族有羌族,此名后起,羌族自称 rma,与古"羌"读音无关。"羌"的读音保存在一些民族对景颇的他称中,郑张先生认为景颇被外族称为"亢"khang 或"克钦"ka-khjang,才是与上古"羌"相对应的形式。郑张先生将"羌"字的上古音拟为 *khlaŋ。其中的 *l 是为了照应"羌"与"羊"的语音关系。"羊"字是中古以母字,我们已经提过多次,在郑张系统中以母在上古为流音声母。不过,郑张尚芳先生在《上古音系》中也提到一部分中古以母字从谐声关系来判断,其实是从喉音分化而来,与喻三云母形成类似重纽三四等分化的关系。比如"荣"为中古以母字,但谐声"焭",即匣母字"熒"之初文。[23] 此谐声系列中,绝大多数为喉牙音字。从"羊"得声的字中常用字"姜""羌"等亦从喉牙音来。如按照郑张先生新说,将"羌"字古音声母改为喉音,那就不需要再为"羌"构拟一个突兀的 *l 了。如白一平和沙加尔的新构拟,就把"羌"字构拟为 *C.qʰaŋ,与郑张先生在《上古音系》中的新想法一致。

---

[23] 郑张尚芳:《上古音系(第二版)》,第87－89页。

B. 戎

郑张先生系统中"戎"的上古音是 *njuŋ。这里的 j 并非介音，前面已经介绍过在郑张系统中三等韵母在上古都不用构拟腭介音。此处的 j，主要是作为声母垫音。"戎"是中古日母字。日母字与中古鼻音声母泥母、娘母在谐声和通假方面有非常紧密的联系，因此章太炎有"娘日归泥"一说。但是在中古音系中，日母与娘母在三等形成对立关系，"娘日归泥"说无法分辨日、娘两母的分化条件。由于日母是只出现在三等音节环境中的声母，与章组声母类似。郑张为章母设计了垫音 j，于是也为日母构拟 j，作为对应中古三等的分化条件。而三等的泥娘母字，如"浓" *noŋ，就不使用垫音 j。关于日母的构拟，还有可以改善的空间，我们觉得 *nj- 这个构拟方法，可以视同高本汉为中古日母字构拟的 *ȵʑ。这并非是语音上鼻音和舌面擦音的同部位发音，而是一种构拟上的解释。

我们来看一看郑张先生举出的藏缅语言中可能对应"戎"的名称。彝语支当中，凉山、贵州及云南等地的古彝文文献中记录彝族古称 ni/ne/no 等多种形式；哈尼族在有些方言中称"峨努"nju；碧江怒族称"怒苏"nu-su；福贡怒族自称 a-nung。彝语支语言的一大特征是韵尾脱落，福贡怒语还有后鼻音韵尾反映的是早期形式。鼻音一旦脱落，元音的变化就会非常迅速。怒族的怒苏语中主元音还是 u，但是哈尼语的"峨努"已经变成了"哈泥"nju>nji，彝文中的不同读音也反映了这种音变过程。通过比较，了解彝语支本身的语音史发展，才能够发现"戎"这个称呼的确还保存在藏缅语民族当中。

《"蛮、夷、戎、狄"语源考》一文中类似的胜义灼见，比比皆是，本文不能一一胪列，作为导读，我们希望读者能够更多地从方法上来把握。我们也必须承认，限于"文献不足征"的前决条件，有很多具体的历史问题，或许还可以有不同角度的认识，郑张先生在此文中开拓了一种学术探索的可能性，并非最终定论。从上文提到的"羌"字构拟，我们就可以看到郑张尚芳先生的学说始终处在发展的过程中。我们也衷心期望,古代民族的学术研究能够得到更多科技手段的助力,多管齐下,共同为中华民族起源的宏大课题添砖加瓦。

参考文献

钢和泰　1923　《音译梵书和中国古音》(胡适译),《国学季刊》1卷1期。

高田时雄　2010　《Khumdan 的对音》,《张广达教授八十华诞祝寿论文集》,台北:新文丰出版股份有限公司。

季羡林　1948　《浮屠与佛》,《历史语言研究所集刊》20本。

季羡林　1990　《再谈浮屠与佛》,《历史研究》第2期。

李　荣　1956　《切韵音系》,北京:科学出版社。

林梅村　1986　《敦煌出土粟特文古书信的断代问题》,《中国史研究》第1期。

聂鸿音　2003　《番汉对音和上古汉语》,《民族语文》第2期。

潘悟云　1984　《非喻四归定说》,《温州师专学报(社会科学版)》第1期。

潘悟云　2014　《对三等来源的再认识》,《中国语文》第6期。

施向东　1983　《玄奘译著中的梵汉对音和唐初中原方音》,《语言研究》第1期。

雅洪托夫(Yakhontov S. E.)　1986[1960]　《上古汉语的唇化元音》(陈重业译),雅洪托夫著,唐作藩、胡双宝选编《汉语史论集》,北京:北京大学出版社。

郑张尚芳　2013　《上古音系(第二版)》,上海:上海教育出版社。

Baxter, William H. and Laurent Sagart　2014　*Old Chinese: A New Reconstruction*. Oxford University.

Pulleyblank, Edward G.　1962　The Consonantal System of Old Chinese. *Asia Major*, 9: 58－144, 206－265;《上古汉语的辅音系统》(潘悟云、徐文堪译),北京:中华书局,1999年。

沼本克明　1986　日本漢字音の歴史,東京:東京堂。

高田時雄　1988　敦煌資料による中国語史の研究,東京:創文社。